여러분의 합격을 응원하는
해커스경찰의 특별 혜택!

FREE 경찰 형사법 **동영상강의**

해커스경찰(police.Hackers.com) 접속 후 로그인 ▶ 상단의 [무료강좌 → 경찰 무료강의] 클릭하여 이용

해커스경찰 온라인 단과강의 **20% 할인쿠폰**

BC344F3CEE6DAEJA

해커스경찰(police.Hackers.com) 접속 후 로그인 ▶ 상단의 [내강의실] 클릭 ▶

[쿠폰/포인트] 클릭 ▶ 쿠폰번호 입력 후 이용

* 등록 후 7일간 사용 가능(ID당 1회에 한해 등록 가능)

합격예측 **모의고사 응시권 + 해설강의 수강권**

5469599AC27D6FQE

해커스경찰(police.Hackers.com) 접속 후 로그인 ▶ 상단의 [내강의실] 클릭 ▶

[쿠폰/포인트] 클릭 ▶ 쿠폰번호 입력 후 이용

* ID당 1회에 한해 등록 가능

단기 합격을 위한
해커스 커리큘럼

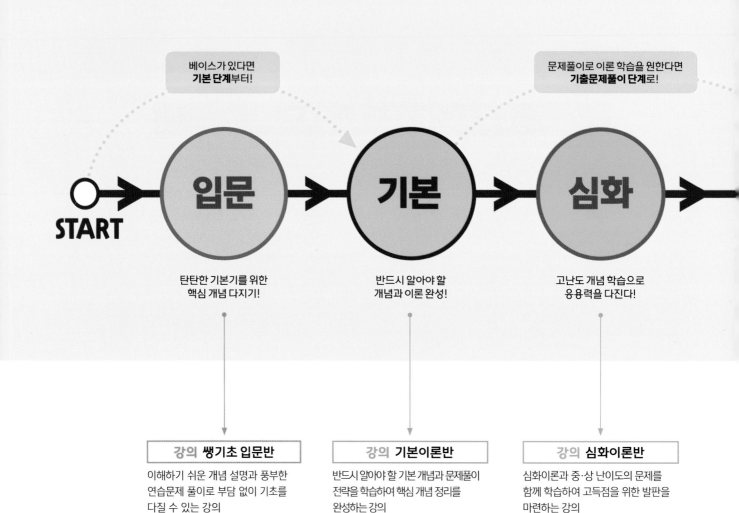

베이스가 있다면
기본 단계부터!

문제풀이로 이론 학습을 원한다면
기출문제풀이 단계로!

START

입문

기본

심화

탄탄한 기본기를 위한
핵심 개념 다지기!

반드시 알아야 할
개념과 이론 완성!

고난도 개념 학습으로
응용력을 다진다!

강의 **쌩기초 입문반**

이해하기 쉬운 개념 설명과 풍부한
연습문제 풀이로 부담 없이 기초를
다질 수 있는 강의

강의 **기본이론반**

반드시 알아야 할 기본 개념과 문제풀이
전략을 학습하여 핵심 개념 정리를
완성하는 강의

강의 **심화이론반**

심화이론과 중·상 난이도의 문제를
함께 학습하여 고득점을 위한 발판을
마련하는 강의

* 커리큘럼은 과목별·선생님별로 상이할 수 있으며, 자세한 내용은 해커스경찰 사이트에서 확인하세요.

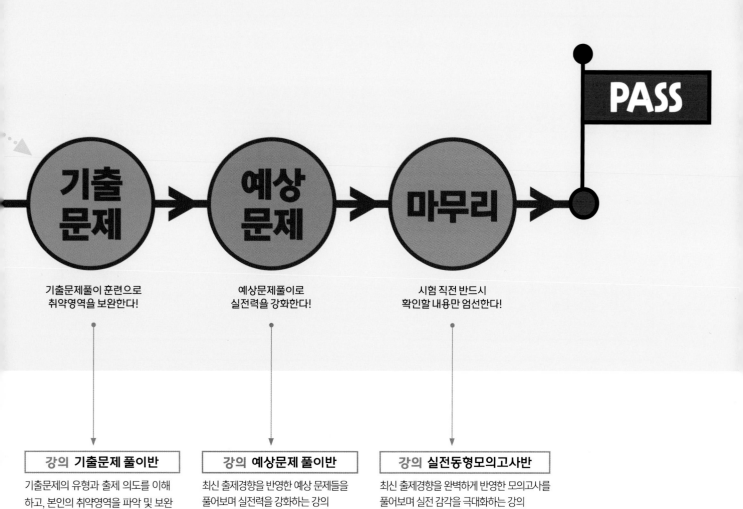

기출문제

기출문제풀이 훈련으로
취약영역을 보완한다!

예상문제

예상문제풀이로
실전력을 강화한다!

마무리

시험 직전 반드시
확인할 내용만 엄선한다!

PASS

강의 기출문제 풀이반

기출문제의 유형과 출제 의도를 이해
하고, 본인의 취약영역을 파악 및 보완
하는 강의

강의 예상문제 풀이반

최신 출제경향을 반영한 예상 문제들을
풀어보며 실전력을 강화하는 강의

강의 실전동형모의고사반

최신 출제경향을 완벽하게 반영한 모의고사를
풀어보며 실전 감각을 극대화하는 강의

강의 봉투모의고사반

시험 직전에 실제 시험과 동일한 형태의
모의고사를 풀어보며 실전력을 완성하는 강의

해커스경찰 **합격생**이 말하는

경찰 단기 합격 비법!

해커스경찰과 함께라면
다음 합격의 주인공은 바로 여러분입니다.

완전 노베이스로 시작,
8개월 만에 인천청 합격!

강*혁 합격생

형사법 부족한 부분은 모의고사로 채우기!

—

기본부터 기출문제집과 같이 병행해서 좋았던 것 같습니다. 그리고 1차
시험 보기 전까지 심화 강의를 끝냈는데 **개인적으로 심화강의 추천** 드립
니다. 안정적인 실력이 아니라 생각해서 기출 후 **전범위 모의고사에서
부족한 부분들을 많이 채워** 나간 것 같습니다.

법 계열 전공,
1년 이내 대구청 합격!

배*성 합격생

외우기 힘든 경찰학, 방법은 회독과 복습!

—

경찰학의 경우 양이 워낙 방대하고 휘발성이 강한 과목이라고 생각합니다.
(중략) 지속적으로 **회독**을 하였으며, **모의고사를 통해서 틀린 부분을 복습
하고** 그 범위를 **다시 한 번 책**으로 돌아가서 봤습니다.

이과 계열 전공,
6개월 만에 인천청 합격!

서*범 합격생

법 과목 공부법은 기본과 기출 회독!

—

법 과목만큼은 **인강을 반복해서** 듣고 **기출을 반복**해서 읽고 풀었습
니다. 익숙해질 필요가 있다고 생각해서 **회독에 더 집중**했었습니다.
익숙해진 이후로는 **오답도 챙기면서 공부**했습니다.

해커스경찰

허정
형사법

기본서 | 3권 형사소송법

허정

약력

상해푸단대학교 법학과 졸업

현 | 법률사무소 예건 공동대표변호사
현 | 해커스 변호사 형사법 전임(해커스 변호사 강사 콘테스트 1위)
현 | 해커스 경찰간부 형사법 전임
현 | 대법원 국선변호인
현 | 서울고등법원 소송구조변호사
현 | 국방부 군범죄 및 유족 국선변호인
현 | 서울행정법원 소송구조 변호사
현 | 서울남부지방법원 논스톱 국선변호인 및 국선변호인
현 | 서울북부지방법원 논스톱 국선변호인 및 국선변호인
현 | 서울시 공익변호사
현 | 대한변호사협회 장애인법률지원변호사단 단원
현 | 대한변호사협회 사회복지시설 무연고 사망자 유류금
　　신속처리 법률지원단 단원
현 | 서울지방변호사회 중대재해처벌법 대응 TF 자문위원
현 | 서울 강서경찰서 형사당직변호사
현 | 네이버지식iN 전문가 답변 상담변호사
현 | 서울명덕여자중학교 및 서울화곡초등학교 명예교사
현 | 9988병원 고문변호사
현 | 로메디 주식회사 고문변호사
현 | P2P 플랫폼 사건 고소대리인
현 | 가상화폐 브이글로벌 사건 고소대리인
전 | 조선일보 G20 기자

저서

해커스경찰 허정 형사법 기출문제집
해커스경찰 허정 형사법 기본서
해커스변호사 형사소송법 신체계 암기장
해커스변호사 형법 신체계 암기장
해커스변호사 로스쿨 신체계 형법강의
해커스변호사 형법 신체계 최근 3개년 중요판례
해커스변호사 형사소송법 신체계 최근 3개년 중요판례

최단기 합격을!!
최고의 수험적합적 교재로

경찰직 시험
합격을 위한 필수 기본서

경찰직 공부, 어떻게 시작할까?

『2024 해커스경찰 허정 형사법 기본서 3권 형사소송법』은 경찰직 시험에 최적화된 교재로 구성하였을 뿐만 아니라 법원직, 검찰직 시험 등에도 대비할 수 있도록 만전을 기하였습니다.

『2024 해커스경찰 허정 형사법 기본서 3권 형사소송법』은 형사법 이론과 판례 및 사례를 체계적으로 정리한 경찰직 시험 형사법 수험서로, 다음과 같은 특징을 가지고 있습니다.

첫째, 형사법의 핵심을 쉽고 정확하게 이해할 수 있도록 구성하였습니다.
효율적인 학습을 위해 시험과 무관한 지엽적인 이론은 배제하고, 시험에 출제되는 이론만을 엄선하여 수록하였습니다. 또한 주요 이론의 내용을 한눈에 알아볼 수 있도록 도표화하여 일목요연하게 정리하였습니다.

둘째, 최신 판례 및 개정 법령을 전면 반영하였고, 효과적인 학습이 가능하도록 구성하였습니다.
2023년까지의 형사법 개정 내용(수사준칙 개정 포함), 2023년 6월 30일까지의 대법원 공보판례와 공보미게재판례를 모두 반영하였습니다. 판례와 이론을 연결시켜 쉽게 이해할 수 있도록 쟁점별로 배치하였고, 자주 출제되는 중요 쟁점에 관한 판례는 혼동의 우려가 있는 비교판례와 함께 수록하여 효과적으로 판례를 정리할 수 있도록 하였습니다. 또한 효율적인 학습의 마무리를 위해 재출제될 가능성이 높은 판례는 한두 줄로 요약 정리하여 수록하였습니다.

셋째, 다양한 학습장치를 통해 수험생 여러분들의 입체적인 학습을 지원합니다.
중요한 비교판례는 함께 묶어 구성하였습니다. 또한 수험생 여러분들이 스스로 중요도를 파악하고 강약을 조절하여 학습할 수 있도록 지문별, 쟁점별로 완벽하게 '기출표시'를 하였고, 핵심 내용에는 밑줄처리를 하였습니다.

더불어, 경찰직 시험 전문 사이트 해커스경찰(police.Hackers.com)에서 교재 학습 중 궁금한 점을 나누고 다양한 무료학습 자료를 함께 이용하여 학습 효과를 극대화할 수 있습니다.

부디 『2024 해커스경찰 허정 형사법 기본서 3권 형사소송법』과 함께 경찰직 형사법 시험 고득점을 달성하고 합격을 향해 한걸음 더 나아가시길 바라며, 경찰직 합격을 꿈꾸는 수험생 여러분에게 훌륭한 길잡이가 되기를 바랍니다.

2023년 12월
허정

목차

제1편 서론　　　　　　　　7

제1장 형사소송법의 기초와 이념
제1절 형사소송법의 기초　　　　8
제2절 형사소송의 지도이념　　　11

제2장 형사소송의 구조　　　15

제2편 수사　　　　　　　　19

제1장 수사
제1절 수사의 의의　　　　　　20
제2절 수사기관과 피의자　　　20
제3절 수사의 조건　　　　　　32
제4절 수사의 개시　　　　　　36
제5절 임의수사　　　　　　　59

제2장 강제수사
제1절 서론　　　　　　　　　73
제2절 체포와 구속　　　　　　74
제3절 압수ㆍ수색ㆍ검증　　　115
제4절 수사상의 증거보전과 증인신문　144

제3장 수사의 종결
제1절 수사기관의 사건처리　　149
제2절 불기소처분에 대한 불복　151
제3절 공소제기 후의 수사　　158

제3편 증거   161

제1장 증거와 증거능력 판단
제1절 증거의 의의와 종류   162
제2절 증거재판주의   164
제3절 자백배제법칙   172
제4절 위법수집증거배제법칙   176
제5절 전문증거와 전문법칙   183

제2장 증명력 판단
제1절 자유심증주의   222
제2절 탄핵증거   230
제3절 자백의 보강법칙   233
제4절 공판조서의 증명력   239

부록   243

제1장 성폭력범죄의 처벌 등에 관한 특례법   244

제2장 검사와 사법경찰관의 상호협력과 일반적 수사준칙에 관한 규정 주요 개정 내용   250

판례 색인   259

제1편

서론

제1장   형사소송법의 기초와 이념
제2장   형사소송의 구조

제1장 형사소송법의 기초와 이념

제1절 형사소송법의 기초

I 형사소송법의 의의와 법적성격

1. 의의

형사소송법이란 형법을 적용·실현하기 위한 절차를 규정하는 법률체계를 말한다.

2. 형사소송법의 법적성격

① **공법**: 국가와 국민 사이의 법률관계를 규율하는 공법에 해당한다.
② **사법법**: 국가의 사법작용의 행사방법을 규율하는 사법법(司法法)에 해당한다.
③ **형사법**: 형사소송법은 형법과 함께 형사법에 속한다.
④ **절차법**: 형법이 실체법(범죄와 형벌에 관한 법)임에 반하여 형사소송법은 절차법으로서의 성격을 갖는다.

II 형사소송법의 법원과 적용범위

1. 형사소송법의 법원(法源) – 존재형식

형사소송법, 형사소송규칙 이외에도 헌법, 국민참여재판법 등도 형사소송법의 법원이 된다.

> **⚖ 판례 | 법무부령인 검찰사건사무규칙의 법규적 효력(부정)**
>
> 재기수사의 명령이 있는 사건에 관하여 지방검찰청 검사가 다시 불기소처분을 하고자 하는 경우에는 미리 그 명령청의 장의 승인을 얻도록 한 검찰사건사무규칙의 규정은 검찰청 내부의 사무처리지침에 불과한 것일 뿐, 법규적 효력을 가진 것이 아니다[헌재 1991.7.8. 91헌마42].

2. 헌법에 명문으로 규정된 중요 형사절차 사항 [20 경찰채용, 19 경찰승진, 19 경간부, 18 경찰채용, 17 경찰승진, 17 경간부, 16 경찰승진, 16 경찰채용]*

① 형사절차법정주의와 적법절차원칙(제12조 제1항)
② 고문금지와 진술강요금지(진술거부권)(제12조 제2항)
③ 영장주의와 영장주의의 예외(사후영장제도)(제12조 제3항, 제16조)
④ 변호인의 조력을 받을 권리, 국선변호인 제도(제12조 제4항)
⑤ 체포·구속의 이유와 변호인의 조력을 받을 권리를 고지받을 권리(제12조 제5항)
⑥ 체포·구속적부심사청구권(제12조 제6항)
⑦ 자백배제법칙과 자백의 보강법칙(제12조 제7항)
⑧ 일사부재리의 원칙(제13조)

⑨ 법관에 의한 재판을 받을 권리(제27조 제1항)
⑩ 신속한 재판을 받을 권리, 공개재판을 받을 권리(제27조 제3항)
⑪ 무죄추정의 원칙(제27조 제4항)
⑫ 형사피해자의 재판절차에서의 진술권(제27조 제5항)
⑬ 형사보상청구권(제28조)
⑭ 범죄피해자 구조제도(제30조)
⑮ 국회의원의 불체포특권·면책특권(제44조, 제45조)
⑯ 대통령의 불소추특권(제84조)

> 📑 **참고** 법에 명문으로 규정되어 있지 않은 사항, 형사소송법 등 법령의 규정 사항임
>
> 진술거부권을 고지받을 권리, 기피신청권, 영장실질심사청구권, 보석청구권, 증거보전청구권,
> 증거신청권, 증인신문권, 최후진술권, 간이공판절차, 국민참여재판을 받을 권리, 증거재판주의,
> 위법수집증거배제법칙, 전문법칙, 배상명령제도

3. 형사소송법의 적용범위

(1) 시간적 적용범위

① 형사소송법은 시행시부터 폐지시까지 효력을 가지는 것이 원칙이다.

② 형사소송법은 소급효금지의 원칙이 적용되지 아니한다. 따라서 법률의 변경이 있는 경우 신법 또는 구법을 적용할 것인지는 입법정책의 문제에 해당한다.

> ⚖️ **판례 | 형사소송법 부칙 제2조의 규정 취지 - 혼합주의 채택**
>
> 형사소송법 부칙 제2조[1]는 형사절차가 개시된 후 종결되기 전에 형사소송법이 개정된 경우 신법과 구법 중 어느 법을 적용할 것인지에 관한 입법례 중 이른바 혼합주의를 채택하여 구법 당시 진행된 소송행위의 효력은 그대로 인정하되 신법 시행 후의 소송절차에 대하여는 신법을 적용한다는 취지에서 규정된 것이다. 따라서 항소심이 신법 시행을 이유로 구법(2007.6.1. 법률 제8496호로 개정되기 전의 형사소송법)이 정한 바에 따라 적법하게 진행된 제1심의 증거조사절차 등을 위법하다고 보아 그 효력을 부정하고 다시 절차를 진행하는 것은 허용되지 아니하며, 다만 이미 적법하게 이루어진 소송행위의 효력을 부정하지 않는 범위 내에서 신법의 취지에 따라 절차를 진행하는 것은 허용된다[대판 2008.10.23, 2008도2826]. [20 경찰채용, 18 경간부, 16 경찰채용]*

(2) 장소적 적용범위

① 형사소송법은 대한민국의 법원에서 심판되는 사건에 대하여만 적용된다.

② 대한민국의 법원에서 심판되는 사건은 우리 형법(특별형법 포함)이 적용되는 사건이다.[2]

---

1) 이 법(2007.6.1. 개정되어 2008.1.1부터 시행된 형사소송법)은 이 법 시행 당시 수사 중이거나 법원에 계속 중인 사건에도 적용한다(신법이 적용됨). 다만, 이 법 시행 전에 종전의 규정에 따라 행한 행위의 효력에는 영향을 미치지 아니한다(구법에 의한 효력을 인정함). 따라서 혼합주의를 채택한 것이다.

2) 형사소송법이 적용되는 범위는 형법시간에 공부한 형법의 적용범위와 결국 동일하다. 즉, 우리 형법이 적용되는 사건에 대하여 우리 형사소송법이 적용된다.

(3) 인적 적용범위

형사소송법은 대한민국 영역 내에 있는 모든 사람에게 효력이 있다. 다만 다음과 같은 예외가 있다.

1) 국내법상 예외

① 대통령의 불소추특권: 대통령은 내란 또는 외환의 죄를 범한 경우를 제외하고는 재직중 형사상의 소추를 받지 아니한다(헌법 제84조).

② 국회의원의 면책특권: 국회의원은 국회에서 직무상 행한 발언과 표결에 관하여 국회 외에서 책임을 지지 아니한다(헌법 제45조).

③ 국회의원의 불체포특권: 국회의원은 현행범인인 경우를 제외하고는 회기중 국회의 동의없이 체포 또는 구금되지 아니한다(헌법 제44조 제1항). [17 경찰승진]* 국회의원이 회기 전에 체포 또는 구금된 때에는 현행범인이 아닌 한 국회의 요구가 있으면 회기중 석방된다(동조 제2항). 체포 또는 구속된 국회의원에 대한 국회의 석방요구가 있으면 당연히 구속영장의 집행이 정지된다(형사소송법 제200조의6, 제101조 제4항). [20 경찰승진]*

2) 국제법상 예외

① 외교관계에 의한 재판권 면제

㉠ 외국의 원수, 그 가족 및 대한민국 국민이 아닌 수행자 ㉡ 신임받은 외국의 사절과 그 직원 및 가족에게는 형사소송법이 적용되지 아니한다(외교관계에 관한 비엔나협약 제31조). 예컨대 대한민국에 주재하는 미국 대사의 살인사건에 대해서는 형사소송법이 적용되지 않으므로 대한민국이 재판권을 행사할 수 없다.

② 한미주둔군지위협정에 의한 재판권 제한

> ⚖ **판례 | 미국군인과 군속에 대한 재판권**
>
> 1. **(미군범죄의 경우)** 미군범죄에 관하여는 원칙적으로 오로지 합중국의 재산이나 안전에 대한 범죄 또는 오로지 합중국 군대의 타 구성원이나 군속 또는 그들의 가족의 신체나 재산에 대한 범죄, 공무집행중의 작위 또는 부작위에 의한 범죄인 경우에는 합중국 군당국이 재판권을 행사할 1차적 권리를 가지며, 기타의 범죄인 경우에는 대한민국 당국이 재판권을 행사할 1차적 권리를 가진다[대판 1980.9.9, 79도2062].
>
> 2. **(미합중국 군대의 군속이 대한민국 영역 안에서 저지른 범죄에 대하여 우리 법원이 재판권을 가지기 위한 요건)** [1] 미합중국 국적을 가진 미합중국 군대의 군속인 피고인이 범행 당시 10년 넘게 대한민국에 머물면서 한국인 아내와 결혼하여 가정을 마련하고 직장 생활을 하는 등 생활근거지를 대한민국에 두고 있었던 경우, 피고인은 SOFA 협정에서 말하는 '통상적으로 대한민국에 거주하는 자'에 해당하므로, 피고인에게는 위 협정에서 정한 미합중국 군대의 군속에 관한 형사재판권 관련 조항이 적용될 수 없다.
> [2] 한반도의 평시상태에서 미합중국 군 당국은 미합중국 군대의 군속에 대하여 형사재판권을 가지지 않으므로, … 미합중국 군대의 군속이 대한민국 영역 안에서 저지른 범죄로서 대한민국 법령에 의하여 처벌할 수 있는 범죄에 대한 형사재판권을 바로 행사할 수 있다[대판 2006.5.11, 2005도798]. [16 국가9급, 16 경간부, 16 경찰채용]*

제2절 형사소송의 지도이념

I 형사소송의 목적

1. 이념

형사소송의 목적은 적정절차에 의한 신속한 재판을 통한 실체진실의 발견에 있다[헌재 1998.12.24, 94헌바46]. [20 경찰채용]*

2. 이념의 상호관계

실체진실주의, 적정절차와 신속한 재판의 원칙은 규범의 충돌을 일으킬 수 있는 긴장관계에 있는 이념이다.

II 실체적 진실주의

1. 의의

실체적 진실주의란 소송의 실체에 관하여 객관적 진실을 발견하여 사안의 진상을 명백히 하자는 원리를 말한다.

2. 실체적 진실주의의 내용

(1) 적극적 실체진실주의

① 범죄사실을 명백히 하여 죄를 지은 자를 빠짐없이 처벌하도록 하자는 원리를 말한다.
② '열 사람의 범인이 있으면 열 사람 모두를 처벌해야 한다'라고 표현된다(유죄자 필벌의 원리).

(2) 소극적 실체진실주의

① 죄를 짓지 않은 자를 처벌하여서는 안 된다는 원리를 말한다.

② '열 사람의 범인을 놓치는 한이 있더라도 한 사람의 죄 없는 자를 처벌해서는 안 된다'라고 표현된다(무죄자 불벌의 원리).

③ 의심스러운 때는 피고인의 이익으로(in dubio pro reo)라는 무죄추정의 원리를 강조한다.

> **⚖ 판례 | 형사재판절차(= 소극적 진실주의가 헌법적으로 보장)**
>
> 무죄추정의 원칙 등을 종합하면 형사재판절차에는 소극적 진실주의가 헌법적으로 보장되어 있으므로 형사소송에 관한 절차 법에서 소극적 진실주의의 요구를 외면한 채 범인필벌의 요구만을 앞세워 합리성과 정당성을 갖추지 못한 방법이나 절차에 의한 증거수집과 증거조사를 허용하는 것은 헌법상 용인될 수 없다[헌재 1996.12.26. 94헌바1].

3. 실체적 진실주의의 한계

(1) 다른 이념에 의한 제약

실체적 진실발견은 적정절차 및 신속한 재판의 원칙이라는 다른 형사소송법 이념에 의하여 제약을 받는다.

(2) 사실상의 제약

법관도 인간의 능력과 한계를 넘을 수는 없으므로 절대적이고 객관적인 진실을 발견하는 것은 어렵다. 따라서 법관의 사실을 인정함에는 합리적 의심 없는 정도이면 족하다고 할 수밖에 없다.

(3) 초소송법적 이익에 의한 제약

실체적 진실발견은 소송법적 이익보다 우월한 이익의 보전을 위하여 제한을 받는다. 예컨대 군사상 · 공무상 · 업무상 비밀에 속하는 장소 또는 물건에 대한 압수수색의 제한(제110조 내지 제112조), 증언거부권(제148조, 제149조) 등에 의하여 제약을 받는다.

Ⅲ 적정절차(적법절차)

1. 의의

(1) 개념

적정절차란 헌법정신을 구현한 공정한 법정절차에 의하여 형벌권이 실현되어야 한다는 원칙을 말한다.

(2) 근거

헌법 제12조 제1항은 '누구든지 법률과 적법한 절차에 의하지 아니하고는 처벌 · 보안처분 또는 강제노역을 받지 아니한다'라고 규정하여 적정절차의 원칙을 선언하고 있다.

> **⚖ 판례 | 헌법 제12조 제1항의 '적법절차'의 의의**
>
> 1. 헌법 제12조 제1항 후문이 규정하고 있는 '적법절차'란 법률이 정한 절차 및 그 실체적 내용이 모두 적정하여야 함을 말하는 것으로서 적정하다고 함은 공정하고 합리적이며 상당성이 있어 정의관념에 합치되는 것을 뜻한다[대판 1988.11.16. 88초60]. [20 경찰승진, 20 경찰채용, 19 경찰승진, 19 경간부, 19 경찰채용, 16 경찰승진]*
> 2. 적법절차의 원칙은 법률이 정한 형식적 절차와 실체적 내용이 모두 합리성과 정당성을 갖춘 적정한 것이어야 한다는 실질적 의미를 지니고 있는 것으로서 특히 형사소송절차와 관련시켜 적용함에 있어서는 형사소송절차의 전반을 기본권 보장의 측면에서 규율하여야 한다는 기본원리를 천명하고 있는 것으로 이해하여야 한다[헌재 1997.3.27. 96헌가11]. [20 경찰승진, 20 경간부]*

> **⚖️ 판례 | 헌법 제12조 제1항의 '적법절차'의 적용범위(형사절차와 모든 입법 및 행정작용)**
>
> 헌법 제12조 제1항 후문과 제3항에 규정된 적법절차의 원칙은 형사절차상의 제한된 범위뿐만 아니라 국가작용으로서 모든 입법 및 행정작용에도 광범위하게 적용된다[헌재 2009.6.25. 2007헌마451]. [16 경찰승진]*

2. 내용

적정절차는 공정한 재판의 원칙, 비례성의 원칙,3) 피고인 보호의 원칙을 내용으로 한다.

> **⚖️ 판례 | 공정한 재판의 의의**
>
> 1. '공정한 재판'이란 헌법과 법률이 정한 자격이 있고 헌법에 정한 절차에 의하여 임명되고 신분이 보장되어 독립하여 심판하는 법관으로부터 헌법과 법률에 의하여 그 양심에 따라 적법절차에 의하여 이루어지는 재판을 의미하며, 공개된 법정의 법관의 면전에서 모든 증거자료가 조사진술되고 이에 대하여 검사와 피고인이 서로 공격·방어할 수 있는 공평한 기회가 보장되는 재판을 받을 권리도 그로부터 파생되어 나온다[헌재 2001.8.30. 99헌마496].
> 2. 공정한 재판을 받을 권리 속에는 신속하고 공개된 법정의 법관의 면전에서 모든 증거자료가 조사·진술되고 이에 대하여 피고인이 공격·방어할 수 있는 기회가 보장되는 재판, 즉 원칙적으로 당사자주의와 구두변론주의가 보장되어 당사자가 공소사실에 대한 답변과 입증 및 반증하는 등 공격·방어권이 충분히 보장되는 재판을 받을 권리가 포함되어 있다[헌재 1998.12.24. 94헌바46].
> [16 국가9급]*

> **⚖️ 판례 | 공정한 재판을 받을 권리를 침해하는 경우**
>
> 공정한 재판을 받기 위해서는 검사이든 피고인이든 공평하게 증인에 접근할 수 있도록 기회가 보장되어야 하므로, 검사가 법원의 증인으로 채택된 수감자를 그 증언에 이르기까지 거의 매일 검사실로 하루 종일 소환하여 피고인측 변호인이 접근하는 것을 차단하고, 검찰에서의 진술을 번복하는 증언을 하지 않도록 회유·압박하는 한편, 때로는 검사실에서 그에게 편의를 제공하기도 한 행위는 피고인의 공정한 재판을 받을 권리를 침해한다[대판 2002.10.8. 2001도3931].

3. 적정절차의 위반에 대한 구제수단

① 적정절차를 위반하여 위법하게 수집된 증거는 증거능력이 배제된다(제308조의2).
② 적정절차를 위반하여 피고인의 방어권이 침해된 경우 항소이유(제361조의5)나 상고이유(제383조)가 된다.
③ 적정절차를 위반하여 기본권이 침해된 경우 헌법재판소에 헌법소원을 제기할 수 있다.

Ⅳ 신속한 재판의 원칙

1. 의의

'신속한 재판(헌법 제27조 제3항)'이라 함은 공정하고 적정한 재판을 하는 데 필요한 기간을 넘어 부당하게 지연됨이 없는 재판을 말한다[헌재 2009.7.30. 2007헌마732].

---

3) 강제처분에 의하여 달성하려는 공익과 그에 따라 침해되는 사익(私益) 사이에 정당한 균형관계가 이루어져야 한다는 원칙을 말한다.

2. 제도적 구현4)

(1) 수사와 공소제기의 신속을 위한 제도

수사기관의 구속기간 제한(제202조, 제203조), 공소시효(제249조), 기소편의주의와 기소변경주의(제247조, 제255조) 등이 이에 해당한다.

(2) 공판절차의 신속을 위한 제도

공판준비절차(제266조 내지 제274조), 집중심리주의(제267조의2), 궐석재판제도(제277조, 제277조의2), 증거동의(제318조), 판결선고기간의 제한(제318조의4), 상소기간의 제한(제358조, 제374조, 제405조) 등이 이에 해당한다.

(3) 재판의 신속을 위한 특수한 절차

간이공판절차(제286조의2), 약식절차(제448조), 즉결심판절차(즉심법) 등이 이에 해당한다.

(4) 재판지연에 대한 구제절차

재판이 부당하게 지연된 경우 공소기각판결이나 면소판결로서 소송을 종결시킬 수는 없으며 양형에서 고려할 수 있을 뿐이다. [16 경간부]*

---

4) 아래의 구체적 내용에 대하여는 2회독시에 쉽게 알게 되므로 1회독시에는 굳이 알려고 할 필요가 없으며 판례를 읽어두면 족하다.

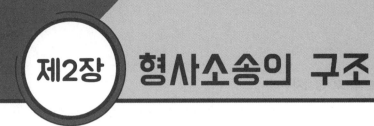

제2장 형사소송의 구조

1. 소송구조론

소송구조론이란 소송의 주체가 누구이고 소송주체 사이의 관계를 어떻게 구성할 것인가에 관한 이론을 말한다.

2. 규문주의와 탄핵주의 [18 국가9급]*

구분	규문주의	탄핵주의
의의	규문주의란 소추기관과 재판기관이 분리되어 있지 않고 재판기관이 스스로 절차를 개시하여 심리·재판을 하는 형사절차를 말한다.	탄핵주의란 소추기관과 재판기관이 분리되어 소추기관의 공소제기에 의하여 재판기관인 법원이 심리·재판을 개시하는 형사절차를 말한다.
특징	소추기관이 없으며, 피고인은 소송주체가 아니라 단순한 심리의 객체에 불과하였다.	불고불리(不告不理)의 원칙이 적용되며 피고인은 소송주체로서의 지위가 인정된다.

3. 탄핵주의 - 직권주의와 당사자주의

구분	직권주의	당사자주의
의의	직권주의란 법원에게 소송의 주도적 지위를 인정하는 소송구조를 말한다.	당사자주의란 당사자인 검사와 피고인에게 소송의 주도적 지위를 인정하여 당사자 사이의 공격과 방어에 의하여 심리가 진행되고 법원은 제3자의 입장에서 당사자의 주장과 입증을 판단하는 소송구조를 말한다.
내용	법원은 검사 또는 피고인의 주장에 구속되지 않고 직권으로 증거를 수집·조사하고(직권탐지주의), 법원이 직권으로 사건을 심리하게 된다(직권심리주의).	소송의 진행이 당사자의 주도 아래 이루어지므로 증거의 수집과 제출은 당사자에게 맡겨지고 심리도 당사자의 공격과 방어의 형태로 진행된다.
장점	① 법원이 소송에서 주도적 역할을 하므로 실체적 진실발견에 효과적이다. ② 심리의 능률과 신속을 도모할 수 있다. ③ 형사절차의 공정성을 담보하여 소송의 스포츠화를 방지할 수 있다.	① 법원은 제3자적 입장에서 공정한 재판을 할 수 있다. ② 소송결과에 이해관계를 가진 당사자의 적극적인 입증활동으로 실체적 진실발견에 적합하다. ③ 피고인에게 검사와 대등한 지위를 인정하므로 피고인의 방어권 행사가 충분히 보장된다.
단점	① 사건심리가 법원의 자의와 독단에 빠질 위험이 있다. ② 피고인이 심리의 객체로 전락될 위험이 있다. ③ 법원이 제3자로서의 공정성을 상실할 위험이 있다.	① 당사자간에 공격과 방어가 연속되어 심리의 능률과 신속을 저해할 위험이 있다. ② 변호인 없는 피고인에게 오히려 불리하게 작용할 위험이 있다. ③ 국가형벌권의 행사가 당사자의 타협에 의하여 좌우될 수 있고 소송의 스포츠화를 초래할 위험이 있다.

4. 형사소송법의 기본구조

> **⚖️ 판례 | 현행 형사소송의 기본구조(기본적으로 당사자주의)** [20 국가7급]*
>
> 1. 형사소송법은 당사자주의를 그 기본 골격으로 하면서 한편으로는 직권주의적 규정을 아울러 두고 있다[대판 1983.3.8, 82도3248].
> 2. 우리나라 형사소송법은 그 해석상 소송절차의 전반에 걸쳐 기본적으로 당사자주의 소송구조를 취하고 있는 것으로 이해된다[헌재 1995.11.30, 92헌마44].

(1) 당사자주의적 요소 [18 국가9급]*

공소장변경제도(제298조 제1항), 공소장일본주의(규칙 제118조 제2항), 공소사실의 특정 요구(제254조 제4항), 공소장부본의 송달(제266조), 1회 공판기일 유예기간(제269조), 당사자의 모두진술(제285조, 제286조), 피고인신문에 앞선 증거조사(제290조, 제296조의2), 당사자의 증거신청권(제294조), 증거조사 참여권(제121조, 제163조, 제176조 등), 증인에 대한 교호신문제도(제161조의2 제1항) 등이 이에 해당한다.

(2) 직권주의적 요소 [18 국가9급]*

법원의 직권증거조사(제295조), 피고인신문제도(제296조의2), 법원의 공소장변경요구(제298조 제2항), 증거동의에 대한 법원의 진정성 판단(제318조 제1항)등이 이에 해당한다.

MEMO

제2편

수사

제1장 수사

제2장 강제수사

제3장 수사의 종결

제1장 수사

제1장 수사

제1절 수사의 의의

1. 개념

> **⚖ 판례 | 수사의 의의**
>
> 수사는 범죄혐의의 유무를 명백히 하여 공소를 제기·유지할 것인가의 여부를 결정하기 위하여 범인을 발견·확보하고 증거를 수집·보전하는 수사기관의 활동을 말한다[대판 1999.12.7. 98도3329].

수사는 주로 공소제기 여부를 결정하기 위하여 공소제기 전에 행하여지지만 공소제기 후라도 공소유지 여부를 결정하기 위하여 행하여질 수 있다.

2. 수사와 내사의 구별

수사는 수사기관이 범죄혐의를 인정할 때 개시된다. 따라서 수사기관의 활동일지라도 수사개시 이전의 단계인 내사는 수사라고 할 수 없다.

제2절 수사기관과 피의자

Ⅰ 수사기관

1. 의의

수사기관은 법률상 수사를 할 수 있는 권한이 인정되는 국가기관을 말한다.

2. 종류

수사기관은 검사, (일반)사법경찰관리, 특별사법경찰관리, 사법경찰관리의 직무를 행하는 검찰청 직원(검찰청법상의 사법경찰관리)이 있다.

▶ 수사기관의 종류

구분			내용
검사			–
사법경찰관리	일반	사법경찰관	경무관, 총경, 경정, 경감, 경위
		사법경찰리	경사, 경장, 순경
	특별	사법경찰관리	삼림, 해사, 전매, 세무, 군수사기관, 그 밖에 특별한 사항에 관하여 사법경찰관리의 직무를 행한다.
	검찰청 직원	사법경찰관	검찰주사, 마약수사주사, 검찰주사보, 마약수사주사보
		사법경찰리	검찰서기, 마약수사서기, 검찰서기보, 마약수사서기보

3. 검사

검사는 범죄의 혐의가 있다고 사료하는 때에는 범인, 범죄사실과 증거를 수사한다(제196조 제1항). 다만, 검사는 제197조의3 제6항, 제198조의2 제2항 및 제245조의7 제2항에 따라 사법경찰관으로부터 송치받은 사건에 관하여는 해당 사건과 동일성을 해치지 아니하는 범위 내에서 수사할 수 있다(동조 제2항). 검사가 수사를 개시할 수 있는 범죄의 범위는 다음과 같다(검찰청법 제4조 제1항 제1호).

검찰청법 [법률 제17566호, 2020.12.8. 일부개정]	검찰청법 [법률 제18861호, 2022.5.9. 일부개정]
제4조(검사의 직무) ① 검사는 공익의 대표자로서 다음 각 호의 직무와 권한이 있다. 　1. 범죄수사, 공소의 제기 및 그 유지에 필요한 사항. 다만, 검사가 수사를 개시할 수 있는 범죄의 범위는 다음 각 목과 같다. 　　가. 부패범죄, 경제범죄, 공직자범죄, 선거범죄, 방위사업범죄, 대형참사 등 대통령령으로 정하는 중요 범죄 　　나. 경찰공무원이 범한 범죄 　　다. (생략) 　2.~6. (생략) ② 검사는 그 직무를 수행할 때 국민 전체에 대한 봉사자로서 헌법과 법률에 따라 국민의 인권을 보호하고 적법절차를 준수하며, 정치적 중립을 지켜야 하고 주어진 권한을 남용하여서는 아니 된다. 〈신설〉	제4조(검사의 직무) ① 검사는 공익의 대표자로서 다음 각 호의 직무와 권한이 있다. 　1. 범죄수사, 공소의 제기 및 그 유지에 필요한 사항. 다만, 검사가 수사를 개시할 수 있는 범죄의 범위는 다음 각 목과 같다. 　　**가. 부패범죄, 경제범죄 등 대통령령으로 정하는 중요 범죄** 　　나. 경찰공무원(다른 법률에 따라 사법경찰관리의 직무를 행하는 자를 포함한다) 및 고위공직자범죄수사처 소속 공무원(「고위공직자범죄수사처 설치 및 운영에 관한 법률」에 따른 파견공무원을 포함한다)이 범한 범죄 　　다. (현행과 같음) 　2.~6. (현행과 같음) ② 검사는 자신이 수사개시한 범죄에 대하여는 공소를 제기할 수 없다. 다만, 사법경찰관이 송치한 범죄에 대하여는 그러하지 아니하다. ③ 검사는 그 직무를 수행할 때 국민 전체에 대한 봉사자로서 헌법과 법률에 따라 국민의 인권을 보호하고 적법절차를 준수하며, 정치적 중립을 지켜야 하고 주어진 권한을 남용하여서는 아니 된다.

제24조(부장검사) ①~③ (생략)	제24조(부장검사) ①~③ (현행과 같음)
〈신설〉	④ 검찰총장은 제4조제1항제1호가목의 범죄에 대한 수사를 개시할 수 있는 부의 직제 및 해당 부에 근무하고 있는 소속 검사와 공무원, 파견 내역 등의 현황을 분기별로 국회에 보고하여야 한다.

검사의 수사개시 범죄 범위에 관한 규정[시행 2022.9.10.] [대통령령 제32902호, 2022.9.8. 일부개정]

제2조(중요 범죄) 「검찰청법」(이하 "법"이라 한다) 제4조 제1항 제1호 가목에서 "부패범죄, 경제범죄 등 대통령령으로 정하는 중요 범죄"란 다음 각 호의 범죄를 말한다.

1. 부패범죄: 다음 각 목의 어느 하나에 해당하는 범죄로서 별표 1에 규정된 죄
   가. 사무의 공정을 해치는 불법 또는 부당한 방법으로 자기 또는 제3자의 이익이나 손해를 도모하는 범죄
   나. 직무와 관련하여 그 지위 또는 권한을 남용하는 범죄
   다. 범죄의 은폐나 그 수익의 은닉에 관련된 범죄
2. 경제범죄: 생산·분배·소비·고용·금융·부동산·유통·수출입 등 경제의 각 분야에서 경제질서를 해치는 불법 또는 부당한 방법으로 자기 또는 제3자의 경제적 이익이나 손해를 도모하는 범죄로서 별표 2에 규정된 죄
3. 다음 각 목의 어느 하나에 해당하는 죄
   가. 무고·도주·범인은닉·증거인멸·위증·허위감정통역·보복범죄 및 배심원의 직무에 관한 죄 등 국가의 사법질서를 저해하는 범죄로서 별표 3에 규정된 죄
   나. 개별 법률에서 국가기관으로 하여금 검사에게 고발하도록 하거나 수사를 의뢰하도록 규정된 범죄

[전문개정 2022.9.8.]

4. 사법경찰관리

(1) (일반)사법경찰관리

① 경무관, 총경, 경정, 경감, 경위: 사법경찰관으로서 범죄의 혐의가 있다고 사료하는 때에는 범인, 범죄사실과 증거를 수사한다(제197조 제1항). 개정 전의 형사소송법에서는 사법경찰관리는 검사의 수사 보조자의 지위에 있었으나 현행 형사소송법은 사법경찰관도 수사권의 주체임을 명시하고 있다.[5]

② 경사, 경장, 순경: 사법경찰리로서 수사의 보조를 하여야 한다(제197조 제2항). 다만, 사법경찰리도 사법경찰관으로부터 구체적 사건에 관하여 특정한 수사명령을 받으면 사법경찰관의 사무를 취급할 권한이 인정된다. 이러한 권한을 가진 사법경찰리를 실무상 사법경찰관사무취급이라고 한다.

> **⚖ 판례 | 사법경찰관사무취급에 의한 압수·수색의 적법성을 인정한 판례**
>
> [1] 형사소송법 등 관련 규정에 의하면 사법경찰리는 사법경찰관의 지휘를 받아 압수·수색 등 필요한 수사업무를 보조할 수 있다.
> [2] 긴급체포한 때부터 약 3시간 후에 사법경찰리에 의하여 이루어진 이 사건 압수·수색이 영장 없이 이루어진 위법한 조치라고 단정할 수는 없을 것이다[대판 2010.8.19. 2008도2158].

(2) 특별사법경찰관리

특별사법경찰관리는 삼림, 해사, 전매, 세무, 군수사기관, 그 밖에 특별한 사항에 관하여 사법경찰관리의 직무를 행한다. 그 직무의 범위는 법률로 정한다(제245조의10 제1항, 제2항). 특별사법경찰관은 범죄의 혐의가 있다고 인식하는 때에는 범인, 범죄사실과 증거에 관하여 수사를 개시·진행하여야 한다(제245조의10 제3항).

---

5) 따라서 현행 형사소송법 아래에서는 "검사는 수사의 주재자이며, 사법경찰관리는 수사의 보조자이다."라는 지문은 틀린 지문에 해당한다.

(3) 사법경찰관리의 직무를 행하는 검찰청 직원(검찰청법상의 사법경찰관리)

① 검찰청 직원으로서 사법경찰관리의 직무를 행하는 자와 그 직무의 범위는 법률로 정한다(제245조의9 제1항).

② 검찰주사, 마약수사주사, 검찰주사보 및 마약수사주사보: 형사소송법 제245조의9 제2항에 따른 사법경찰관의 직무를 수행한다(검찰청법 제47조 제1항 제1호).

③ 검찰서기, 마약수사서기, 검찰서기보 및 마약수사서기보: 형사소송법 제245조의9 제3항에 따른 사법경찰리의 직무를 수행한다(검찰청법 제47조 제1항 제2호).

5. 검사와 사법경찰관의 관계

(1) 검사와 (일반)사법경찰관의 관계

1) 수사협력관계

> **제195조(검사와 사법경찰관의 관계 등)** ① 검사와 사법경찰관은 수사, 공소제기 및 공소유지에 관하여 서로 협력하여야 한다(협력관계). [23 경간부]*
> ② 제1항에 따른 수사를 위하여 준수하여야 하는 일반적 수사준칙에 관한 사항은 대통령령으로 정한다.

검사와 사법경찰관은 수사, 공소제기 및 공소유지에 관하여 서로 협력하여야 하며(제195조 제1항), 상호 존중해야 하며(상호협력준칙[6] 제6조 제1항), 수사·기소·재판 관련 자료를 서로 요청할 수 있으며(동준칙 제6조 제2항), 내란, 테러, 대형참사, 연쇄살인 등 중요사건의 경우에 송치 전에 수사할 사항 등에 관하여 상호 의견을 제시·교환할 것을 요청할 수 있다(동준칙 제7조). 수사와 사건의 송치, 송부 등에 관한 이견의 조정이나 협력 등이 필요한 경우 서로 협의를 요청할 수 있으며(동준칙 제8조 제1항), 검사와 사법경찰관은 수사를 할 때 물적 증거를 기본으로 하여 객관적이고 신빙성 있는 증거를 발견하고 수집하기 위해 노력하여 실체적 진실을 발견해야 한다(동준칙 제3조 제3항).[7] [23 경간부]*

2) 검사의 사법경찰관에 대한 요구권

① 보완수사요구권

> **제197조의2(보완수사요구)** ① 검사는 다음 각 호의 어느 하나에 해당하는 경우에 사법경찰관에게 보완수사를 요구할 수 있다.
> 1. 송치사건의 공소제기 여부 결정 또는 공소의 유지에 관하여 필요한 경우
> 2. 사법경찰관이 신청한 영장의 청구 여부 결정에 관하여 필요한 경우
> ② 사법경찰관은 제1항의 요구가 있는 때에는 정당한 이유가 없는 한 지체 없이 이를 이행하고, 그 결과를 검사에게 통보하여야 한다(지체없이 이행 – 결과통보).
> ③ 검찰총장 또는 각급 검찰청 검사장은 사법경찰관이 정당한 이유 없이 제1항의 요구에 따르지 아니하는 때에는 권한 있는 사람에게 해당 사법경찰관의 직무배제 또는 징계를 요구할 수 있고, 그 징계 절차는 「공무원 징계령」 또는 「경찰공무원 징계령」에 따른다(불응시 직무배제 또는 징계 요구권).

검사는 사법경찰관으로부터 송치받은 사건에 대해 보완수사가 필요하다고 인정하는 경우에는 특별히 직접 보완수사를 할 필요가 있다고 인정되는 경우를 제외하고는 사법경찰관에게 보완수사를 요구하는 것을 원칙으로 한다(상호협력준칙 제59조 제1항).[8]

---

6) '검사와 사법경찰관의 상호협력과 일반적 수사준칙에 관한 규정'을 위와 같이 약칭한 것이다. 이하 동일하다.
7) "검사와 사법경찰관은 수사를 할 때 물적 및 인적 증거를 기본으로 하여 객관적이고 신빙성 있는 증거를 발견하고 수집하기 위해 노력하여 실체적 진실을 발견하여야 한다."는 오지문이 출제되었다.
8) 보완수사가 필요하다고 인정하는 경우 직접 보완수사가 원칙이 아니라 사법경찰관에게 보완수사를 요구하는 것이 원칙이라는 점을 주의하여야 한다.

② 사건기록송부요권, 시정조치요구권, 사건송치요구권 등

> **제197조의3(시정조치요구 등)** ① 검사는 사법경찰관리의 수사과정에서 법령위반, 인권침해 또는 현저한 수사권 남용이 의심되는 사실의 신고가 있거나 그러한 사실을 인식하게 된 경우에는 사법경찰관에게 사건기록 등본의 송부를 요구할 수 있다(사건기록 송부 요구권).
> ② 제1항의 송부 요구를 받은 사법경찰관은 지체 없이 검사에게 사건기록 등본을 송부하여야 한다(지체없이 송부).
> ③ 제2항의 송부를 받은 검사는 필요하다고 인정되는 경우에는 사법경찰관에게 시정조치를 요구할 수 있다(시정조치요구권).
> ④ 사법경찰관은 제3항의 시정조치 요구가 있는 때에는 정당한 이유가 없으면 지체 없이 이를 이행하고, 그 결과를 검사에게 통보하여야 한다(지체없이 이행 – 결과통보).
> ⑤ 제4항의 통보를 받은 검사는 제3항에 따른 시정조치 요구가 정당한 이유 없이 이행되지 않았다고 인정되는 경우에는 사법경찰관에게 사건을 송치할 것을 요구할 수 있다(시정조치 미이행 – 사건송치요구권).
> ⑥ 제5항의 송치 요구를 받은 사법경찰관은 검사에게 사건을 송치하여야 한다(사건송치해야).
> ⑦ 검찰총장 또는 각급 검찰청 검사장은 사법경찰관리의 수사과정에서 법령위반, 인권침해 또는 현저한 수사권 남용이 있었던 때에는 권한 있는 사람에게 해당 사법경찰관리의 징계를 요구할 수 있고, 그 징계 절차는 「공무원 징계령」 또는 「경찰공무원 징계령」에 따른다(수사권 남용 – 징계요구권).
> ⑧ 사법경찰관은 피의자를 신문하기 전에 수사과정에서 법령위반, 인권침해 또는 현저한 수사권 남용이 있는 경우 검사에게 구제를 신청할 수 있음을 피의자에게 알려주어야 한다(사법경찰관의 피의자에 대한 검사에의 구제신청권 고지의무).9) [23 경간부]*

③ 수사의 경합의 경우 사건송치요구권

> **제197조의4(수사의 경합)** ① 검사는 사법경찰관과 동일한 범죄사실을 수사하게 된 때에는 사법경찰관에게 사건을 송치할 것을 요구할 수 있다(사건송치요구권). [23 경간부]*
> ② 제1항의 요구를 받은 사법경찰관은 지체 없이 검사에게 사건을 송치하여야 한다. 다만, 검사가 영장을 청구하기 전에 동일한 범죄사실에 관하여 사법경찰관이 영장을 신청한 경우에는 해당 영장에 기재된 범죄사실을 계속 수사할 수 있다(원칙 – 사건송치, 예외 – 사법경찰관의 계속 수사권). [23 경간부]*

3) 영장신청에 있어서 검사와 사법경찰관의 관계10)
① 사법경찰관은 검사에게 신청하여 검사의 청구로 관할지방법원판사의 체포 · 구속영장을 발부받아 피의자를 체포 · 구속할 수 있다(제200조의2 제1항, 제201조).
② 사법경찰관은 검사에게 신청하여 검사의 청구로 지방법원판사가 발부한 영장에 의하여 압수 · 수색 또는 검증을 할 수 있다(제215조 제2항).
③ 검사가 사법경찰관이 신청한 영장을 정당한 이유 없이 판사에게 청구하지 아니한 경우 사법경찰관은 그 검사 소속의 지방검찰청 소재지를 관할하는 고등검찰청에 영장 청구 여부에 대한 심의를 신청할 수 있다(제221조의5 제1항). 이를 심의하기 위하여 각 고등검찰청에 영장심의위원회를 둔다(제221조의5 제2항). 영장청구와 관련하여 사법경찰관이 검사를 견제할 수 있는 수단으로서 개정 형소법에서 신설된 규정이다.

4) 기타 검사와 사법경찰관의 관계11)
① 영장의 집행: 구속영장과 체포영장은 검사의 지휘에 의하여 사법경찰관리가 집행한다(제81조 제1항, 제209조, 제200조의6). 압수 · 수색영장은 검사의 지휘에 의하여 사법경찰관리가 집행한다(제115조 제1항, 제219조).

---

9) 사법경찰관은 법 제197조의3 제8항에 따라 검사에게 구제를 신청할 수 있음을 피의자에게 알려준 경우에는 피의자로부터 고지 확인서를 받아 사건기록에 편철한다. 다만, 피의자가 고지 확인서에 기명날인 또는 서명하는 것을 거부하는 경우에는 사법경찰관이 고지 확인서 끝부분에 그 사유를 적고 기명날인 또는 서명해야 한다(검사와 사법경찰관의 상호협력과 일반적 수사준칙에 관한 규정 제47조). [23 경간부]*
10) 이 부분은 차차 배우게 될 부분이므로 1회독시에는 가볍게 읽어 두어도 족하다.
11) 이 부분은 차차 배우게 될 부분이므로 1회독시에는 가볍게 읽어 두어도 족하다.

② 긴급체포: 사법경찰관이 피의자를 긴급체포한 경우에는 즉시 검사의 승인을 얻어야 한다(제200조의3 제2항). 사법경찰관은 긴급체포한 피의자에 대하여 구속영장을 신청하지 아니하고 석방한 경우에는 즉시 검사에게 보고하여야 한다(제200조의4 제6항).

③ 관할구역 외에서의 수사: 사법경찰관리가 관할구역 외에서 수사하거나 관할구역 외의 사법경찰관리의 촉탁을 받아 수사할 때에는 관할지방검찰청 검사장 또는 지청장에게 보고하여야 한다(제210조).

④ 압수물의 처분: 사법경찰관이 압수물에 대하여 환부 또는 가환부 처분 등을 할 경우 검사의 지휘를 받아야 한다(제218조의2 제4항, 제219조).

⑤ 변사자검시: 검사는 사법경찰관에게 변사자검시의 처분을 명할 수 있다(제222조 제3항).

⑥ 수사의 중지 및 교체임용의 요구: 서장이 아닌 경정 이하의 사법경찰관리가 직무 집행과 관련하여 부당한 행위를 하는 경우 지방검찰청 검사장은 해당 사건의 수사 중지를 명하고, 임용권자에게 그 사법경찰관리의 교체임용을 요구할 수 있다(검찰청법 제54조).

(2) 검사와 특별사법경찰관리의 관계

1) 지휘관계

> **제245조의10(특별사법경찰관리)** ② 특별사법경찰관은 모든 수사에 관하여 검사의 지휘를 받는다.
> ④ 특별사법경찰관리는 검사의 지휘가 있는 때에는 이에 따라야 한다. 검사의 지휘에 관한 구체적 사항은 법무부령으로 정한다.
> ⑤ 특별사법경찰관은 범죄를 수사한 때에는 지체 없이 검사에게 사건을 송치하고, 관계 서류와 증거물을 송부하여야 한다.

2) 일반사법경찰관에게 적용되는 규정의 배제

> **제245조의10(특별사법경찰관리)** ⑥ 특별사법경찰관리에 대하여는 제197조의2부터 제197조의4까지, 제221조의5, 제245조의5부터 제245조의8까지의 규정을 적용하지 아니한다.

검사는 특별사법경찰관리에 대하여 지휘관계에 있으므로 검사와 협력관계를 전제로 하는 사법경찰관에 대한 규정(보완수사요구, 시정조치요구, 수사의 경합)이 적용되지 않으며, 기타 사법경찰관이 신청한 영장의 청구 여부에 대한 심의, 사법경찰관의 사건송치, 사건의 검사에의 불송치의 경우 고소인 등에 대한 통지, 고소인 등의 이의신청, 재수사요청에 대한 규정이 적용되지 않는다.

(3) 검사와 검찰청법상의 사법경찰관리의 관계

1) 지휘관계

> **제245조의9(검찰청 직원)** ② 사법경찰관의 직무를 행하는 검찰청 직원은 검사의 지휘를 받아 수사하여야 한다.
> ③ 사법경찰리의 직무를 행하는 검찰청 직원은 검사 또는 사법경찰관의 직무를 행하는 검찰청 직원의 수사를 보조하여야 한다.

2) 일반사법경찰관에게 적용되는 규정의 배제

> **제245조의9(검찰청 직원)** ④ 사법경찰관리의 직무를 행하는 검찰청 직원에 대하여는 제197조의2부터 제197조의4까지, 제221조의5, 제245조의5부터 제245조의8까지의 규정을 적용하지 아니한다.

검사는 검찰청법상의 사법경찰관리에 대하여 지휘관계에 있으므로 검사와 협력관계를 전제로 하는 사법경찰관에 대한 규정(보완수사요구, 시정조치요구, 수사의 경합)이 적용되지 않으며, 기타 사법경찰관이 신청한 영장의 청구 여부에 대한 심의, 사법경찰관의 사건송치, 사건의 검사에의 불송치의 경우 고소인 등에 대한 통지, 고소인 등의 이의신청, 재수사요청에 대한 규정이 적용되지 않는다.

6. 수사자문기관 – 전문수사자문위원

> **제245조의2(전문수사자문위원의 참여)** ① 검사는 공소제기 여부와 관련된 사실관계를 분명하게 하기 위하여 필요한 경우에는 직권이나 피의자 또는 변호인의 신청에 의하여 전문수사자문위원을 지정하여 수사절차에 참여하게 하고 자문을 들을 수 있다.
> ② 전문수사자문위원은 전문적인 지식에 의한 설명 또는 의견을 기재한 서면을 제출하거나 전문적인 지식에 의하여 설명이나 의견을 진술할 수 있다.
> ③ 검사는 제2항에 따라 전문수사자문위원이 제출한 서면이나 전문수사자문위원의 설명 또는 의견의 진술에 관하여 피의자 또는 변호인에게 구술 또는 서면에 의한 의견진술의 기회를 주어야 한다.
>
> **제245조의3(전문수사자문위원 지정 등)** ① 제245조의2제1항에 따라 전문수사자문위원을 수사절차에 참여시키는 경우 검사는 각 사건마다 1인 이상의 전문수사자문위원을 지정한다.
> ② 검사는 상당하다고 인정하는 때에는 전문수사자문위원의 지정을 취소할 수 있다.
> ③ 피의자 또는 변호인은 검사의 전문수사자문위원 지정에 대하여 관할 고등검찰청검사장에게 이의를 제기할 수 있다.

7. 고위공직자범죄수사처(이하 '수사처'라고 함)

(1) 수사처의 설치목적과 조직

1) 수사처의 설치목적

수사처는 고위공직자범죄등에 관하여 필요한 직무를 수행하기 위하여 '고위공직자범죄수사처 설치 및 운영에 관한 법률'(이하 공수처법)에 근거하여 설치된 기관이다.

2) 수사처의 조직

① 각종 위원회

처장후보 추천위원회	처장후보자의 추천을 위하여 국회에 설치
인사위원회	처장과 차장을 제외한 수사처검사의 임용, 전보, 그 밖에 인사에 관한 중요 사항을 심의·의결하기 위하여 수사처에 설치
징계위원회	수사처검사의 징계 사건을 심의하기 위하여 수사처에 설치

② 수사처의 수사기관

구분	인원	자격과 임명	임기	정년
처장	1명	법조경력 15년 이상을 가진 사람 중에서 처장후보추천위원회가 2명을 추천하고, 대통령이 그중 1명을 지명한 후 인사청문회를 거쳐 임명(수사처검사 겸직)	3년 중임 ×	65세
차장	1명	법조경력 10년 이상을 가진 사람 중에서 처장의 제청으로 대통령이 임명(수사처검사 겸직)	3년 중임 ×	63세
수사처 검사	25명 이내	7년 이상 변호사의 자격이 있는 사람 중에서 제9조에 따른 인사위원회의 추천을 거쳐 대통령이 임명(검사의 직에 있었던 사람은 수사처검사 정원의 2분의 1을 넘을 수 없다.)	3년 3회에 한하여 연임	63세
수사처 수사관	40명 이내	변호사 자격을 보유한 사람, 7급 이상 공무원으로서 조사, 수사업무에 종사하였던 사람, 수사처규칙으로 정하는 조사업무의 실무를 5년 이상 수행한 경력이 있는 사람 중에서 처장이 임명	6년 연임 ○	60세

(2) 수사처의 직무대상(공수처법 제3조 제1항, 제2조, 이하 공수처법명 생략)

▶ 고위공직자의 범위(제2조 제1호)

"고위공직자"란 다음 각 목의 어느 하나의 직에 재직 중인 사람 또는 그 직에서 퇴직한 사람을 말한다. 다만, 장성급 장교는 현역을 면한 이후도 포함된다.

① 대통령	⑩ 대법원장비서실, 사법정책연구원, 법원공무원교육원, 헌법재판소사무처의 정무직공무원
② 국회의장 및 국회의원	
③ 대법원장 및 대법관	⑪ 검찰총장
④ 헌법재판소장 및 헌법재판관	⑫ 특별시장·광역시장·특별자치시장·도지사·특별자치도지사 및 교육감
⑤ 국무총리와 국무총리비서실 소속의 정무직공무원	
⑥ 중앙선거관리위원회의 정무직공무원	⑬ 판사 및 검사
⑦ 공공감사에 관한 법률 제2조 제2호에 따른 중앙행정기관의 정무직공무원	⑭ 경무관 이상 경찰공무원
	⑮ 장성급 장교
⑧ 대통령비서실·국가안보실·대통령경호처·국가정보원 소속의 3급 이상 공무원	⑯ 금융감독원 원장·부원장·감사
	⑰ 감사원·국세청·공정거래위원회·금융위원회 소속의 3급 이상 공무원
⑨ 국회사무처, 국회도서관, 국회예산정책처, 국회입법조사처의 정무직공무원	

※ 위 고위공직자 중 대법원장 및 대법관, 판사, 검찰총장, 검사, 경무관 이상 경찰공무원을 편의상 '1급 고위공직자'라고 칭하며 나머지 고위공직자를 편의상 '2급 고위공직자'라고 칭하기로 한다. 다음에서 보는 바와 같이 1급 고위공직자에 대하여는 수사처가 수사 및 공소제기(유지)의 권한을 갖지만 2급 고위공직자에 대하여는 수사처가 수사의 권한만을 갖는다.

▶ 가족의 범위(제2조 제2호)

"가족"이란 배우자, 직계존비속을 말한다. 다만, 대통령의 경우에는 배우자와 4촌 이내의 친족을 말한다.

▶ 수사처의 직무대상인 고위공직자범죄등(제2조 제3호, 제4호)

수사처의 직무대상은 '고위공직자범죄등'이며 이는 '고위공직자범죄'와 '관련범죄'를 포함한다.

고위공직자범죄등	고위공직자범죄	"고위공직자범죄"란 고위공직자로 재직 중에 본인 또는 본인의 가족이 범한 아래의 어느 하나에 해당하는 죄를 말한다. 다만, 가족의 경우에는 고위공직자의 직무와 관련하여 범한 죄에 한정한다.
		〈형법상의 범죄〉 ① 직무유기, 직권남용, 불법체포·불법감금, 폭행·가혹행위(다른 법률에 따라 가중처벌되는 경우를 포함한다) ② 공용서류 등의 무효·공용물의 파괴/ 공문서등의 위조·변조, 허위공문서작성등, 공전자기록위작·변작과 이들의 동행사/횡령·배임, 업무상의 횡령·배임과 이들 범죄의 미수범(다른 법률에 따라 가중처벌되는 경우를 포함한다) 〈특별형법상의 범죄〉 ③ 특가법위반(알선수재) ④ 변호사법위반(알선수재) ⑤ 정치자금법위반(정치자금부정수수) ⑥ 국가정보원법위반(정치관여, 직권남용) ⑦ 국회에서의 증언·감정 등에 관한 법률위반(위증 등) ⑧ ①부터 ⑤까지의 죄에 해당하는 범죄행위로 인한 「범죄수익은닉의 규제 및 처벌 등에 관한 법률」 제2조 제4호의 범죄수익등과 관련된 같은 법 제3조 및 제4조의 죄(범죄수익등의 은닉 및 가장, 범죄수익등의 수수)

관련범죄	① 고위공직자와 공동정범, 교사범, 종범의 관계에 있는 자가 범한 고의공직자범죄 ② 고위공직자를 상대로 한 자의 뇌물공여등, 증뢰물전달, 배임증재 ③ 고위공직자범죄와 관련된 범인은닉등, 위증, 모해위증, 위조등증거사용, 증인은닉등, 무고, 국회위증 ④ 고위공직자범죄 수사 과정에서 인지한 그 고위공직자범죄와 직접 관련성이 있는 죄로서 해당 고위공직자가 범한 죄

(3) 수사처의 직무와 독립성

1) 수사처의 직무범위

> **제3조** ① 고위공직자범죄등에 관하여 다음 각 호에 필요한 직무를 수행하기 위하여 고위공직자범죄수사처(이하 "수사처"라 한다)를 둔다.
> 1. 고위공직자범죄등에 관한 수사
> 2. '대법원장 및 대법관, 판사, 검찰총장, 검사, 경무관 이상 경찰공무원'이 재직 중에 본인 또는 본인의 가족이 범한 고위공직자범죄 및 관련범죄의 공소제기와 그 유지

① 수사처는 '고위공직자범죄등에 관한 수사'의 직무를 수행한다.

② 수사처는 '대법원장 및 대법관, 판사, 검찰총장, 검사, 경무관 이상 경찰공무원이 재직 중에 본인 또는 본인의 가족이 범한 고위공직자범죄 및 관련범죄(편의상 '1급 고위공직자범죄등'이라고 칭한다)의 경우 수사 이외에 공소제기(불기소결정포함)와 그 유지의 직무까지 수행한다(중요).

③ 수사처의 수사의 대상이지만 공소제기와 유지의 직무대상이 아닌 고위공직자범죄등 경우(편의상 '2급 고위공직자범죄등'이라고 칭한다) 서울중앙지검 검사가 공소제기(불기소결정) 및 유지의 직무를 수행한다.

2) 수사처의 독립성

> **제3조** ② 수사처는 그 권한에 속하는 직무를 독립하여 수행한다.
> ③ 대통령, 대통령비서실의 공무원은 수사처의 사무에 관하여 업무보고나 자료제출 요구, 지시, 의견제시, 협의, 그 밖에 직무수행에 관여하는 일체의 행위를 하여서는 아니 된다.

(4) 수사처의 활동

1) 수사

> **제23조(수사처검사의 수사)** 수사처검사는 고위공직자범죄의 혐의가 있다고 사료하는 때에는 범인, 범죄사실과 증거를 수사하여야 한다.
>
> **제21조(수사처수사관의 직무)** ① 수사처수사관은 수사처검사의 지휘·감독을 받아 직무를 수행한다.
> ② 수사처수사관은 고위공직자범죄등에 대한 수사에 관하여 「형사소송법」 제197조 제1항에 따른 사법경찰관의 직무를 수행한다.
>
> **제24조(다른 수사기관과의 관계)** ① 수사처의 범죄수사와 중복되는 다른 수사기관의 범죄수사에 대하여 처장이 수사의 진행 정도 및 공정성 논란 등에 비추어 수사처에서 수사하는 것이 적절하다고 판단하여 이첩을 요청하는 경우 해당 수사기관은 이에 응하여야 한다.
> ② 다른 수사기관이 범죄를 수사하는 과정에서 고위공직자범죄등을 인지한 경우 그 사실을 즉시 수사처에 통보하여야 한다.
> ③ 처장은 피의자, 피해자, 사건의 내용과 규모 등에 비추어 다른 수사기관이 고위공직자범죄등을 수사하는 것이 적절하다고 판단될 때에는 해당 수사기관에 사건을 이첩할 수 있다.
> ④ 제2항에 따라 고위공직자범죄등 사실의 통보를 받은 처장은 통보를 한 다른 수사기관의 장에게 수사처규칙으로 정한 기간과 방법으로 수사개시 여부를 회신하여야 한다.

> **제25조(수사처검사 및 검사 범죄에 대한 수사)** ① 처장은 수사처검사의 범죄 혐의를 발견한 경우에 관련 자료와 함께 이를 대검찰청에 통보하여야 한다.
> ② 수사처 외의 다른 수사기관이 검사의 고위공직자범죄 혐의를 발견한 경우 그 수사기관의 장은 사건을 수사처에 이첩하여야 한다.
>
> **제26조(수사처검사의 관계 서류와 증거물 송부 등)** ① 수사처검사는 '대법원장 및 대법관, 판사, 검찰총장, 검사, 경무관 이상 경찰공무원'이 고위공직자범죄등 사건을 제외한 고위공직자범죄등(2급 고위공직자범죄등)에 관한 수사를 한 때에는 관계 서류와 증거물을 지체 없이 서울중앙지방검찰청 소속 검사에게 송부하여야 한다.
> ② 제1항에 따라 관계 서류와 증거물을 송부받아 사건을 처리하는 검사는 처장에게 해당 사건의 공소제기 여부를 신속하게 통보하여야 한다.

2) 기소와 불기소

수사처검사는 1급 고위공직자범죄등에 대하여 공소를 제기하거나 불기소결정을 할 수 있다.

> **제31조(재판관할)** 수사처검사가 공소를 제기하는 고위공직자범죄등 사건의 제1심 재판은 서울중앙지방법원의 관할로 한다. 다만, 범죄지, 증거의 소재지, 피고인의 특별한 사정 등을 고려하여 수사처검사는 「형사소송법」에 따른 관할 법원에 공소를 제기할 수 있다.
>
> **제27조(관련인지 사건의 이첩)** 처장은 고위공직자범죄에 대하여 불기소 결정을 하는 때에는 해당 범죄의 수사과정에서 알게 된 관련범죄 사건을 대검찰청에 이첩하여야 한다.

3) 재정신청의 특례

> **제29조(재정신청에 대한 특례)** ① 고소·고발인은 수사처검사로부터 공소를 제기하지 아니한다는 통지를 받은 때에는 서울고등법원에 그 당부에 관한 재정을 신청할 수 있다.
> ② 제1항에 따른 재정신청을 하려는 사람은 공소를 제기하지 아니한다는 통지를 받은 날부터 30일 이내에 처장에게 재정신청서를 제출하여야 한다.
> ③ 재정신청서에는 재정신청의 대상이 되는 사건의 범죄사실 및 증거 등 재정신청을 이유 있게 하는 사유를 기재하여야 한다.
> ④ 제2항에 따라 재정신청서를 제출받은 처장은 재정신청서를 제출받은 날부터 7일 이내에 재정신청서, 의견서, 수사 관계 서류 및 증거물을 서울고등법원에 송부하여야 한다. 다만, 신청이 이유 있는 것으로 인정하는 때에는 즉시 공소를 제기하고 그 취지를 서울고등법원과 재정신청인에게 통지한다.

4) 형의 집행

> **제28조(형의 집행)** ① 수사처검사가 공소를 제기하는 고위공직자범죄등 사건에 관한 재판이 확정된 경우 제1심 관할지방법원에 대응하는 검찰청 소속 검사가 그 형을 집행한다.
> (→ 수사처검사가 형을 집행하는 것이 아니라는 점을 주의하여야 한다.)
> ② 제1항의 경우 처장은 원활한 형의 집행을 위하여 해당 사건 및 기록 일체를 관할 검찰청의 장에게 인계한다.

▶ 고위공직자범죄등에 대한 형사절차

구분	1급 고위공직자범죄등	2급 고위공직자범죄등
수사	① 수사처검사가 수사를 하는 것이 원칙이나, 예외적으로 처장은 피의자, 피해자, 사건의 내용과 규모 등에 비추어 다른 수사기관이 고위공직자범죄등을 수사하는 것이 적절하다고 판단될 때에는 해당 수사기관에 사건을 이첩할 수 있다. ② 수사처의 범죄수사와 중복되는 다른 수사기관의 범죄수사에 대하여 처장이 수사의 진행 정도 및 공정성 논란 등에 비추어 수사처에서 수사하는 것이 적절하다고 판단하여 이첩을 요청하는 경우 해당 수사기관은 이에 응하여야 한다. ③ 다른 수사기관이 범죄를 수사하는 과정에서 고위공직자범죄등을 인지한 경우 그 사실을 즉시 수사처에 통보하여야 한다. 통보를 받은 처장은 통보를 한 다른 수사기관의 장에게 수사개시 여부를 회신하여야 한다.	
수사처검사의 관계 서류와 증거물 송부 및 사건처리 검사의 통보	–	① 수사처검사는 '대법원장 및 대법관, 판사, 검찰총장, 검사의 고위공직자범죄등 사건을 제외한 고위공직자범죄등(2급 고위공직자범죄등)에 관한 수사를 한 때에는 관계 서류와 증거물을 지체 없이 서울중앙지방검찰청 소속 검사에게 송부하여야 한다. ② 제1항에 따라 관계 서류와 증거물을 송부받아 사건을 처리하는 검사는 처장에게 해당 사건의 공소제기 여부를 신속하게 통보하여야 한다.
공소제기(불기소) 및 유지	수사처검사가 담당	서울중앙지검 검사가 담당
재판관할	원칙적으로 제1심 재판은 서울중앙지방법원의 관할	형사소송법 적용
재정신청	고소·고발인은 서울고등법원에 수사처검사의 불기소에 대한 당부에 관한 재정을 신청할 수 있다.	
형집행	제1심 관할지방법원에 대응하는 검찰청 소속 검사(수사처검사가 아님을 주의)	

▶ 수사처, 검사, 경찰의 직무의 범위와 상호관계

구분	수사처	검사	경찰
수사대상 범죄	• 원칙: 고위공직자범죄등 • 예외: 처장은 적절하다고 판단될 때에는 고위공직자범죄등을 다른 수사기관에 사건을 이첩할 수 있다.	원칙적으로 고위공직자범죄등을 제외한 아래의 범죄 ① 부패범죄, 경제범죄 등 대통령령으로 정하는 중요 범죄 ② 경찰공무원이 범한 범죄 ③ 가·나의 범죄 및 사법경찰관이 송치한 범죄와 관련하여 인지한 각 해당 범죄와 직접 관련성이 있는 범죄	원칙적으로 고위공직자범죄등을 제외한 모든 범죄

사건의 통보·이첩· 송치 등	고위공직자범죄등 사실의 통보를 받은 처장은 통보를 한 다른 수사기관의 장에게 수사개시 여부를 회신하여야 한다.	범죄를 수사하는 과정에서 고위공직자범죄등을 인지한 경우 그 사실을 즉시 수사처에 통보하여야 한다.	
	처장은 수사처검사의 범죄 혐의를 발견한 경우에 관련 자료와 함께 이를 대검찰청에 통보하여야 한다.	(일반)검사의 고위공직자범죄 혐의를 발견한 경우 그 수사기관의 장은 사건을 수사처에 이첩하여야 한다.	
	수사처의 범죄수사와 중복되는 다른 수사기관의 범죄수사에 대하여 처장이 적절하다고 판단하여 이첩을 요청할 수 있다.	(좌측의) 이첩을 요청받은 경우 해당 수사기관은 이에 응하여야 한다.	
	–	검사는 사법경찰관과 동일한 범죄사실을 수사하게 된 때에는 사법경찰관에게 사건을 송치할 것을 요구할 수 있다.	(좌측의) 요구를 받은 사법경찰관은 지체 없이 검사에게 사건을 송치하여야 한다. 다만, 검사가 영장을 청구하기 전에 동일한 범죄사실에 관하여 사법경찰관이 영장을 신청한 경우에는 해당 영장에 기재된 범죄사실을 계속 수사할 수 있다.
영장의 신청청구	지방법원판사에게 청구		검사에게 신청하여 검사가 청구

▶ 수사처, 검사, 경찰의 사건처리

구분	수사처	검사	경찰
사건의 처리	① 1급 고위공직자범죄등의 경우 수사처검사가 공소제기(불기소) 및 유지를 담당함 ② 2급 고위공직자범죄등의 경우 관계 서류와 증거물을 지체 없이 서울중앙지방검찰청 소속 검사에게 송부하여야 함	① 좌측의 ②의 경우 서울중앙지검 검사가 공소제기(불기소) 및 유지를 담당함 ② 나머지 사건의 경우 형사소송법에 따라 검사가 공소제기(불기소) 및 유지를 담당함	① (송치) 범죄의 혐의가 인정 – 검사에게 사건을 송치하고, 관계 서류와 증거물을 검사에게 송부 ② (불송치) 범죄의 혐의가 불인정 – 그 이유를 명시한 서면과 관계서류와 증거물을 검사에게 송부

Ⅱ 피의자

1. 의의

피의자란 수사기관에 의하여 범죄의 혐의를 받아 수사의 대상이 되어 있는 자를 말한다.

2. 피의자의 시기

① 수사기관이 범죄를 인지(실무상 입건)하고 수사를 개시한 때 그 대상자는 피의자가 된다.
② 피의자는 수사개시 이전의 피내사자와 구별되며, 공소제기 후의 피고인과도 구별된다.

3. 피의자의 종기

① 피의자는 공소제기에 의하여 피고인으로 전환되므로 공소제기시에 피의자의 지위가 소멸한다.
② 불기소처분의 경우 불기소처분 확정시에 피의자의 지위가 소멸된다.

제3절 수사의 조건

1. 의의

① 수사의 조건이란 수사의 개시와 그 진행·유지에 필요한 조건을 말한다.
② 수사는 수사의 목적을 달성함에 필요한 경우에 한하여(제199조 제1항) 사회통념상 상당하다고 인정되는 방법 등에 의하여 수행되어야 한다[대판 1999.12.7. 98도3329].

2. 수사의 필요성

① 수사는 범죄혐의의 유무를 명백히 하여 공소를 제기·유지할 것인가의 여부를 결정하기 위한 것이다[대판 1999.12.7. 98도3329].
② **범죄혐의**: 수사기관은 범죄혐의가 있을 때에만 수사를 할 수 있다(제196조, 제197조 제1항). 범죄혐의란 구체적 사실에 기초한 수사기관의 '주관적 혐의'를 말한다.

---

12) 범죄인지보고서는 그 명칭이 '범죄인지서'로 변경되었다.

③ 공소제기 가능성: 수사의 목적은 공소를 제기하여 범인을 처벌하기 위한 것이므로 공소제기 가능성이 없는 경우 수사를 개시할 수 없다.

④ 친고죄와 전속고발범죄의 경우 고소·고발 전 수사의 허용 여부

> **⚖️ 판례 | 친고죄와 전속고발범죄의 경우 고소·고발 전 수사의 위법성 여부(원칙적으로 위법하지 않음)**
>
> 법률에 의하여 고소나 고발이 있어야 논할 수 있는 죄에 있어서 고소 또는 고발은 이른바 소추조건에 불과하고 당해 범죄의 성립요건이나 수사의 조건은 아니므로, 위와 같은 범죄에 관하여 고소나 고발이 있기 전에 수사를 하였더라도, (그 수사가 장차 고소나 고발의 가능성이 없는 상태하에서 행해졌다는 등의 특단의 사정이 없는 한) 고소나 고발이 있기 전에 수사를 하였다는 이유만으로 그 수사가 위법하게 되는 것은 아니다[대판 2011.3.10, 2008도7724]. [20 변호사, 20 경찰채용, 20 국가9급, 17 경찰채용, 16 경찰승진]*

> **⚖️ 판례 | 전속고발범죄에서 고발 전에 작성된 피의자신문조서의 효력 등**
>
> 1. (고발의 가능성이 없는 상태가 아닌 상황에서 작성된 피신조서 = 고발 전 작성 사유만으로 증거능력 부정할 수 없음) 검사 작성의 피고인에 대한 피의자신문조서 등이 조세범처벌법위반죄에 대한 세무서장의 고발이 있기 전에 작성된 것이라 하더라도 피고인 등에 대한 신문이 피고인의 조세범처벌법위반 범죄에 대한 고발의 가능성이 없는 상태하에서 이루어졌다고 볼 아무런 자료도 없다면 그들에 대한 신문이 고발 전에 이루어졌다는 이유만으로 그 조서 등의 증거능력을 부정할 수는 없다[대판 1995.2.24, 94도252].
>
> 2. (고발 전 수사 > 고발 > 공소제기 = 공소제기를 무효라고 할 수 없음) 수사기관이 고발에 앞서 수사를 하고 피고인에 대한 구속영장을 발부받은 후 검찰의 요청에 따라 세무서장이 고발조치를 하였다고 하더라도 공소제기 전에 고발이 있은 이상 조세범처벌법위반 사건 피고인에 대한 공소제기의 절차가 법률의 규정에 위반하여 무효라고 할 수 없다[대판 1995.3.10, 94도3373]. [20 경찰채용]*
>
> **동지판례** 출입국관리법위반 사건을 입건한 지방경찰청이 지체없이 관할 출입국관리사무소장 등에게 인계하지 아니한 채 그 고발없이 수사를 진행하였다고 하더라도 지방경찰청 및 검찰의 수사가 위법하다거나 공소제기의 절차가 법률의 규정에 위배되어 무효인 때에 해당하지 않는다[대판 2011.3.10, 2008도7724].

3. 수사의 상당성

(1) 의의

① 수사의 필요성이 인정되더라도 수사는 수사의 목적을 달성하기 위한 상당한 방법에 의하여야 한다.

② 수사의 상당성이 인정되려면 비례의 원칙과 수사의 신의칙이 준수되어야 한다.

(2) 수사 비례의 원칙

수사는 그 목적을 달성하기 위하여 필요한 조사를 할 수 있다. 다만, 강제처분(강제수사)은 필요한 최소한도의 범위 안에서만 하여야 한다(제199조 제1항 단서).

(3) 수사의 신의칙

1) 의의

① "수사기관은 수사과정에서 국민을 기망하거나 곤궁에 빠뜨려서는 안 된다."라는 원칙을 말한다.

② 은밀하게 이루어지는 마약범죄나 뇌물범죄 등의 경우 실무상 함정수사가 이용되고 있는데 수사의 신의칙과 관련하여 적법성이 문제되고 있다.

2) 함정수사의 유형(통설)

① 기회제공형: 이미 범죄의사를 가지고 있는 자에게 범죄의 기회를 제공하는 수사방법을 말한다.

② 범의유발형: 본래 범죄의사를 가지지 아니한 자에 대하여 수사기관이 사술이나 계략 등을 써서 범의를 일으켜 범죄를 유발하게 하여 범죄인을 검거하는 수사방법을 말한다.

⚖ 판례 | 함정수사의 의의(범의유발형의 수사만을 의미함)

함정수사라 함은 본래 범의를 가지지 아니한 자에 대하여 수사기관이 사술이나 계략 등을 써서 범죄를 유발하게 하여 범죄인을 검거하는 수사방법을 말하는 것이므로, 범의를 가진 자에 대하여 범행의 기회를 주거나 단순히 사술이나 계략 등을 써서 범죄인을 검거하는 데 불과한 경우에는 이를 함정수사라고 할 수 없다[대판 2007.7.26. 2007도4532]. 13) [17 경간부]*

⚖ 판례 | 범의유발형 = 함정수사 = 위법

범의를 가진 자에 대하여 단순히 범행의 기회를 제공하거나 범행을 용이하게 하는 것에 불과한 수사방법이 경우에 따라 허용될 수 있음은 별론으로 하고 본래 범의를 가지지 아니한 자에 대하여 수사기관이 사술이나 계략 등을 써서 범의를 유발케 하여 범죄인을 검거하는 함정수사는 위법함을 면할 수 없다[대판 2008.10.23. 2008도7362]. [17 법원9급, 16 경찰채용]*

⚖ 판례 | 위법한 함정수사 여부의 일반적 판단기준

위법한 함정수사에 해당하는지 여부는 해당 범죄의 종류와 성질, 유인자의 지위와 역할, 유인의 경위와 방법, 유인에 따른 피유인자의 반응, 피유인자의 처벌 전력 및 유인행위 자체의 위법성 등을 종합하여 판단하여야 한다[대판 2013.3.28. 2013도1473]. [20 경찰채용, 18 국가9급]*

⚖ 판례 | 위법한 함정수사에 해당하는지의 구체적 판단기준(유인자의 수사기관 관련성)

수사기관과 직접 관련이 있는 유인자가 피유인자와의 개인적인 친밀관계를 이용하여 피유인자의 동정심이나 감정에 호소하거나 금전적·심리적 압박이나 위협 등을 가하거나 거절하기 힘든 유혹을 하거나 또는 범행방법을 구체적으로 제시하고 범행에 사용될 금전까지 제공하는 등으로 과도하게 개입함으로써 피유인자로 하여금 범의를 일으키게 하는 것은 위법한 함정수사에 해당하여 허용되지 않는다.

그러나 유인자가 수사기관과 직접적인 관련을 맺지 않은 상태에서 피유인자를 상대로 단순히 수차례 반복적으로 범행을 부탁하였을 뿐 수사기관이 사술이나 계략 등을 사용하였다고 볼 수 없는 경우는 설령 그로 인하여 피유인자의 범의가 유발되었다 하더라도 위법한 함정수사에 해당하지 않는다[대판 2008.7.24. 2008도2794]. [19 경찰채용, 18 경간부, 18 국가9급, 17 경찰승진, 17 경간부, 16 경찰승진]*

관련판례 피고인은 인천 남동구에 있는 OO게임장을 운영하면서 2016.9.10. 15:00경 위 게임장에서 손님을 가장한 경찰관인 경사 공소외인으로부터 게임물을 이용하여 획득한 후 ① 적립한 게임점수를 환전해달라는 요구를 받고, 공소외인이 적립한 게임점수 10만 점을 8만 원으로 환전해 준 것을 비롯하여 2015.10.경부터 2016.9.19.경까지 사이에 위와 같이 게임점수를 환전해주거나, ② 손님들끼리 서로 게임점수를 매매한 경우 종업원들로 하여금 카운터에 설치된 컴퓨터의 회원관리프로그램을 이용하여 각 손님들 사이의 게임점수를 차감·적립하게 하는 방법으로 게임점수에 교환가치를 부여함으로써 손님들로 하여금 위 게임물을 이용하여 도박 그 밖의 사행행위를 하게 하거나 이를 하도록 방치하였다. 이로써 피고인은 게임물의 이용을 통하여 획득한 유·무형의 결과물인 게임점수의 환전을 업으로 하고, 손님들로 하여금 게임물을 이용하여 도박 그 밖의 사행행위를 하게 하거나 이를 하도록 방치하였다.

[대법원의 판단]

가. 게임 결과물 환전으로 인한 게임산업진흥에관한법률(이하 '게임산업법'이라 한다)위반 부분

　　이 사건 수사는 수사기관이 사술이나 계략 등을 써서 피고인의 범의를 유발하게 한 위법한 함정수사에 해당한다.

나. 사행행위 조장으로 인한 게임산업법위반 부분에 관하여

　　이 부분 범행은 수사기관이 사술이나 계략 등을 써서 피고인의 범의를 유발한 것이 아니라 **이미 이루어지고 있던 범행을 적발한 것에 불과하므로**, 이에 관한 공소제기가 함정수사에 기한 것으로 볼 수 없다[대판 2021.7.29. 2017도16810].

---

13) 학설은 일반적으로 함정수사를 기회제공형과 범의유발형으로 구분한 뒤 후자는 위법한 함정수사라고 본다. 판례는 기회제공형은 아예 함정수사라고 보지 않으며(따라서 위법하다고 보지도 않는다), 범의유발형의 수사만을 함정수사라고 보며 위법하다고 한다.

⚖ 판례 | 위법한 함정수사에 해당하는 경우

1. **(수사기관이 단속실적을 올리기 위하여 범의유발)** 경찰관이 노래방의 도우미 알선영업 단속 실적을 올리기 위하여 그에 대한 제보나 첩보가 없는데도 손님을 가장하고 들어가 도우미를 불러낸 경우 위법한 함정수사로서 공소제기가 무효라고 한 사례[대판 2008.10.23. 2008도7362]. [18 국가9급, 17 변호사, 16 국가7급, 16 경찰승진, 16 경간부]*

2. **(수사기관 관련자가 수사기관이 건네준 범죄자금을 제공하여 범의유발)** 검찰주사의 <u>마약정보원</u>이 피고인에게 "수사기관이 수사에 사용할 히로뽕을 구해야 하니 히로뽕을 좀 구해 달라. 히로뽕을 구입하여 오면 검찰에서 안전을 보장한다고 하였다."라고 부탁한 후 <u>검찰주사로부터 건네받은 히로뽕 구입자금을 피고인에게 교부하자 피고인이 중국에 건너가 히로뽕을 매수한 경우</u> 수사기관의 함정수사에 의하여 메스암페타민의 수수 및 밀수입에 관한 범의를 일으킨 것으로 볼 수 있는 여지가 있다[대판 2004.5.14. 2004도1066].

   동지판례 甲이 알고 지내던 피고인에게 일주일 동안 거의 매일 전화로 "히로뽕을 사달라."는 요구를 하였고 피고인이 돈이 없다고 하자 甲이 <u>경찰관으로부터 공작금을 받아 마약을 사라며 피고인에게 건네주어 피고인이 마약을 구입한 경우</u> 수사기관의 함정수사에 해당한다[대판 2007.10.12. 2007도5571].

3. **(수사기관 관련자가 범의유발)** 수사기관인 검찰 계장이 구속된 남편의 공적이 필요했던 乙과 함께 <u>"협조하면 당신 형의 변호사 선임비용을 제공하겠다. 필리핀에 있는 마약 공급책을 연결해 주는 것은 처벌하지 않겠다."고 甲에게 제안을 하자, 甲이 이를 승낙하고 피고인에게 부탁하여 필로폰을 수입하게 하였다면</u> 이는 필로폰 수입에 대한 수사가 그에 대한 범의를 갖도록 한 함정수사이다[대판 2006.9.28. 2006도3464].

⚖ 판례 | 위법한 함정수사에 해당하지 않는 경우

1. **(기회제공에 불과한 경우)** 경찰관이 취객을 상대로 한 이른바 부축빼기 절도범을 단속하기 위하여, 공원 인도에 쓰러져 있는 <u>취객 근처에서 감시하고 있다가 마침 피고인이 나타나 취객을 부축하여 10m 정도를 끌고 가 지갑을 뒤지자 현장에서 피고인을 체포한 경우</u> 위법한 함정수사에 기한 공소제기라고 할 수 없다[대판 2007.5.31. 2007도1903]. [19 경찰채용, 18 경간부, 17 경찰승진, 17 경간부, 16 국가7급, 16 경찰승진, 16 경간부]*

   동지판례 [1] 수사기관에서 공범이나 장물범의 체포 등을 위하여 범인의 체포시기를 조절하는 등 여러 가지 수사기법을 사용한다는 점을 고려하면, <u>수사기관이 피고인의 범죄사실(절도)을 인지하고도 바로 체포하지 않고 추가 범행을 지켜보고 있다가 범죄사실이 많이 늘어난 뒤에야 체포하였다는 사정만으로</u> 피고인에 대한 수사가 위법한 함정수사에 해당한다고 할 수 없다[대판 2007.6.29. 2007도3164]. [19 경찰채용, 18 경간부, 17 경찰승진, 17 경찰채용]*
   [2] 함정수사라 함은 본래 범의를 가지지 아니한 자에 대하여 수사기관이 사술이나 계략 등을 써서 범죄를 유발케 하여 범죄인을 검거하는 수사방식을 말하는 것이므로 위 <u>물품반출업무담당자가 소속회사에 밀반출행위를 사전에 알리고 그 정확한 증거를 확보하기 위하여 피고인의 밀반출행위를 묵인하였다는 것은</u> 이른바 함정수사에 비유할 수는 없다[대판 1987.6.9. 87도915]. [22 경찰채용]*

2. **(수사기관과 직접관련이 없는 자에 의한 범의유발)** <u>甲이 새롭게 당선된 군수인 피고인을 함정에 빠뜨리겠다는 의사로 뇌물을 공여하였고, 피고인이 뇌물을 수수하자 서둘러 이 사실을 검찰에 신고한 경우</u> 이는 유인자가 수사기관과 직접적인 관련을 맺지 아니한 상태에서 피유인자를 상대로 범행을 교사하였을 뿐, 수사기관이 사술이나 계략 등을 사용하였다고 볼 수 없어 그로 인하여 피고인의 범의가 유발되었다 하더라도 위법한 함정수사에 해당하지 아니한다[대판 2008.3.13. 2007도10804]. [16 경찰승진]*

   판례해설 비록 피고인의 뇌물수수는 뇌물공여자들의 함정교사에 의한 것이지만, 이들은 수사기관과 직접적인 관련을 맺지 아니한 자이기 때문에 함정수사가 아니라는 취지의 판례이다.

   동지판례 ⅰ) <u>甲이 수사기관에 체포된 동거남의 석방을 위한 공적을 쌓기 위하여 乙에게 필로폰 밀수입에 관한 정보제공을 부탁하면서 대가의 지급을 약속하고, 이에 乙이 丙에게, 丙은 피고인에게 순차 필로폰 밀수입을 권유하여 이를 승낙하고 필로폰을 받으러 나온 피고인을 체포한 경우</u> 위법한 함정수사라고 볼 수 없다[대판 2007.11.29. 2007도7680]. [22 경찰채용, 16 국가7급, 16 경간부]* ⅱ) 피고인이 甲에게 필로폰이 든 1회용 주사기를 교부하고 또한 필로폰을 1회용 주사기에 넣고 생수로 희석한 다음 자신의 팔에 주사하여 투약하였는바, <u>甲이 그 다음 날 이 사실을 검찰에 신고하여 피고인이 체포된 경우</u> 위법한 함정수사라고 볼 수 없다[대판 2008.7.24. 2008도2794].

3. **(이미 범행을 저지른 자를 정보원을 이용하여 유인한 후 체포한 경우)** <u>이미 마약법위반의 범행을 저지른 피고인을 검거하기 위하여 수사기관이 정보원을 이용하여 피고인을 검거장소로 유인한 후 체포한 경우</u> 함정수사라고 볼 수 없다[대판 2007.7.26. 2007도4532]. [22 경찰채용, 17 경간부, 16 경간부]*

> **📌 판례 | 위법한 함정수사에 기한 공소제기의 효력(무효 – 공소기각 판결을 하여야 함)**
>
> 범의를 가지지 아니한 자에 대하여 수사기관이 사술이나 계략 등을 써서 범의를 유발케 하여 범죄인을 검거하는 함정수사는 위법함을 면할 수 없고 이러한 위법한 함정수사에 기한 공소제기는 그 절차가 법률의 규정에 위반하여 무효인 때에 해당하므로 공소기각판결을 선고하여야 한다[대판 2008.10.23. 2008도7362]. [22 경찰채용, 20 변호사, 20 국가9급, 19 경찰채용, 18 경간부, 18 국가9급, 17 변호사, 17 법원9급, 17 경찰승진, 17 국가9급, 16 국가9급, 16 경찰승진, 16 경찰채용]*
>
> **기출지문** 위법한 함정수사에 기하여 공소를 제기한 피고사건은 범죄로 되지 아니하므로 형사소송법 제325조의 규정에 따라 법원은 판결로써 무죄를 선고하여야 한다. (×)
>
> **기출지문** 함정수사가 위법하다고 평가받는 경우 공소기각설은 수사기관이 제공한 범죄의 동기나 기회를 일반인이 뿌리칠 수 없었다는 범죄인 개인의 특수한 상황으로 인하여 가벌적 위법성이 결여된다는 점을 논거로 하여 공소기각의 판결을 선고하여야 한다고 본다.14) (×) [22 경찰채용]*

제4절 수사의 개시

Ⅰ 수사의 단서

1. 개념

수사의 단서란 수사기관이 범죄의 혐의가 있다고 판단하여 수사를 개시할 수 있는 자료(원인)를 말한다.

2. 종류

(1) 수사기관의 체험에 의한 수사의 단서

불심검문(경직법 제3조), 변사자검시(제222조), 현행범체포(제212조), 신문기사, 풍설·세평 등이 이에 해당한다.

(2) 타인의 체험의 청취에 의한 수사의 단서

고소(제223조), 고발(제234조), 자수(제240조), 피해신고, 진정, 탄원, 투서가 이에 해당된다.

Ⅱ 변사자검시

1. 의의

변사자검시란 수사기관이 사람의 사망이 범죄로 인한 것인가를 판단하기 위하여 변사자의 상황을 조사하는 것을 말한다.

---

14) 무죄설은 함정수사에 의한 행위는 위법성이나 책임 등의 범죄성립요건을 조각하거나 범죄사실의 증명이 없어 처벌할 수가 없다는 견해이다. 즉, 수사기관이 제공한 범죄의 동기나 기회를 일반인이 뿌리칠 수 없었다는 범죄인 개인의 특수한 상황으로 가벌적 위법성이 결여된다는 점을 논거로 한다.

2. 내용

> 제222조(변사자의 검시) ① 변사자 또는 변사의 의심있는 사체가 있는 때에는 그 소재지를 관할하는 지방검찰청 검사가 검시하여야 한다.
> ② 전항의 검시로 범죄의 혐의를 인정하고 긴급을 요할 때에는 영장없이 검증할 수 있다.
> ③ 검사는 사법경찰관에게 전2항의 처분을 명할 수 있다.

(1) 주체

변사자검시의 주체는 관할 지방검찰청 검사이다(제222조 제1항). 다만, 검사는 사법경찰관에게 검시에 관한 처분을 명할 수 있다(제222조 제3항).

(2) 절차

① 변사자검시는 수사의 단서에 불과하므로 영장을 요하지 아니한다.
② 변사자검시로 범죄의 혐의를 인정하고 긴급을 요할 때에는 영장없이 검증을 할 수 있다(제222조 제2항). [20 경찰승진, 20 경찰채용, 19 경간부, 18 경찰채용, 16 경찰승진]*

Ⅲ 불심검문

1. 의의

불심검문이란 경찰관이 거동이 수상한 자(거동불심자)를 발견한 때에 그를 정지시켜 질문하는 것을 말한다(경직법 제3조).

2. 법적 성격

① 행정경찰작용: 경직법상의 불심검문(특히 임의동행)은 범죄의 예방과 진압을 목적으로 하는 행정경찰작용에 속하는 것으로 형사소송법상의 임의수사(특히 임의동행)와 일응 구별된다.
② 형소법상 임의동행과 구별기준: 거동불심자에게 질문을 하거나 경찰관서에 임의동행하는 경우, 범죄혐의가 특정되지 않은 경우라면 경직법상의 불심검문에 해당하지만, 범죄혐의가 특정된 경우라면 형소법상의 임의수사에 해당한다.

3. 불심검문의 대상(거동불심자)

> 경찰관 직무집행법 제3조(불심검문) ① 경찰관은 다음 각 호의 어느 하나에 해당하는 사람을 정지시켜 질문할 수 있다. [18 경찰승진]*
> 1. 수상한 행동이나 그 밖의 주위 사정을 합리적으로 판단하여 볼 때 어떠한 죄를 범하였거나 범하려 하고 있다고 의심할 만한 상당한 이유가 있는 사람
> 2. 이미 행하여진 범죄나 행하여지려고 하는 범죄행위에 관한 사실을 안다고 인정되는 사람

> **⚖️판례 | 불심검문 대상자에 해당하기 위한 혐의의 정도(체포나 구속에 이를 정도의 혐의가 있을 것을 요하지 않음)**
>
> 경찰관이 불심검문 대상자 해당 여부를 판단할 때에는 불심검문 당시의 구체적 상황은 물론 사전에 얻은 정보나 전문적 지식 등에 기초하여 불심검문 대상자인지를 객관적·합리적인 기준에 따라 판단하여야 하나, 반드시 불심검문 대상자에게 형사소송법상 체포나 구속에 이를 정도의 혐의가 있을 것을 요한다고 할 수는 없다[대판 2014.12.11, 2014도7976]. [22 경간부, 20 경찰승진, 19 경찰채용, 17 경찰승진, 17 경찰채용]*

4. 불심검문의 방법

(1) 정지와 질문

① 질문을 위한 정지의 방법: 정지는 질문을 위한 수단이므로 강제수단에 의하여 정지시키는 것은 허용되지 않는다.

⚖ 판례 | 질문을 위한 정지의 방법

경찰관은 불심검문 대상자에게 질문을 하기 위하여 범행의 경중, 범행과의 관련성, 상황의 긴박성, 혐의의 정도, 질문의 필요성 등에 비추어 목적 달성에 필요한 최소한의 범위 내에서 <u>사회통념상 용인될 수 있는 상당한 방법</u>으로 대상자를 정지시킬 수 있고 질문에 수반하여 흉기의 소지 여부도 조사할 수 있다[^{대판 2014.12.11.} _{2014도7976}].

⚖ 판례 | 적법한 불심검문에 해당하는 경우

1. 술값문제로 시비가 있다는 신고를 받고 출동한 경찰이 여사장으로부터 피고인이 술값을 내지 않고 가려다 여종업원과 실랑이가 있었다는 경위를 듣고, 경찰이 음식점 밖으로 나가려는 피고인의 앞을 막으며 "상황을 설명해 주십시오."라고 말한 것은 목적달성에 필요한 최소한의 범위에서 사회통념상 용인될 수 있는 방법에 의한 것으로 <u>적법한 공무집행에 해당한다</u>[^{대판 2014.12.11.} _{2014도7976}].

2. 인근에서 자전거를 이용한 날치기 사건이 발생한 직후 검문을 하던 경찰관들이 날치기 사건의 <u>범인과 흡사한 인상착의인 피고인</u>을 발견하고 앞을 가로막으며 진행을 제지한 행위는 목적 달성에 필요한 최소한의 범위 내에서 사회통념상 용인될 수 있는 상당한 방법에 의한 것으로 <u>적법한 공무집행에 해당한다</u>[^{대판 2012.9.13.} _{2010도6203}]. [19 경찰채용. 16 경찰채용]*

---

② 질문의 절차와 방법

> **제3조(불심검문)** ④ 경찰관은 질문을 할 경우 자신의 신분을 표시하는 증표를 제시하면서 소속과 성명을 밝히고 질문의 목적과 이유를 설명하여야 한다.
> ⑦ 질문을 받은 사람은 형사소송에 관한 법률에 따르지 아니하고는 신체를 구속당하지 아니하며, 그 의사에 반하여 답변을 강요당하지 아니한다.

⚖ 판례 | 불심검문시 신분증을 제시를 하지 않은 것이 위법하지 않은 경우

불심검문을 하게 된 경위, 불심검문 당시의 현장상황과 검문을 하는 경찰관들의 복장, 피고인이 공무원증 제시나 신분확인을 요구하였는지 여부 등을 종합적으로 고려하여, <u>검문하는 사람이 경찰관이고 검문하는 이유가 범죄행위에 관한 것임을 피고인이 충분히 알고 있었다고 보이는 경우에는 신분증을 제시하지 않았다고 하여 그 불심검문이 위법한 공무집행이라고 할 수 없다</u>[^{대판 2014.12.11.} _{2014도7976}]. [22 경간부, 20 경찰승진, 20 국가9급, 19 변호사, 19 경찰채용, 18 경찰승진, 17 경찰승진, 16 경찰채용]*

---

(2) 동행요구

① 의의

> **제3조(불심검문)** ② 경찰관은 사람을 정지시킨 장소에서 질문을 하는 것이 그 사람에게 불리하거나 교통에 방해가 된다고 인정될 때에는 질문을 하기 위하여 가까운 경찰관서로 동행할 것을 요구할 수 있다. 이 경우 동행을 요구받은 사람은 그 요구를 거절할 수 있다. [17 경찰승진, 16 경찰채용]*

② 절차

> **제3조(불심검문)** ④ 경찰관은 제1항이나 제2항에 따라 질문을 하거나 동행을 요구할 경우 자신의 신분을 표시하는 증표를 제시하면서 소속과 성명을 밝히고 질문이나 동행의 목적과 이유를 설명하여야 하며, 동행을 요구하는 경우에는 동행 장소를 밝혀야 한다. [18 경찰승진, 16 경찰채용]*
> ⑤ 경찰관은 제2항에 따라 동행한 사람의 가족이나 친지 등에게 동행한 경찰관의 신분, 동행 장소, 동행 목적과 이유를 알리거나 본인으로 하여금 즉시 연락할 수 있는 기회를 주어야 하며, <u>변호인의 도움을 받을 권리가 있음을 알려야 한다.</u> [18 경찰승진, 16 경찰채용]*

③ 임의동행의 시간적 한계

> **제3조(불심검문)** ⑥ 경찰관은 임의동행한 사람을 <u>6시간을 초과하여</u> 경찰관서에 머물게 할 수 없다. [17 경찰승진]*

위 규정은 임의동행한 사람이 동의하여도 6시간을 초과하여 경찰관서에 머물게 할 수 없다는 것이며 임의동행한 사람의 의사와 무관하게 6시간 동안 경찰관서에 구금하는 것을 허용하는 것은 아니다[대판 1997.8.22. 97도1240]. 예컨대 임의동행한 사람이 1시간 만에 경찰관서에서 퇴거하겠다고 하였음에도 더 이상 경찰관서에 구금하는 것은 위 규정을 위반한 것이다.

⚖ 판례 | 경찰관직무집행법 제3조 제6항이 임의동행한 자를 6시간 동안 경찰관서에 구금하는 것을 허용하는 것인지의 여부(소극) – 임의동행한 자는 언제든지 퇴거할 자유가 있기 때문

[1] 임의동행은 상대방의 동의 또는 승낙을 그 요건으로 하는 것이므로 경찰관으로부터 임의동행 요구를 받은 경우 <u>상대방은 이를 거절할 수 있을 뿐만 아니라 임의동행 후 언제든지 경찰관서에서 퇴거할 자유가 있다</u> 할 것이고 경찰관직무집행법 제3조 제6항이 '임의동행한 경우 당해인을 6시간을 초과하여 경찰관서에 머물게 할 수 없다'고 규정하고 있다고 하여 그 규정이 <u>임의동행한 자를 6시간 동안 경찰관서에 구금하는 것을 허용하는 것은 아니다.</u> [17 경찰채용]*
[2] 피고인이 송도파출소까지 임의동행한 후 조사받기를 거부하고 파출소에서 나가려고 하다가 경찰관이 이를 제지하자 이에 항거하여 그 경찰관을 폭행한 경우라도 공무집행방해죄는 성립하지 않는다[대판 1997.8.22. 95도1240].

⚖ 판례 | 보호조치의 요건이 갖추어지지 않았음에도 경찰관이 피의자를 그의 의사에 반하여 경찰관서에 데려간 경우, 위법한 체포에 해당하는지의 여부(적극)

경찰관직무집행법상의 보호조치 요건이 갖추어지지 않았음에도 경찰관이 실제로는 범죄수사를 목적으로 피의자에 해당하는 사람을 피구호자로 삼아 그의 의사에 반하여 경찰관서에 데려간 행위는 달리 현행범체포나 임의동행 등의 적법 요건을 갖추었다고 볼 사정이 없다면 위법한 체포에 해당한다고 보아야 한다[대판 2012.12.13. 2012도11162]. [20 경간부, 18 경찰승진, 17 경찰채용]*

판례해설 음주단속을 피해 도망가는 피의자 甲이 경직법 제4조 제1항 제1호의 보호조치 대상자(음주만취자)가 아니고 피의자의 처가 현장에 있었으나 경찰관이 보호조치라는 핑계로 甲을 강제로 지구대로 연행한 것은 위법한 체포에 해당한다고 판시한 판례이다. 甲이 지구대에서 음주측정을 거부하고 경찰관에게 상해를 가한 경우, 음주측정거부죄나 공무집행방해죄는 성립하지 않지만 상해죄가 성립한다고 판시하였다.

관련판례 피고인이 자정에 가까운 한밤중에 음악을 크게 켜놓거나 소리를 지른 것은 경범죄 처벌법 제3조 제1항 제21호에서 금지하는 인근소란행위에 해당하고, 그로 인하여 인근 주민들이 잠을 이루지 못하게 될 수 있으며, 갑과 을이 112신고를 받고 출동하여 눈앞에서 벌어지고 있는 범죄행위를 막고 주민들의 피해를 예방하기 위해 피고인을 만나려 하였으나 피고인은 문조차 열어주지 않고 소란행위를 멈추지 않았던 상황이라면 피고인의 행위를 제지하고 수사하는 것은 경찰관의 직무상 권한이자 의무라고 볼 수 있으므로, 위와 같은 상황에서 갑과 을이 피고인의 집으로 통하는 전기를 일시적으로 차단한 것은 피고인을 집 밖으로 나오도록 유도한 것으로서, 피고인의 범죄행위를 진압·예방하고 수사하기 위해 필요하고도 적절한 조치로 보이고, 경찰관직무집행법이 정한 즉시강제의 요건을 충족한 적법한 직무집행으로 볼 여지가 있다[대판 2018.12.13. 2016도19417].

(3) 흉기소지 여부 조사

① 흉기소지의 조사

> **제3조(불심검문)** ③ 경찰관은 거동불심자에게 질문을 할 때에 그 사람이 흉기를 가지고 있는지를 조사할 수 있다.
> [22 경간부]*

② 흉기 이외의 '일반 소지품' 조사의 허용 여부: 일반 소지품의 조사에 대하여는 명문규정이 없으나, 불심검문의 안전과 질문의 실효성을 위하여 허용된다고 보는 것이 일반적이다. [22 경간부]*

③ '일반 소지품' 조사의 한계: 의복이나 휴대품의 외부를 손으로 만져 확인하는 '외표검사'(Stop and Frisk)가 허용된다. 그러나 주머니에 손을 넣어 소지품을 찾는 것은 허용되지 않는다.

Ⅳ 고소15)

1. 의의

(1) 개념

고소란 범죄의 피해자 등 고소권자가 수사기관에 범죄사실을 신고하여 범인의 처벌을 구하는 의사표시를 말한다.

1) 고소권자의 신고

고소는 범죄의 피해자 등 고소권자의 소송행위이다. 따라서 고소권자가 아닌 제3자가 하는 고발이나, 범인 스스로 처벌을 구하는 의사표시인 자수와는 구별된다.

2) 수사기관에 대한 신고

> ⚖ **판례 | 수사기관이 아닌 법원에 범인의 처벌을 구하는 진술서 제출(증인진술) – (고소의 효력 없음)**
>
> 피해자가 법원에 대하여 범죄사실을 적시하고 "피고인을 엄벌에 처하라."는 내용의 진술서를 제출하거나 증인으로서 증언하면서 판사의 신문에 대해 "피고인의 처벌을 바란다."는 취지의 진술을 하였다 하더라도 이는 고소로서의 효력이 없다[대판 1984.6.26. 84도709].

3) 범죄사실의 신고

> ⚖ **판례 | 고소의 경우 특정대상과 정도**
>
> 1. **(범죄사실이 특정되어야 함)** 고소는 고소인이 일정한 범죄사실을 수사기관에 신고하여 범인의 처벌을 구하는 의사표시이므로 그 고소한 범죄사실이 특정되어야 할 것이나 그 특정의 정도는 고소인의 의사가 구체적으로 어떤 범죄사실을 지정하여 범인의 처벌을 구하고 있는 것인가를 확정할 수만 있으면 되는 것이고, 고소인 자신이 직접 범행의 일시, 장소와 방법 등까지 구체적으로 상세히 지적하여 그 범죄사실을 특정할 필요까지는 없다[대판 1999.3.26. 97도1769].
>
> 2. **(범인의 적시는 불필요)** 고소는 고소권자가 수사기관에 대하여 범죄사실을 신고하여 범인의 처벌을 구하는 의사표시이므로 고소인은 범죄사실을 특정하여 신고하면 족하고 범인이 누구인지 나아가 범인 중 처벌을 구하는 자가 누구인지를 적시할 필요도 없다[대판 1996.3.12. 94도2423]. 따라서 범인의 성명이 불명이거나 또는 오기가 있었다거나 범행의 일시 · 장소 · 방법 등이 명확하지 않거나 틀린 것이 있다고 하더라도 고소의 효력에는 아무런 영향이 없다[대판 1984.10.23. 84도1704]. [23 경간부, 23 변호사]*

---

15) 이하의 판례 중에는 강간죄와 같이 판시당시에는 친고죄였으나 현행법상 비친고죄로 변경된 판례를 그대로 친고죄임을 전제하고 소개한 것이 있다. 이러한 판례는 판례 사안(사례) 자체가 시험에 출제될 수는 없으나 법리는 유효하므로 다른 친고죄로 사실관계를 변경하여 출제될 수 있으니 법리는 이해하여 두어야 한다.

⚖ 판례 | 고소 범죄사실의 특정방법 (고소장의 '죄명'이 아니라 '내용'에 의해 결정)

고소가 어떠한 사항에 관한 것인가의 여부는, 고소장에 붙인 죄명에 구애될 것이 아니라 고소의 내용에 의하여 결정하여야할 것이므로, 고소장에 명예훼손죄의 죄명을 붙이고 그 죄에 관한 사실을 적었으나 그 사실이 명예훼손죄를 구성하지 않고모욕죄를 구성하는 경우에는, 위 고소는 모욕죄에 대한 고소로서의 효력을 갖는다[대판 1981.6.23.
81도1250]. [18 경찰채용]*

4) 범인의 처벌을 구하는 의사표시

⚖ 판례 | 적법한 고소에 해당하지 않는 경우

1. **(수사 및 조사의 촉구)** 고소라 함은 수사기관에 단순히 피해사실을 신고하거나 수사 및 조사를 촉구하는 것에 그치지 않고 범죄사실을 신고하여 범인의 소추·처벌을 요구하는 의사표시이므로, 저작권법위반죄의 피해자가 경찰청 인터넷 홈페이지에 '피고인을 철저히 조사해 달라'는 취지의 민원을 접수하는 형태로 피고인에 대한 조사를 촉구하는 의사표시를한 것은 형사소송법에 따른 적법한 고소로 보기 어렵다[대판 2012.2.23.
2010도9524]. [20 경찰승진, 17 변호사, 17 경찰채용]*

2. **(단순한 피해사실의 신고)** 단순한 피해사실의 신고는 소추·처벌을 구하는 의사표시가 아니므로 고소가 아니다[대판 2008.11.27.
2007도4977].
[16 국가9급]*

5) 의사표시

고소를 하기 위해서는 고소능력이 있어야 한다.

⚖ 판례 | 고소능력 또는 고소위임능력의 정도(사실상의 의사능력으로 족하고 민법상 행위능력 불요)

고소능력은 피해를 받은 사실을 이해하고 고소에 따른 사회생활상의 이해관계를 알아차릴 수 있는 사실상의 의사능력으로충분하므로, 민법상의 행위능력이 없는 사람이라도 위와 같은 능력을 갖춘 사람이면 고소능력이 인정된다. 또한 고소위임을위한 능력도 위와 마찬가지이다[대판 1999.2.9.
98도2074]. [23 변호사, 20 경찰채용, 18 경찰채용, 17 법원9급, 17 경찰승진, 17 경간부, 17 경찰채용, 16 국가9급]*

⚖ 판례 | 간음약취죄의 고소능력이 인정되는 경우

간음약취죄의 피해자는 11세 남짓한 초등학교 6학년생으로서 피해입은 사실을 이해하고 고소에 따른 사회생활상의 이해관계를 알아차릴 수 있는 사실상의 의사능력이 있다[대판 2011.6.24.
2011도4451].

⚖ 판례 | 범행기간을 특정하고 있는 고소의 효력이 미치는 범위(원칙적으로 특정된 기간 중에 저지른 모든 범죄)

범행기간을 특정하고 있는 고소에 있어서는 그 기간 중의 어느 특정범죄에 대하여 범인의 처벌을 원치않는 고소인의 의사가있다고 볼 만한 특단의 사정이 없는 이상 그 고소는 특정된 기간 중에 저지른 모든 범죄에 대하여 범인의 처벌을 구하는의사표시라고 봄이 상당하다[대판 1985.7.23.
85도1213].

(2) 고소의 성질

① 친고죄16)에 대한 고소는 수사의 단서이자 소송조건에 해당하므로 친고죄의 경우 고소가 없는 공소제기는 위법하다(제327조 제2호의 공소기각 판결 사유에 해당). [22 경간부]*

② 비친고죄에 대한 고소는 단지 수사의 단서일 뿐이다.

2. 고소의 절차

(1) 고소권자

1) 범죄의 피해자

① 범죄로 인한 피해자는 고소할 수 있다(제223조).

② 직접적 피해자만을 의미: 고소권자가 되는 피해자는 직접적 피해자를 의미하므로 간접적 피해자는 제외된다. 따라서 처가 모욕을 당한 경우라도 남편은 피해자의 지위에서 고소권자가 될 수 없다.

③ 고소권의 성격: 고소권은 공권의 성격을 가지므로 상속·양도의 대상이 되지 않는다. 다만, 특허권·저작권에 대해서는 권리이전과 함께 고소권이 이전하므로 저작권의 승계인이 그 이전의 권리침해에 대하여 고소할 수 있다.

판례 | 프로그램저작권이 명의신탁된 경우(= 명의수탁자가 고소권자)

프로그램저작권이 명의신탁된 경우 대외적인 관계에서는 명의수탁자만이 프로그램저작권자이므로 제3자의 침해행위에 대한 구 컴퓨터프로그램 보호법 제48조에서 정한 고소 역시 명의수탁자만이 할 수 있다[대판 2013.3.28. 2010도8467].

---

2) 비피해자인 고소권자 – 피해자의 법정대리인

① 피해자의 법정대리인은 독립하여 고소할 수 있다(제225조 제1항).

판례 | 이혼한 생모가 친권자(법정대리인)로서 독립하여 고소할 수 있는지의 여부(적극)

모자관계는 호적에 입적되어 있는 여부와는 관계없이 자의 출생으로 법률상 당연히 생기는 것이므로 고소 당시 이혼한 생모라도 피해자인 그의 자의 친권자로서 독립하여 고소할 수 있다[대판 1987.9.22. 87도1707]. [17 경간부]*

판례 | 법원이 선임한 부재자 재산관리인(법정대리인)으로서 독립하여 고소할 수 있는지의 여부(적극)

법원이 선임한 부재자 재산관리인이 그 관리대상인 부재자의 재산에 대한 범죄행위에 관하여 법원으로부터 고소권 행사에 관한 허가를 얻은 경우 부재자 재산관리인은 형사소송법 제225조 제1항에서 정한 법정대리인으로서 적법한 고소권자에 해당한다[대판 2022.5.26. 2021도2488]. [23 경간부, 23 변호사]*

---

② 법정대리인의 지위의 존재시기: 고소 당시에 존재하면 족하므로 범죄 당시에 법정대리인의 지위가 없었거나 고소 후에 그 지위를 상실하였더라도 고소의 효력에는 영향이 없다.

---

16) 형법상 절대적 친고죄(항상 친고죄) 예로는 모욕죄, 사자명예훼손죄, 비밀침해죄, 업무상비밀누설죄가 있으며, 상대적 친고죄(일정한 요건을 구비한 경우에만 친고죄가 됨)는 형법 제328조의 친족상도례 규정에서 제2항의 신분관계(원친, 비동거친족)에 있는 자 사이의 절도죄 등 일정한 재산죄의 경우 친고죄로 인정된다(형법시간에 배운 내용과 동일하다).

③ 법정대리인의 고소권 성질

⚖ 판례 | 법정대리인의 고소권의 법적성질(고유권)

법정대리인의 고소권은 무능력자의 보호를 위하여 법정대리인에게 주어진 고유권이므로 법정대리인은 피해자의 고소권 소멸 여부에 관계없이 고소할 수 있고 이러한 고소권은 피해자의 명시한 의사에 반하여도 행사할 수 있다[대판 1999.12.24. 99도3784]. [23 변호사, 19 경간부, 17 경찰승진, 17 경간부]* 또한 법정대리인의 고소기간은 법정대리인 자신이 범인을 알게 된 날로부터 진행한다 [대판 1987.6.9. 87도857]. [20 경찰채용]*

---

3) 기타 비피해자인 고소권자

> **제225조(비피해자인 고소권자)** ② 피해자가 사망한 때에는 그 배우자, 직계친족 또는 형제자매는 고소할 수 있다. 단, 피해자의 명시한 의사에 반하지 못한다.
>
> **제226조** 피해자의 법정대리인이 피의자이거나 법정대리인의 친족이 피의자인 때에는 피해자의 친족은 독립하여 고소할 수 있다. [22 경찰채용, 17 경간부, 17 경찰채용, 16 경찰승진]*
>
> **제227조** 사자의 명예를 훼손한 범죄에 대하여는 그 친족 또는 자손은 고소할 수 있다.

⚖ 판례 | 피해자의 처벌불원의사표시가 있었다고 볼 수 없는 사례

피고인 등이 피해자를 부축하여 병원으로 데려갈 때 피해자가 피고인보고 미안하다는 말을 했다 하더라도 그것만으로 피해자에게 분명히 피고인의 처벌을 희망하지 아니하는 의사가 있었다고 할 수는 없다. 따라서 사망한 피해자의 동생이 한 고소를 피해자의 명시한 의사에 반하는 무효의 것이라고는 할 수 없다[대판 1985.8.20. 85도1288]. 17)

---

4) 지정고소권자

> **제228조(고소권자의 지정)** 친고죄에 대하여 고소할 자가 없는 경우에 이해관계인의 신청이 있으면 검사는 10일 이내에 고소할 수 있는 자를 지정하여야 한다. [18 경찰승진, 16 경찰승진]*

(2) 고소의 제한

1) 원칙

> **제224조** 자기 또는 배우자의 직계존속은 고소하지 못한다.18) [18 법원9급]*

2) 예외

성폭력범죄와 가정폭력범죄에 대하여는 직계존속이라도 고소할 수 있다(성폭법 제18조, 가폭법 제6조 제2항). [18 법원9급]* 예컨대 父가 성폭력범죄에 해당하는 공연음란행위를 한 경우 子가 父를 고소하는 것은 적법하다.

---

17) 간통죄와 관련한 판례나 법리를 이해할 수 있도록 하기 위하여 일반론으로 변경하여 소개하였다.

18) 비속이 존속을 고소하는 행위의 반윤리성을 억제하고자 이를 제한하는 것은 합리적인 근거가 있는 차별이라고 할 수 있다[헌재 2011.2.24. 2008헌바56].

(3) 고소의 방법

1) 고소의 방식과 사법경찰관의 조치

고소는 서면 또는 구술로 검사 또는 사법경찰관에게 하여야 한다(제237조 제1항). [16 경간부]* 검사 또는 사법경찰관이 구술에 의한 고소를 받은 때에는 조서를 작성하여야 한다(동조 제2항). 사법경찰관이 고소를 받은 때에는 신속히 조사하여 관계서류와 증거물을 검사에게 송부하여야 한다(제238조). 이러한 절차는 고소의 취소에도 준용된다.

⚖ 판례 | 고소조서의 방식(조서가 독립된 조서일 필요는 없음, 피해자진술조서에 기재된 범인처벌을 요구하는 의사표시도 적법한 고소에 해당함)

친고죄의 경우 구술에 의한 고소를 받은 검사 또는 사법경찰관은 조서를 작성하여야 하지만 그 조서가 독립된 조서일 필요는 없다. 따라서 수사기관이 고소권자를 증인 또는 피해자로서 신문한 경우에 그 진술에 범인의 처벌을 요구하는 의사표시가 포함되어 있고 그 의사표시가 조서에 기재되면 고소는 적법하다[대판 2011.6.24. 2011도4451]. [23 경간부, 20 국가9급, 20 법원9급, 18 경찰승진, 17 법원9급, 17 국가7급, 17 경찰승진, 16 법원9급, 16 경간부, 16 경찰채용]*

---

2) 고소의 대리

제236조 고소는 대리인으로 하여금 하게 할 수 있다. [19 경찰승진]*

⚖ 판례 | 대리인에 의한 고소의 방식(제한이 없음, 서면이나 구술로 가능)

1. 대리인에 의한 고소의 경우 대리권이 정당한 고소권자에 의하여 수여되었음이 실질적으로 증명되면 충분하고 그 방식에 특별한 제한은 없다고 할 것이며 한편 친고죄에 있어서의 고소는 서면뿐만 아니라 구술로도 할 수 있는 것이므로 피해자로부터 고소를 위임받은 대리인은 수사기관에 구술에 의한 방식으로 고소를 제기할 수도 있다[대판 2002.6.14. 2000도4595].
2. 대리인에 의한 고소의 경우 반드시 위임장을 제출한다거나 '대리'라는 표시를 하여야 하는 것은 아니다[대판 2001.9.4. 2001도3081].

---

(4) 고소기간

① 친고죄에 대하여는 범인을 알게 된 날로부터 6월을 경과하면 고소하지 못한다(제230조 제1항 본문). 그러나 비친고죄의 고소는 수사의 단서에 불과하므로 고소기간의 제한이 없다.

⚖ 판례 | '범인을 알게 된다 함' 및 '범인을 알게 된 날'의 의미

1. '범인을 알게 된다 함'은 통상인의 입장에서 보아 고소권자가 고소를 할 수 있을 정도로 범죄사실과 범인을 아는 것을 의미하고, 범죄사실을 안다는 것은 고소권자가 친고죄에 해당하는 범죄의 피해가 있었다는 사실관계에 관하여 확정적인 인식이 있음을 말한다[대판 2010.7.15. 2010도4680]. [20 국가7급, 18 경간부, 16 경찰채용]*
2. '범인을 알게 된다 함'은 범인이 누구인지 특정할 수 있을 정도로 알게 된다는 것을 의미하고 범인의 동일성을 식별할 수 있을 정도로 인식함으로써 족하며 범인의 성명·주소·연령 등까지 알 필요는 없다[대판 1999.4.23. 99도576].
3. '범인을 알게 된 날'이란 범죄행위가 종료된 후에 범인을 알게 된 날을 가리키는 것으로서 고소권자가 범죄행위가 계속되는 도중에 범인을 알았다 하여도, 그 날부터 곧바로 위 조항에서 정한 친고죄의 고소기간이 진행된다고는 볼 수 없고 이러한 경우 고소기간은 범죄행위가 종료된 때부터 계산하여야 하며 동종행위의 반복이 당연히 예상되는 영업범 등 포괄일죄의 경우에는 최후의 범죄행위가 종료한 때에 전체 범죄행위가 종료된 것으로 보아야 한다[대판 2004.10.28. 2004도5014].

> **⚖ 판례 | 고소기간 내에 적법한 고소가 이루어진 경우**
>
> 저작권자가 그의 동의 없이 발행된 책자가 판매되고 있다는 사실을 안 날로부터는 6월이 경과한 후 고소를 제기하였으나 위 고소가 공소사실의 범행일시로부터 6월 이내에 제기된 경우, 저작권자가 안 것은 그 이전의 복제행위에 관한 것일 뿐이므로 위 판매사실을 안 시점이 그 이전의 복제행위로 인한 죄에 대한 고소기간의 기산점이 될 수 있는 것은 별론으로 하고, 그 이후의 복제행위에 관한 공소사실에 대한 고소기간도 그 때부터 진행된다고 할 수는 없으므로 고소가 공소사실의 범행일시로부터 6월 이내에 이루어진 이상 <u>고소기간이 경과한 후에 제기된 것이라고 할 수는 없다</u>[대판 1999.3.26. 97도1769].

> **⚖ 판례 | 임의대리인에 의한 친고죄의 고소기간의 진행시점(고소권자가 범인을 알게 된 날부터 기산)**
>
> 대리인에 의한 친고죄의 고소의 경우 고소기간은 <u>대리고소인이 아니라 정당한 고소권자를 기준으로 고소권자가 범인을 알게 된 날부터 기산한다</u>[대판 2001.9.4. 2001도3081]. [23 경간부, 20 경찰채용, 18 변호사, 18 경찰채용, 17 경찰채용, 16 법원9급]*
>
> **판례해설** 본 판례는 임의대리인이 고소를 하는 경우로써, 법정대리인이 자신의 고유권으로써 고소를 하는 경우와 다르다는 점을 주의하여야 한다. 즉, 임의대리인은 원래 정당한 고소권자가 범인을 알게 된 날로부터, 법정대리인은 자기 자신이 범인을 알게 된 날로부터 고소기간이 진행한다.
>
> **기출지문** 고소권자로부터 고소권한을 위임받은 대리인이 친고죄에 대하여 고소를 한 경우, 고소기간은 대리인이 아니라 고소권자가 범인을 알게 된 날부터 기산한다. (○)

② 고소할 수 없는 불가항력의 사유가 있는 때에는 그 사유가 없어진 날로부터 기산한다(제230조 제1항 단서).

> **⚖ 판례 | 범행당시 고소능력이 없었다가 그 후에 고소능력이 생긴 경우의 고소기간의 기산점**
>
> 강간죄(강제추행죄)의 피해자가 범행을 당할 때에는 나이 어려 고소능력이 없었다가 그 후에 비로소 고소능력이 생겼다면 그 고소기간은 고소능력이 생긴 때로부터 기산되어야 한다[대판 1987.9.22. 87도1707; 대판 1995.5.9. 95도696]. [22 경찰채용, 17 법원9급]*
>
> **판례해설** 위 판례들은 강간죄가 친고죄였던 시기의 판례이다. 현행법상 강간죄는 친고죄가 아니므로 고소기간은 의미가 없어졌다.

> **⚖ 판례 | 고소할 수 없는 불가항력의 사유가 있는 때에 해당하지 않는 경우**
>
> 자기의 피용자인 부녀를 간음하면서 불응하는 경우 해고할 것을 위협하였다 하더라도 이는 업무상 위력에 의한 간음죄의 구성요건일 뿐 그 경우 해고될 것이 두려워 고소를 하지 않은 것이 고소할 수 없는 불가항력적 사유에 해당한다고 할 수 없다 [대판 1985.9.10. 85도1273].
>
> **판례해설** 본 판례는 업무상위력에 의한 간음죄가 친고죄였던 시기의 판례이다. 현행법상 동죄는 친고죄가 아니므로 고소기간은 의미가 없어졌다.

③ 고소할 수 있는 자가 수인인 경우에는 1인의 기간의 해태는 타인의 고소에 영향이 없다(제231조). [17 경찰채용]*

3. 고소의 취소

(1) 의의

① **개념**: 고소취소란 친고죄에 있어서 고소권자가 일단 제기한 고소를 철회하는 소송행위를 말한다.

② **기능**: 친고죄의 경우 고소가 취소되면 소송조건의 흠결이 발생하나(공소기각판결의 대상이 됨), 비친고죄의 경우 고소취소는 양형판단의 자료가 될 뿐이다.

(2) 고소의 취소권자

① 고소취소를 할 수 있는 자는 고유의 고소권자와 고소의 대리행사권자이다. 다만 고유의 고소권자는 고소의 대리행사권자의 고소를 취소할 수 있으나, 고소의 대리행사권자는 고유의 고소권자의 고소를 취소할 수 없다.

② 고소취소는 대리인으로 하여금 하게 할 수 있다(제236조). [22 경찰채용, 16 국가9급]*

⚖️ 판례 | 성년인 피해자가 한 고소를 피해자 사망 후 그 부친이 취소할 수 있는지 여부(소극)

사건 당시 23세인 피해자의 부친이 피해자 사망 후에 피해자를 대신하여 그 피해자가 이미 하였던 고소를 취소하더라도 이는 적법한 고소취소라 할 수 없다[대판 1969.4.29.
69도376].

⚖️ 판례 | 처벌불원의 의사표시를 할 수는 있는 자에 해당하는 경우(의사능력 있는 청소년)

반의사불벌죄라고 하더라도 피해자인 청소년에게 의사능력이 있는 이상, 단독으로 피고인 또는 피의자의 처벌을 희망하지 않는다는 의사표시 또는 처벌희망 의사표시의 철회를 할 수 있고, 거기에 법정대리인의 동의가 있어야 하는 것으로 볼 것은 아니다[대판(전) 2009.11.19.
2009도6058]. [20 경찰채용, 20 국가7급, 20 법원9급, 19 경찰승진, 19 경간부, 19 국가7급, 19 법원9급, 18 경찰채용, 17 국가9급]*

⚖️ 판례 | 처벌불원의 의사표시를 할 수는 있는 자에 해당하지 않는 경우

1. 폭행죄는 피해자의 명시한 의사에 반하여 공소를 제기할 수 없는 반의사불벌죄로서 처벌불원의 의사표시는 의사능력이 있는 피해자가 단독으로 할 수 있는 것이고, 피해자가 사망한 후 그 상속인이 피해자를 대신하여 처벌불원의 의사표시를 할 수는 없다고 보아야 한다[대판 2010.5.27.
2010도2680]. [20 경간부, 20 경찰채용, 19 경찰승진, 19 경간부, 18 경간부, 18 경찰채용, 17 경찰승진, 17 경찰채용, 16 국가9급]*

2. 교통사고로 의식을 회복하지 못하고 있는 피해자의 아버지가 피해자를 대리하여 처벌을 희망하지 아니한다는 의사를 표시하는 것은 허용되지 아니할 뿐만 아니라 피해자가 성년인 이상 의사능력이 없다는 것만으로 피해자의 아버지가 당연히 법정대리인이 된다고 볼 수도 없으므로, 피해자의 아버지가 처벌을 희망하지 아니한다는 의사를 표시하였더라도 소송법적으로 효력이 발생할 수 없다[대판 2013.9.26.
2012도568]. [20 국가7급]*

   판례해설 대법원은 본 건의 경우 제26조와 제225조가 적용될 수 없다는 것이 판례의 취지이다.[19]

   참고판례 성폭력범죄의 처벌 등에 관한 특례법 제27조는 성폭력범죄 피해자에 대한 변호사 선임의 특례를 정하고 있다. 성폭력범죄의 피해자는 형사절차상 법률적 조력을 받기 위해 스스로 변호사를 선임할 수 있고(제1항), 검사는 피해자에게 변호사가 없는 경우 국선변호사를 선정하여 형사절차에서 피해자의 권익을 보호할 수 있으며(제6항), 피해자의 변호사는 형사절차에서 피해자 등의 대리가 허용될 수 있는 모든 소송행위에 대한 포괄적인 대리권을 가진다(제5항). 따라서 피해자의 변호사는 피해자를 대리하여 피고인에 대한 처벌을 희망하는 의사표시를 철회하거나 처벌을 희망하지 않는 의사표시를 할 수 있다[대판 2019.12.13.
2019도10678].

3. [1] [다수의견] 반의사불벌죄에서 성년후견인은 명문의 규정이 없는 한 의사무능력자인 피해자를 대리하여 피고인 또는 피의자에 대하여 처벌을 희망하지 않는다는 의사를 결정하거나 처벌을 희망하는 의사표시를 철회하는 행위를 할 수 없다. 이는 성년후견인의 법정대리권 범위에 통상적인 소송행위가 포함되어 있거나 성년후견개시심판에서 정하는 바에 따라 성년후견인이 소송행위를 할 때 가정법원의 허가를 얻었더라도 마찬가지이다. 구체적인 이유는 아래와 같다.
   (가) 형사소송법은 친고죄의 고소 및 고소취소와 반의사불벌죄의 처벌불원의사를 달리 규정하였으므로, 반의사불벌죄의 처벌불원의사는 친고죄의 고소 또는 고소취소와 동일하게 취급할 수 없다. 형사소송법은 고소 및 고소취소에 관하여, 고소권자에 관한 규정(제223조 내지 제229조), 친고죄의 고소기간에 관한 규정(제230조), 고소취소의 시한과 재고소의 금지에 관한 규정(제232조 제1항, 제2항), 불가분에 관한 규정(제233조) 등 다수의 조문을 두고 있다. 특히 형사소송법 제236조는 "고소 또는 그 취소는 대리인으로 하여금 하게 할 수 있다."라고 하여 대리에 의한 고소 및 고소취소에 관한

---

19) 제26조(의사무능력자와 소송행위의 대리) 형법 제9조 내지 제11조의 규정의 적용을 받지 아니하는 범죄사건(예 담배사업법위반사건)에 관하여 피고인 또는 피의사가 의사능력이 없는 때에는 그 법정대리인이 소송행위를 대리한다.
제225조(비피해자인 고소권자) ① 피해자의 법정대리인은 독립하여 고소할 수 있다.

명시적 근거규정을 두었다. 반면 반의사불벌죄에 관하여는 형사소송법 제232조 제3항에서 "피해자의 명시한 의사에 반하여 공소를 제기할 수 없는 사건에서 처벌을 원하는 의사표시를 철회한 경우에도 제1항과 제2항을 준용한다."라고 하여 고소취소의 시한과 재고소의 금지에 관한 규정을 준용하는 규정 하나만을 두었을 뿐 반의사불벌죄의 처벌불원의사에 대하여는 대리에 관한 근거규정을 두지 않았고, 대리에 의한 고소 및 고소취소에 관한 형사소송법 제236조를 준용하는 근거규정도 두지 않았다. 친고죄와 반의사불벌죄는 피해자의 의사가 소추조건이 된다는 점에서는 비슷하지만 소추조건으로 하는 이유·방법·효과는 같다고 할 수 없다. 피고인 또는 피의자의 처벌 여부에 관한 피해자의 의사표시가 없는 경우 친고죄는 불처벌을, 반의사불벌죄는 처벌을 원칙으로 하도록 형사소송법이 달리 취급하는 것도 그 때문이라고 할 수 있다. 형사소송법이 친고죄와 달리 반의사불벌죄에 관하여 고소취소의 시한과 재고소의 금지에 관한 규정을 준용하는 규정 외에 다른 근거규정이나 준용규정을 두지 않은 것은 이러한 반의사불벌죄의 특성을 고려하여 고소 및 고소취소에 관한 규정에서 규율하는 법원칙을 반의사불벌죄의 처벌불원의사에 대하여는 적용하지 않겠다는 입법적 결단으로 이해하여야 한다.

피해자가 아닌 제3자에 의한 고소 및 고소취소 또는 처벌불원의사를 허용할 것인지 여부는 친고죄와 반의사불벌죄의 성질상 차이 외에 입법정책의 문제이기도 하다. 즉, 형사소송법은 고소에 관하여는 피해자 본인(제223조) 외에도, 법정대리인(제225조 제1항), 피해자가 사망한 경우 그 배우자·직계친족·형제자매(제225조 제2항), 사자명예훼손죄의 경우 그 친족·자손(제227조), 지정고소권자(제228조) 등 다수의 제3자에게 고소권을 인정하고, 대리에 의한 고소 및 고소취소(제236조)를 인정하면서도 반의사불벌죄에 관하여는 피해자 외에 처벌불원의사를 표시하거나 처벌을 희망하는 의사표시를 철회할 수 있는 사람을 별도로 정하지 않았고, 대리에 의한 처벌불원 의사표시를 허용하는 근거규정이나 대리고소에 관한 제236조를 준용하는 규정을 두지 않았다. 이는 반의사불벌죄에서 처벌불원 의사결정 자체는 피해자 본인이 해야 한다는 입법자의 결단이 드러난 것으로, 피해자 본인의 진실한 의사가 확인되지 않는 상황에서는 함부로 피해자의 처벌불원의사가 있는 것으로 추단해서는 아니 됨을 의미한다.

[2] 피고인이 자전거를 운행하던 중 전방주시의무를 게을리하여 보행자인 피해자 갑을 들이받아 중상해를 입게 하였다는 교통사고처리 특례법 위반(치상)의 공소사실로 기소되었고, 위 사고로 의식불명이 된 갑에 대하여 성년후견이 개시되어 성년후견인으로 갑의 법률상 배우자 을이 선임되었는데, 을이 피고인 측으로부터 합의금을 수령한 후 제1심 판결선고 전에 갑을 대리하여 처벌불원의사를 표시한 사안에서, 위 특례법 제3조 제2항에서 차의 운전자가 교통사고로 인하여 범한 업무상과실치상죄는 '피해자의 명시적인 의사'에 반하여 공소를 제기할 수 없도록 규정하여 문언상 그 처벌 여부가 '피해자'의 '명시적'인 의사에 달려 있음이 명백하므로, 을이 갑을 대신하여 처벌불원의사를 형성하거나 결정할 수 있다고 해석하는 것은 법의 문언에 반한다고 한 사례[대판(전) 2023.7.17. 2021도11126].[20]

(3) 고소의 취소방식

① 고소취소는 고소와 동일하게 서면 또는 구술로 할 수 있다(제237조 제1항, 제239조).

⚖️ 판례 | 고소취소 또는 처벌희망 의사표시 철회의 방법

1. 고소취소는 요식행위가 아니므로 고소권자가 검사에 의한 피해자 진술조서작성시 고소를 취소하겠다고 명백히 하고 또 고소취소 후에는 다시 고소할 수 없다는 점도 알고 있다고 진술하였음이 인정된다면 그 고소는 적법하게 취소되었다 할 것이다[대판 1983.7.26. 83도1431].

   판례해설 고소취소는 독립된 조서에 의할 필요가 없다는 취지의 판례이다.

2. 반의사불벌죄에 있어서 피해자가 처벌을 희망하지 아니하는 의사표시나 처벌을 희망하는 의사표시의 철회를 하였다고 인정하기 위해서는 피해자의 진실한 의사가 명백하고 믿을 수 있는 방법으로 표현되어야 한다[대판 2020.2.27. 2019도14000].

---

20) 2023.7.1. 시행된 대법원 양형기준은 '처벌불원' 또는 '합의'의 지위를 범죄별로 차등하여 규정하고, 정의 규정을 새롭게 정비함으로써 처벌불원과 합의의 양형인자로서의 기능을 체계적으로 세분화하였다. 새로 시행된 형사공탁제도는 인적사항이 특정되지 않은 상황에서도 피해자에 대한 공탁을 가능하게 함으로써 피해자의 보호라는 형사사법의 목적을 훼손하지 않으면서 피해회복과 유리한 양형인자를 확보할 수 있게 하였다. 이러한 제도적 변화까지 고려하면, 양형기준을 포함한 현행 형사사법 체계 아래에서 성년후견인이 의사무능력자인 피해자를 대리하여 피고인 또는 피의자와 합의를 한 경우에는 이를 소극적 소추조건이 아니라 양형인자로서 고려하면 충분하다 [대판(전) 2023.7.17. 2021도11126].

② 고소취소는 수사기관 또는 법원에 대하여 하여야 하므로 범인과 피해자 사이에 단순히 합의서가 작성되었다는 것만으로는 원칙적으로 고소취소가 될 수 없다.

⚖ 판례 | 고소취소 또는 처벌희망의사표시 철회의 상대방(공소제기 전 수사기관, 공소제기 후 수소법원)

고소의 취소나 처벌을 희망하는 의사표시의 철회는 수사기관 또는 법원에 대한 법률행위적 소송행위이므로 공소제기 전에는 고소사건을 담당하는 수사기관에, 공소제기 후에는 고소사건의 수소법원에 대하여 이루어져야 한다[대판 2012.2.23. 2011도17264]. [23 변호사]*

⚖ 판례 | 고소취소나 처벌희망 의사표시 철회에 해당하는 경우(합의서가 수사기관 또는 법원에 제출)

1. 피해자가 경찰에 강간치상의 범죄사실을 신고한 후 경찰관에게 가해자의 처벌을 원한다는 취지의 진술을 하였다가, 그 다음에 가해자와 합의한 후 "이 사건 전체에 대하여 가해자와 원만히 합의하였으므로 피해자는 가해자를 상대로 이 사건과 관련한 어떠한 민·형사상의 책임도 묻지 아니한다."는 취지의 가해자와 피해자 사이의 합의서가 경찰에 제출되었다면, 위와 같은 합의서의 제출로써 피해자는 가해자에 대하여 처벌을 희망하던 종전의 의사를 철회한 것으로서 공소제기 전에 고소를 취소한 것으로 봄이 상당하다[대판 2002.7.12. 2001도6777].

2. 강간피해자 명의의 "당사자 간에 원만히 합의되어 민·형사상 문제를 일체 거론하지 않기로 화해되었으므로 합의서를 1심 재판장앞으로 제출한다."는 취지의 합의서 및 피고인들에게 중형을 내리기보다는 법의 온정을 베풀어 사회에 봉사할 수 있도록 관대한 처분을 바란다는 취지의 탄원서가 제1심 법원에 제출되었다면 이는 결국 고소취소가 있은 것으로 보아야 한다[대판 1981.11.10. 81도1171].

3. "피해자(女, 14세)는 가해자 측으로부터 50만원을 받아 합의를 하였기에 차후 이 사건으로 민·형사상의 이의를 제기하지 않겠다."는 취지의 피해자의 모(母) 명의의 합의서가 법원에 제출되었다면 합의서는 모(母) 명의로 작성되었지만 거기에는 피해자 자신의 처벌불원의사가 포함되어 있는 것이라고 볼 여지가 없지 않다[대판 2009.12.24. 2009도11859].

⚖ 판례 | 고소취소나 처벌희망 의사표시 철회에 해당하지 않는 경우

1. 형사소송법 제239조, 제237조의 규정상 고소인이 합의서를 피고인에게 작성하여준 것만으로는 고소가 적법히 취소된 것으로 볼 수 없다[대판 1983.9.27. 83도516]. [18 법원9급]*

2. 관련 민사사건에서 '형사 고소 사건 일체를 모두 취하한다'는 내용이 포함된 조정이 성립되었으나, 고소인이 조정이 성립된 이후에도 수사기관 및 제1심 법정에서 여전히 피고인의 처벌을 원한다는 취지로 진술하고 있으며 달리 고소인이 조정조서사본 등을 수사기관이나 제1심 법정에 제출하지 아니한 경우 고소 취소나 처벌불원의 의사표시를 한 것으로 보기 어렵다고 한 사례[대판 2004.3.25. 2003도8136] [23 경간부]*

3. 고소인과 피고인사이에 작성된, "상호간에 원만히 해결되었으므로 이후에 민·형사간 어떠한 이의도 제기하지 아니할 것을 합의한다."는 취지의 합의서가 제1심 법원에 제출되었으나 고소인이 제1심에서 고소취소의 의사가 없다고 증언하였다면 위 합의서의 제출로 고소취소의 효력이 발생하지 아니한다[대판 1981.10.6. 81도1968].

4. 검사가 작성한 피해자에 대한 진술조서기재 중 "피의자들의 처벌을 원하는가요?"라는 물음에 대하여 "법대로 처벌하여 주기 바랍니다."로 되어 있고 이어서 "더 할 말이 있는가요?"라는 물음에 대하여 "젊은 사람들이니 한번 기회를 주시면 감사하겠습니다."로 기재되어 있다면 피해자의 진술취지는 법대로 처벌하되 관대한 처분을 바란다는 취지로 보아야 하고 처벌의사를 철회한 것으로 볼 것이 아니다[대판 1981.1.13. 80도2210]. [19 경찰승진]*

(4) 고소의 취소시기

① 친고죄의 고소는 제1심 판결선고 전까지 취소할 수 있다(제232조 제1항). [23 경간부, 16 경찰승진]* 피해자와의 화해 가능성을 고려하여 고소의 취소를 인정하면서도 형사처벌의 가능성이 고소인의 의사에 의하여 장기간 좌우되는 것을 방지하기 위한 것이다. 그러나 비친고죄의 고소는 수사의 단서에 불과하므로 시기의 제한을 받지 않고 취소할 수 있다.

② 반의사불벌죄에 있어서 처벌을 희망하는 의사표시의 철회도 제1심 판결선고 전까지 할 수 있다(동조 제3항).

☚판례 | 공범에 대한 제1심 판결선고 후 1심선고 전의 다른 공범자에 대한 고소취소의 효력(무효)

친고죄의 공범 중 그 일부에 대하여 제1심판결이 선고된 후에는 제1심판결 선고 전의 다른 공범자에 대하여는 그 고소를 취소할 수 없고 그 고소의 취소가 있다 하더라도 그 효력을 발생할 수 없으며, 이러한 법리는 필요적 공범이나 임의적 공범이냐를 구별함이 없이 모두 적용된다[대판 1985.11.12. 85도1940]. [19 법원9급, 18 변호사, 18 법원9급, 16 경찰승진, 16 경찰채용]*

[기출지문] 친고죄의 공범인 甲, 乙 중 甲에 대하여 제1심판결이 선고되었더라도 제1심판결 선고 전의 乙에 대하여는 고소를 취소할 수 있고, 그 효력은 제1심판결 선고 전의 乙에게만 미친다. (×)

☚판례 | 항소심에서 친고죄 또는 반의사불벌죄로 공소장이 변경된 경우 고소취소의 인정 여부(부정)

1. 항소심에서 비로소 공소사실이 친고죄로 변경된 경우에도 항소심을 제1심이라 할 수는 없는 것이므로 항소심에 이르러 고소인이 고소를 취소하였다면 이는 친고죄에 대한 고소취소로서의 효력이 없다[대판 2007.3.15. 2007도210]. [19 경찰채용, 19 법원9급, 17 국가7급]*

2. 항소심에서 공소장의 변경에 의하여 또는 공소장변경절차를 거치지 아니하고 법원 직권에 의하여 친고죄가 아닌 범죄를 친고죄로 인정하였더라도 항소심을 제1심이라 할 수는 없는 것이므로 항소심에 이르러 비로소 고소인이 고소를 취소하였다면 이는 친고죄에 대한 고소취소로서의 효력은 없다[대판(전) 1999.4.15. 96도1922]. [20 국가9급, 20 법원9급, 19 경찰승진, 18 경찰채용]*

3. 형사소송법 제232조 제1항, 제3항의 취지는 국가형벌권의 행사가 피해자의 의사에 의하여 좌우되는 현상을 장기간 방치할 것이 아니라 제1심판결 선고 이전까지로 제한하자는 데 그 목적이 있다 할 것이므로, 비록 항소심에 이르러 비로소 반의사불벌죄가 아닌 죄에서 반의사불벌죄로 공소장변경이 있었다 하여 항소심인 제2심을 제1심으로 볼 수는 없다[대판 1988.3.8. 85도2518]. [18 경찰승진, 18 경찰채용, 18 법원9급]*

4. 형사소송법이 고소취소의 시한을 획일적으로 제1심판결 선고시까지로 한정하고 있으므로, 현실적 심판의 대상이 된 공소사실이 친고죄로 된 당해 심급의 판결 선고시까지 고소인이 고소를 취소할 수 있다는 의미로 볼 수는 없다. 또한 항소심에서 비로소 반의사불벌죄로 공소장이 변경되었다 하더라도 고소취소는 인정되지 않는다[대판(전) 1999.4.15. 96도1922].

[기출지문] 비친고죄에 해당하는 죄로 기소되어 항소심에서 친고죄에 해당하는 죄로 공소장이 변경된 후 공소제기 전에 행하여진 고소가 취소되었다면 항소심법원은 공소기각의 판결을 선고하여야 한다. (×)

☚판례 | 친고죄(반의사불벌죄)의 피고사건에서 1심판결 선고 후 고소취소의 효력(= 무효)

1. 제1심판결 선고 후에 고소가 취소된 경우에는 그 취소의 효력이 없으므로 공소기각의 재판을 할 수 없다[대판 1985.2.8. 84도2682]. [16 변호사]*

2. 피해자의 명시한 의사에 반하여 죄를 논할 수 없는 사건에서 처벌을 희망하는 의사표시의 철회 또는 처벌을 희망하지 아니하는 의사표시는 제1심판결 선고시까지 할 수 있으므로 그 후의 의사표시는 효력이 없다[대판 2000.9.29. 2000도2953].

[관련판례] 처벌불원의 의사표시의 부존재는 소극적 소송조건으로서 직권조사사항에 해당하므로 당사자가 항소이유로 주장하지 않았더라도 항소심은 이를 직권으로 조사·판단하여야 한다[대판 2020.2.27. 2019도19168].

📖 판례 | 항소심이 제1심을 파기하고 환송한 경우 환송 후 제1심판결의 선고 전에 고소를 취소할 수 있는지 여부(적극), 이 경우 법원이 취해야 할 조치(= 공소기각판결)

상소심에서 제1심의 공소기각판결이 법률위반을 이유로 이를 파기하고 사건을 제1심법원에 환송함에 따라 다시 제1심 절차가 진행된 경우, 종전의 제1심판결은 이미 파기되어 그 효력을 상실하였으므로 환송 후의 제1심판결 선고 전에는 고소취소의 제한사유가 되는 제1심판결 선고가 없는 경우에 해당한다. 따라서 환송 후 제1심판결 선고 전에 고소가 취소되면 형사소송법 제327조 제5호에 의하여 판결로써 공소를 기각하여야 한다[대판 2011.8.25. 2009도9112]. [19 경찰승진, 19 경간부, 18 변호사]*

📖 판례 | 소촉법 제23조의2에 의한 재심의 1심판결에서 처벌희망 의사표시의 철회 가능성(가능)

제1심판결이 소촉법 제23조 본문의 특례 규정에 의하여 선고된 다음 피고인이 책임질 수 없는 사유로 공판절차에 출석할 수 없었다고 하여 소촉법 제23조의2의 규정에 의한 재심이 청구되고 재심개시의 결정이 내려진 경우, 피고인으로서는 제1심의 공판절차에서 적절한 방어를 할 기회를 가지지 못하였던 것이고 바로 그러한 이유로 인하여 재심청구가 허용된 것이므로 이 경우에는 부도수표 회수나 수표소지인의 처벌을 희망하지 아니하는 의사의 표시도 그 재심의 제1심판결 선고 전까지 하면 되는 것으로 해석함이 상당하다[대판 2002.10.11. 2002도1228].

동지판례 제1심 법원이 반의사불벌죄로 기소된 피고인에 대하여 소송촉진 등에 관한 특례법(이하 '소송촉진법'이라고 한다) 제23조에 따라 피고인의 진술 없이 유죄를 선고하여 판결이 확정된 경우, 만일 피고인이 책임을 질 수 없는 사유로 공판절차에 출석할 수 없었음을 이유로 소송촉진법 제23조의2에 따라 제1심 법원에 재심을 청구하여 재심개시결정이 내려졌다면 피해자는 재심의 제1심판결 선고 전까지 처벌을 희망하는 의사표시를 철회할 수 있다[대판 2016.11.25. 2016도9470]. [18 법원9급]*

비교판례 피고인이 제1심 법원에 소촉법 제23조의2에 따른 재심을 청구하는 대신 항소권회복청구를 함으로써 항소심 재판을 받게 되었다면 항소심을 제1심이라고 할 수 없는 이상 그 항소심 절차에서는 처벌을 희망하는 의사표시를 철회할 수 없다[대판 2016.11.25. 2016도9470]. [22 경간부, 20 경찰채용, 18 법원9급]*

📖 판례 | 부정수표단속법 제2조 제4항 관련 판례

1. 부정수표단속법 제2조 제4항에서 부정수표가 회수된 경우 공소를 제기할 수 없도록 하는 취지는 부정수표가 회수된 경우에는 수표소지인이 부정수표 발행자 또는 작성자의 처벌을 희망하지 아니하는 것과 마찬가지로 보아 같은 조 제2항 및 제3항의 죄를 이른바 반의사불벌죄로 규정한 취지라고 해석함이 상당하다[대판 2009.12.10. 2009도9939].

2. 부도수표 회수나 수표소지인의 처벌을 희망하지 아니하는 의사의 표시는 어디까지나 제1심판결 선고 이전까지 하여야 하는 것으로 해석되므로, 부정수표를 제1심판결 선고 후에 회수하였더라도 부정수표단속법 제2조 제4항 소정의 공소제기를 할 수 없다는 효력이 생길 수 없다[대판 1995.10.13. 95도1367].

3. 부도수표 회수나 수표소지인의 처벌을 희망하지 아니하는 의사의 표시가 제1심판결 선고 이전까지 이루어지는 경우에는 공소기각의 판결을 선고하여야 할 것이고 이는 부정수표가 공범에 의하여 회수된 경우에도 마찬가지이다[대판 2009.12.10. 2009도9939]. [17 국가9급, 16 법원9급]*

4. 부도수표가 제권판결에 의하여 무효로 됨으로써 수표소지인이 더 이상 발행인 등에게 수표금의 지급을 구할 수 없게 되었다고 하더라도 이러한 사정만으로는 수표가 회수되거나 수표소지인이 처벌을 희망하지 아니하는 의사를 명시한 경우에 해당한다고 볼 수는 없다[대판 2006.5.26. 2006도1711].

(5) 고소취소의 효과

① **고소권의 소멸, 재고소의 금지:** 고소를 취소하면 고소권이 소멸한다. 따라서 고소를 취소한 자는 고소기간 내일지라도 다시 고소할 수 없다(제232조 제2항). [16 경찰승진]*

② 반의사불벌죄 사건에서 처벌을 원하는 의사표시의 철회한 자도 다시 처벌을 원하는 의사표시를 할 수 없다(동조 제3항).

> **⚖️ 판례 | 고소취소(처벌불원의사표시)를 다시 철회할 수 있는지의 여부(소극)**
>
> 1. 고소권자가 서면 또는 구술로써 수사기관 또는 법원에 고소를 취소하는 의사표시를 하였다고 보여지는 이상 그 고소는 적법하게 취소되었다고 할 것이고 그 후 고소취소를 철회하는 의사표시를 다시 하였다고 하여도 그것은 효력이 없다 [대판 2009.9.24. 2009도6779]. [22 경찰채용, 17 국가7급]*
>
> > 판례해설 피해자가 피고인의 처벌을 구하는 의사를 철회한다는 의사로 합의서를 제1심 법원에 제출하였으나(이때 고소가 취소된 것임), 그 후 피해자가 제1심 법원에 증인으로 출석하여 "합의를 취소하고 다시 피고인의 처벌을 원한다."는 진술(고소취소를 철회하는 의사표시)을 하여도 이러한 의사표시는 무효이다.
>
> 2. 반의사불벌죄에 있어서 피해자가 처벌을 희망하지 아니하는 의사표시는 공소제기 이후에도 제1심판결이 선고되기 전이라면 수사기관에도 할 수 있는 것이지만 한번 명시적으로 표시된 이후에는 다시 처벌을 희망하지 아니하는 의사표시를 철회하거나 처벌을 희망하는 의사를 표시할 수 없다[대판 2007.9.6. 2007도3405].

> **⚖️ 판례 | 수개의 적법한 고소가 있는 경우 일부 고소의 취소의 경우(공소제기 요건 충족)**
>
> 고소능력 있는 피해자 본인의 구술에 의한 적법한 고소가 있고, 본인의 고소가 취소되지 아니한 이상 피해자의 법정대리인의 고소는 취소되었다고 하더라도 친고죄의 공소제기 요건은 여전히 충족된다[대판 2011.6.24. 2011도4451].

4. 고소불가분의 원칙

(1) 의의

고소불가분의 원칙이란 고소나 고소취소의 효력이 불가분이라는 원칙을 말하며, 고소가 소송조건이 되는 친고죄의 고소에만 적용된다.

(2) 객관적 불가분의 원칙

1) 개념

고소의 객관적 불가분의 원칙이란 친고죄에 있어서 하나의 범죄사실 일부에 대한 고소나 그 취소는 그 전부에 대하여 효력이 인정된다는 원칙을 말한다. 이에 대한 명문의 규정은 없으나 '하나의 사건은 소송법적으로 나눌 수 없다'라는 이론상 당연히 인정되고 있다.

2) 적용범위

① 단순일죄

객관적 불가분의 원칙이 적용된다. 예를 들어 甲이 동일 기회에 A에게 여러 차례 욕설을 한 경우(모욕죄 포괄일죄에 해당함), A가 욕설의 일부분에 대해서만 고소해도 그 고소의 효력은 모욕죄의 범죄사실 전부에 대하여 효력이 미친다.

> **⚖️ 판례 | 일죄에 객관적 불가분의 원칙이 적용되는지의 여부(적극) - 일죄의 일부에 대한 고소, 고발, 공소제기의 효력은 그 전부에 효력이 발생**
>
> 일죄의 관계에 있는 범죄사실의 일부에 대한 고소, 공소제기, 고발의 효력은 그 일죄의 전부에 대하여 미친다[대판 2011.6.24. 2011도4451; 대판 2005.1.14. 2002도5411].
>
> [23 변호사, 22 경간부, 18 경찰승진, 17 법원9급, 16 국가9급, 16 국가7급]*

② **과형상 일죄(상상적 경합)** [18 국가7급]*

   ⊙ **과형상 일죄의 각 부분이 모두 친고죄이고 피해자가 동일한 경우 - 적용됨**

     객관적 불가분의 원칙이 적용된다. 예를 들어 甲이 하나의 행위로 A를 강제추행하면서 모욕을 한 경우(강제추행죄가 현행법상 친고죄가 아니지만 설명의 편의를 위하여 친고죄라고 가정하고 설명을 함), 강제추행죄와 모욕죄는 모두 친고죄이고 또한 피해자가 동일하므로 A가 강제추행죄에 대해서만 고소해도 그 고소의 효력은 모욕죄에도 미치게 된다. 이는 고소취소의 경우에도 동일하다.

   ⊙ **일부 범죄만이 친고죄인 경우 - 적용되지 않음**

     객관적 불가분의 원칙이 적용되지 아니한다. 예를 들어 甲이 하나의 행위로 A를 감금하면서 모욕한 경우, 피해자는 동일하지만 감금죄는 친고죄가 아니므로 A가 감금죄로 고소해도 그 고소의 효력은 모욕죄에는 미치지 아니한다. 또한 모욕죄에 대해서 고소를 취소한 경우 그 취소의 효력은 감금죄에는 미치지 아니한다.

   ⊙ **피해자가 다른 경우 - 적용되지 않음**

     객관적 불가분의 원칙이 적용되지 아니한다. 예를 들어 甲이 하나의 문서로 A와 B를 모욕한 경우, 각 모욕죄는 모두 친고죄이지만 피해자가 다르므로 A가 자신에 대한 모욕죄를 고소해도 그 고소의 효력은 B에 대한 모욕죄에는 미치지 아니한다.

③ **실체적 경합범 - 적용되지 않음**

   객관적 불가분의 원칙은 하나의 범죄사실을 전제로 하므로 실체적 경합범의 관계에 있는 수죄에 대해서는 적용되지 아니한다. 예를 들어 甲이 乙에게 저작권이 있는 A저작물, B저작물, C저작물에 대하여 각각 저작권을 침해한 경우(저작권법위반죄의 실체적 경합에 해당), 乙이 A저작물의 저작권침해에 대해서 고소해도 그 고소는 나머지 B저작물, C저작물 저작권 침해에 대해서는 효력이 미치지 않는다.

(3) 주관적 불가분의 원칙

1) 개념

① 친고죄의 공범 중 1인 또는 수인에 대한 고소 또는 그 취소는 다른 공범자에게도 효력이 인정된다는 원칙을 말한다(제233조). [20 경찰승진, 18 변호사, 18 경찰채용, 16 경찰승진]* 여기의 공범에는 임의적 공범뿐만 아니라 필요적 공범도 포함된다.

② 본 원칙을 인정하는 이유는 고소의 신고대상은 범인이 아니라 범죄사실이므로 고소를 함에 있어 범인의 지정이 없거나 공범 중 일부만을 지정해도 그 고소의 효력은 공범자 전원에 대하여 효력이 미치게 된다는 점, 고소인의 자의에 의하여 불공평한 결과를 초래하는 것을 방지하고자 하는 데 있다.

2) 적용범위

① **절대적 친고죄 - 적용됨**

⚖️ 판례 | 친고죄의 경우 공범 1인에 대한 고소취소의 효력이 다른 공범에게 미치는지의 여부(적극)

1. 친고죄[21]에서 고소와 고소취소의 불가분원칙을 규정한 형사소송법 제233조는 당연히 적용되므로 만일 공소사실에 대하여 피고인과 공범관계에 있는 사람에 대한 적법한 고소취소가 있다면 고소취소의 효력은 피고인에 대하여 미친다[대판 2015.11.17. 2013도7987]. [19 경간부, 18 법원9급, 16 경찰채용]*

---

21) 일반적으로 친고죄라 함은 절대적 친고죄를 의미한다.

2. 친고죄인 저작권법위반 사건의 경우 고소불가분의 원칙상 공범 중 일부에 대하여만 처벌을 구하고 나머지에 대하여는 처벌을 원하지 않는 내용의 고소는 적법한 고소라고 할 수 없고 공범 중 1인에 대한 고소취소는 고소인의 의사와 상관없이 다른 공범에 대하여도 효력이 있다[대판 2009.1.30. 2008도7462]. [19 법원9급, 17 국가9급, 16 경찰승진]*

> **기출지문** 乙과 丙이 모욕죄의 공범으로 기소되어 제1심 공판심리 중 피해자 甲이 乙에 대한 고소를 취소하면 수소법원은 乙과 丙 모두에 대하여 공소기각의 판결을 선고해야 한다. (O)

⚖ 판례 | 친고죄인 양벌규정과 고소의 주관적 불가분의 원칙의 적용 여부(적용)

저작권법 제103조의 양벌규정은 직접 위법행위를 한 자 이외에 아무런 조건이나 면책조항 없이 그 업무의 주체 등을 당연하게 처벌하도록 되어 있는 규정으로서 당해 위법행위와 별개의 범죄를 규정한 것이라고는 할 수 없으므로 친고죄의 경우에 있어서도 행위자의 범죄에 대한 고소가 있으면 족하고 나아가 양벌규정에 의하여 처벌받는 자에 대하여 별도의 고소를 요한다고 할 수는 없다[대판 1996.3.12. 94도2423]. [22 경찰채용, 20 국가7급, 20 국가9급]*

② 상대적 친고죄(22)

ⅰ) 상대적 친고죄에 있어 비신분자에 대한 고소는 친고죄의 고소가 아니므로 그 고소의 효력은 신분자에게 미치지 아니하며, 신분자에 대한 고소취소는 비신분자에게 효력이 없다. 예를 들어 甲과 그 친구 乙이 함께 甲과 동거하지 않는 甲의 삼촌 丙의 재물을 절취한 경우 甲의 절도죄는 (상대적)친고죄이지만 乙의 절도죄는 친고죄가 아니다. 따라서 丙이 비신분자 乙을 고소해도 그 고소의 효력은 甲에게 미치지 아니한다. ⅱ) 다만, 공범 전부가 신분관계가 있는 경우에는 이 원칙이 적용된다.

⚖ 판례 | '상대적 친고죄'에 있어 고소취소가 친족관계가 없는 공범자에게 미치는지의 여부(부정)

상대적 친고죄에 있어서의 피해자의 고소취소는 친족관계 없는 공범자에게는 그 효력이 미치지 아니한다[대판 1964.12.15. 64도481]. [16 경찰승진]*

③ 반의사불벌죄

⚖ 판례 | 고소불가분의 원칙의 규정이 반의사불벌죄에도 준용되는지의 여부(부정)

형사소송법이 고소와 고소취소에 관한 규정을 하면서 제232조 제1항, 제2항에서 고소취소의 시한과 재고소의 금지를 규정하고 제3항에서는 반의사불벌죄에 제1항, 제2항의 규정을 준용하는 규정을 두면서도, 제233조에서 고소와 고소취소의 불가분에 관한 규정을 함에 있어서는 반의사불벌죄에 이를 준용하는 규정을 두지 아니한 것은 처벌을 희망하지 아니하는 의사표시나 처벌을 희망하는 의사표시의 철회에 관하여 친고죄와는 달리 공범자간에 불가분의 원칙을 적용하지 아니하고자 함에 있다고 볼 것이다[대판 1994.4.26. 93도1689]. [22 경간부, 20 국가9급, 19 경찰승진, 19 경간부, 19 법원9급, 18 변호사, 18 경간부, 18 경찰채용, 17 경찰승진, 17 국가9급, 16 법원9급]*

---

22) 친족상도례가 적용되는 재산범죄에 있어 범인과 피해자 사이에 형법 제328조 제2항의 신분관계가 있으면 친고죄가 되는데, 이와 같이 일정한 신분관계가 있을 때에만 친고죄가 되는 것을 상대적 친고죄라고 한다.

④ 전속고발범죄[23]

▶ **불가분의 원칙의 적용범위**

구분			원칙의 적용 여부
객관적 불가분	친고죄	단순일죄(○)	–
		상상적 경합범(△)	① 모든 범죄가 친고죄이고 피해자가 동일한 경우(○) ② 일부 범죄만이 친고죄이거나 피해자가 다른 경우(×)
		실체적 경합범(×)	–
	반의사불벌죄(○)		(단순일죄에 있어) 범죄사실 일부에 대한 처벌희망 의사표시 및 그 의사표시의 철회는 그 전부에 대하여 효력이 있음
	전속고발범죄(○)		(단순일죄에 있어) 범죄사실 일부에 대한 고발이나 고발취소는 그 전부에 대하여 효력이 있음
주관적 불가분	친고죄	절대적 친고죄(○)	–
		상대적 친고죄(△)	신분이 있는 공범에게는 원칙이 적용됨, 신분이 없는 공범에게는 원칙이 적용되지 않음
	반의사불벌죄		판례(×)
	전속고발범죄		판례(×)

5. 고소의 포기

(1) 의의

고소의 포기란 친고죄의 고소권자가 고소기간 내에 고소권을 행사하지 않겠다는 의사표시를 하는 것을 말한다.

---

23) 전속고발사건에 대하여도 고소의 주관적 불가분의 원칙에 관한 규정이 준용되는지 논의가 있다. 처벌의 공평을 기하기 위하여 적용된다는 견해(긍정설)와 고발의 구비여부는 개별적으로 판단해야 하므로 준용될 수 없다는 견해(부정설)가 나뉘어져 있다.

(2) 고소의 포기의 인정 여부

> **⚖ 판례 | 친고죄의 고소의 포기 인정 여부(부정)**
>
> 1. 친고죄에 있어서의 피해자의 <u>고소권은 공법상의 권리</u>라고 할 것이므로 권리의 성질상 법이 특히 명문으로 인정하는 경우를 제외하고는 자유처분을 할 수 없다. 그런데 형사소송법 제232조에 의하면 일단 한 고소는 취소할 수 있도록 규정하였으나 고소권의 포기에 관하여는 아무런 규정이 없으므로 <u>고소 전에 고소권을 포기할 수 없다고 함이 상당하다</u>[대판 1967.5.23. 67도471]. [20 국가9급, 16 경간부]*
> 2. 피해자가 고소장을 제출하여 처벌을 희망하는 의사를 분명히 표시한 후 고소를 취소한 바 없다면 비록 <u>고소 전에 피해자가 처벌을 원치 않았다 하더라도 그 후에 한 피해자의 고소는 유효하다</u>[대판 2008.11.27. 2007도4977]. [17 국가7급]*

Ⅴ 고발

1. 일반범죄의 고발

(1) 의의

① 고발이란 고소권자와 범인 이외의 사람이 범죄사실을 수사기관에 신고하여 소추를 구하는 의사표시를 말한다.
② 고발은 원칙적으로 수사의 단서에 불과하지만 전속고발범죄의 경우에는 소송조건이 된다.

> **⚖ 판례 | 진범이 아닌 자에 대한 고발이 진범에게 효력이 미치는지의 여부(긍정)**
>
> <u>고발이란 범죄사실을 수사기관에 신고하여 그 소추를 촉구하는 것으로서 범인을 지적할 필요가 없는 것이고 또한 고발에서 지정한 범인이 진범인이 아니더라도 고발의 효력에는 영향이 없다.</u> 따라서 고발인이 농지전용행위를 한 사람을 甲으로 잘못 알고 甲을 피고발인으로 하여 고발하였다고 하더라도 乙이 농지전용행위를 한 이상 乙에 대하여도 고발의 효력이 미친다[대판 1994.5.13. 94도458].

(2) 고발의 주체

누구든지 범죄가 있다고 사료하는 때에는 고발할 수 있다(제234조 제1항). 다만, 공무원은 그 '직무를 행함에 있어' 범죄가 있다고 사료하는 때에는 고발하여야 한다(동조 제2항).

(3) 고발의 절차(고소와 동일)

고발은 고소와 마찬가지로 서면 또는 구술로써 검사 또는 사법경찰관에게 하여야 한다(제237조 제1항). 기타 조서작성 및 관계서류 및 증거물의 송부는 고소와 동일하다(제237조 제2항, 제238조). 이러한 절차는 고발의 취소에도 준용된다(제239조).

(4) 고발의 제한(고소와 동일)

자기 또는 배우자의 직계존속은 고발하지 못한다(제224조, 제235조).

(5) 고발과 고소의 차이점

① 고발은 피해자 본인 및 고소권자를 제외하고는 누구나 할 수 있는 것이어서 고발의 대리는 허용되지 않는다[대판 1989.9.26. 88도1533]. 고발의 기간에는 제한이 없다.
② 고발은 취소할 수 있고, 고발을 취소한 후에도 다시 고발할 수 있다(고소를 취소한 경우 다시 고소할 수 없다는 것과 구별하여야 한다).

2. 전속고발범죄의 고발

(1) 의의

① 전속고발범죄(또는 즉시고발범죄)란 관계 공무원의 고발이 소송조건이 되는 범죄를 말한다.

② 출입국관리법위반사건, 조세범처벌법위반사건 등이 전속고발범죄에 해당한다.

> **⚖ 판례 | 전속고발범죄에 있어 고발의 성질(소송조건)**
>
> 조세범처벌법상의 범칙행위는 국세청장, 지방국세청장, 세무서장 또는 세무에 종사하는 공무원의 고발을 기다려 논하게 되어 있으므로 고발없이 공소가 제기된 경우에는 공소제기 절차가 법률규정에 위반된 것이니 공소를 기각(공소기각판결 선고)하여야 한다[대판 1971.11.30. 71도1736].

(2) 전속고발범죄와 관련한 판례정리

> **⚖ 판례 | 전속고발범죄에 있어 고발에 필요한 범죄사실의 표시 정도(공소장 기재요건과 동일한 정도임을 요하지 않음)**
>
> 조세범처벌법에 의한 고발은 고발장에 범칙사실의 기재가 없거나 특정이 되지 아니할 때에는 부적법하나, 반드시 공소장 기재요건과 동일한 범죄의 일시·장소를 표시하여 사건의 동일성을 특정할 수 있을 정도로 표시하여야 하는 것은 아니고, 조세범처벌법이 정하는 어떠한 태양의 범죄인지를 판명할 수 있을 정도의 사실을 일응 확정할 수 있을 정도로 표시하면 족하다 [대판 2011.11.24. 2009도7166].

> **⚖ 판례 | 즉시고발사건에서 고발의 효력이 미치는 범위(= 객관적 불가분의 원칙 적용)**
>
> 고발은 범죄사실에 대한 소추를 요구하는 의사표시로서 그 효력은 고발장에 기재된 범죄사실과 동일성이 인정되는 사실 모두에 미치므로 범칙사건에 대한 고발이 있는 경우 그 고발의 효력은 범칙사건에 관련된 범칙사실의 전부에 미치고 (한 개의 범칙사실)의 일부에 대한 고발은 그 전부에 대하여 효력이 생긴다. 그러나 (수 개의 범칙사실) 중 일부만을 범칙사건으로 하는 고발이 있는 경우 고발장에 기재된 범칙사실과 동일성이 인정되지 않는 다른 범칙사실에 대해서까지 고발의 효력이 미칠 수는 없다[대판 2014.10.15. 2013도5650].
>
> **동지판례** 고발은 범죄사실에 대한 소추를 요구하는 의사표시로서 그 효력은 고발장에 기재된 범죄사실과 동일성이 인정되는 사실 모두에 미치므로, 범칙사건에 대한 고발이 있는 경우 그 고발의 효과는 범칙사건에 관련된 범칙사실의 전부에 미치고 한 개의 범칙사실의 일부에 대한 고발은 그 전부에 대하여 효력이 생기므로, 동일한 부가가치세의 과세기간 내에 행하여진 조세포탈기간이나 포탈액수의 일부에 대한 조세포탈죄의 고발이 있는 경우 그 고발의 효력은 그 과세기간 내의 조세포탈기간 및 포탈액수 전부에 미친다. 따라서 일부에 대한 고발이 있는 경우 기본적 사실관계의 동일성이 인정되는 범위 내에서 조세포탈기간이나 포탈액수를 추가하는 공소장변경은 적법하다[대판 2009.7.23. 2009도3282].

> **⚖ 판례 | 전속고발범죄에 있어 고발(자체)만으로 소추요건이 충족되는지 여부(긍정)**
>
> 조세범처벌절차법에 즉시고발을 함에 있어서 고발사유를 고발서에 명기하도록 하는 규정이 없을 뿐만 아니라 원래 즉시고발권을 세무공무원에게 부여하였음은 세무공무원으로 하여금 때에 따라 적절한 처분을 하도록 할 목적으로 고발사유의 유무에 대한 인정권까지 세무공무원에게 일임한 것이라고 볼 것이므로, 조세범칙사건에 대하여 관계 세무공무원의 즉시고발이 있으면 그로써 소추의 요건은 충족되는 것이고, 법원은 본안에 대하여 심판하면 되는 것이지 즉시고발 사유에 대하여 심사할 수 없다[대판 2014.10.15. 2013도5650].

동지판례 공정거래위원회가 사업자에게 독점규제법의 규정을 위반한 혐의가 있다고 인정하여 사업자를 고발하였다면 이로써 소추의 요건은 충족되며 공소가 제기된 후에는 고발을 취소하지 못함에 비추어 보면, 법원이 본안에 대하여 심판한 결과 독점규제법의 규정에 위반되는 혐의 사실이 인정되지 아니하거나 그 위반 혐의에 관한 공정거래위원회의 처분이 위법하여 행정소송에서 취소된다 하더라도 이러한 사정만으로는 그 고발을 기초로 이루어진 공소제기 등 형사절차의 효력에 영향을 미치지 아니한다[대판 2015.9.10, 2015도3926].
※ 공소기각판결을 할 수 없다는 취지이다.

▲ 판례 | 세무공무원의 고발에 대하여 검사가 불기소처분을 하였다가 나중에 공소를 제기하는 경우, 세무공무원의 새로운 고발이 있어야 하는지의 여부(불필요)

세무공무원 등의 고발이 있어야 공소를 제기할 수 있는 조세범처벌법위반죄에 관하여 일단 불기소처분이 있었더라도 세무공무원 등이 종전에 한 고발은 여전히 유효하다. 따라서 나중에 공소를 제기함에 있어 세무공무원 등의 새로운 고발이 있어야 하는 것은 아니다[대판 2009.10.29, 2009도6614]. [20 경찰승진, 20 경찰채용]*

▲ 판례 | 전속고발범죄에 있어 고발의 취소시기(= 원칙으로 제1심 판결선고 전까지)

조세범처벌법위반 사건에 대한 세무공무원의 고발취소는 제1심 판결선고 전에 한하여 취소할 수 있다고 해석함이 타당하다 [대판 1957.3.29, 57도58].

판례해설 독점규제법에 규정된 전속고발범죄의 경우와 같이 공소가 제기된 후에는 고발을 취소할 수 없는 경우도 있다.

▶ 고소 VS 고발

구분	비친고죄의 고소	친고죄의 고소	일반범죄의 고발	전속고발범죄의 고발
성질	수사의 단서	수사의 단서 소송조건	수사의 단서	수사의 단서 소송조건
주체	범죄의 피해자 등 고소권자	범죄의 피해자 등 고소권자	고소권자와 범인 이외의 사람	관계 공무원
기간	제한 없음	범인을 안 날로부터 6월	제한 없음	제한 없음
대리	허용	허용	불허	불허
취소시기	제한 없음	제1심 판결 선고 전까지	제한 없음	제1심 판결 선고 전까지 (예외 있음)
취소의 효과	재고소 금지	재고소 금지	재고발 가능	재고발 가능

Ⅵ 자수24)

1. 의의

자수란 범인이 스스로(자발적으로) 수사기관에 대하여 자기 범죄사실을 신고하여 처벌을 구하는 의사표시를 말한다.

---

24) 자수와 관련한 판례는 사실상 형법적 의미가 더 중요하다. 형법에서 공부한 판례로 충분하다.

2. 자수의 절차와 방식

① 자수는 서면 또는 구술로써 검사 또는 사법경찰관에게 하여야 한다(제237조 제1항, 제240조). 기타 조서작성 및 관계서류 및 증거물의 송부는 고소와 고발에 관한 규정이 준용된다(제237조 제2항, 제238조).

② 자수는 범인 스스로 하여야 하므로 대리가 인정되지 않는다. 다만, 사자(使者)에 의한 자수의사의 전달은 허용된다.

⚖ 판례 | 자발성이 없어 자수가 인정되지 않는 경우

피고인이 수사기관에 자진 출석하여 처음 조사를 받으면서는 돈을 차용하였을 뿐이라며 범죄사실을 부인하다가 제2회 (조사를 받으면서) 비로소 업무와 관련하여 돈을 수수하였다고 (자백)한 행위를 자수라고 할 수 없다[대판 2011.12.22. 2011도12041]. [16 법원행시, 16 경찰채용]*

Ⅶ 음주측정 관련 판례 정리25)

⚖ 판례 | 음주측정 또는 채혈이 적법한 경우

1. 음주운전을 목격한 피해자가 있는 상황에서 경찰관이 음주운전 종료시부터 약 2시간 후 집에 있던 피고인을 임의동행하여 음주측정을 요구하였고, 음주측정 요구 당시에도 피고인은 상당히 술에 취한 것으로 보이는 상황이었다면 그 음주측정 요구는 적법하다[대판 1997.6.13. 96도3069]. [17 경찰승진]*

2. 단순히 단속현장에서 다른 절차에 앞서 채혈이 곧바로 실시되지 않은 채 호흡측정기에 의한 음주측정으로부터 1시간 12분이 경과한 후 채혈이 이루어졌다는 사정만으로는 단속 경찰공무원의 행위가 법령에 위반된다거나 그 객관적 정당성을 상실하여 운전자가 음주운전에 대한 단속과정에서 받을 수 있는 권익이 현저하게 침해되었다고 단정하기는 어렵다[대판 2008.4.24. 2006다32132].

⚖ 판례 | 음주측정이 위법한 경우

위법한 체포 상태에서 음주측정요구가 이루어진 경우 그 음주측정요구 역시 위법한 것으로 볼 수밖에 없고, 그러한 위법한 음주측정요구에 대해서까지 운전자가 응할 의무가 있다고 보아 이를 강제하는 것은 부당하므로 그에 불응하였다고 하여 도로교통법 제148조의2 제1항 제2호의 음주측정불응죄로 처벌할 수는 없다[대판 2015.12.24. 2013도8481].

⚖ 판례 | 음주측정거부죄가 성립하는 경우

1. 운전자가 음주측정요구를 받을 당시에 술에 취한 상태에 있었다고 인정할 만한 상당한 이유가 있음에도 정당한 이유없이 이에 불응하여 음주측정불응죄가 인정되었다면, 운전자가 다시 스스로 경찰공무원에게 혈액채취의 방법에 의한 음주측정을 요구하여 그 결과 음주운전으로 처벌할 수 없는 혈중알콜농도 수치가 나왔더라도 음주측정거부죄가 성립한다고 한 사례[대판 2004.10.15. 2004도4789]. [18 경찰채용]*

---

25) 음주측정과 관련한 판례는 각 쟁점별로 정리해 두었다. 다만, 특별한 쟁점으로 구분하기 어려운 판례를 모아 편의상 이 곳에서 정리한 것이다.

2. 경찰공무원이 술에 취한 상태에 있다고 인정할 만한 상당한 이유가 있는 운전자에게 음주 여부를 확인하기 위하여 음주 측정기에 의한 측정의 사전 단계로 음주감지기에 의한 시험을 요구하는 경우, 그 시험 결과에 따라 음주측정기에 의한 측정이 예정되어 있고 운전자가 그러한 사정을 인식하였음에도 음주감지기에 의한 시험에 명시적으로 불응함으로써 음주측정을 거부하겠다는 의사를 표명하였다면, 음주감지기에 의한 시험을 거부한 행위도 음주측정기에 의한 측정에 응할 의사가 없음을 객관적으로 명백하게 나타낸 것으로 볼 수 있다[대판 2017.6.15. 2017도5115]. [18 경찰채용]*

⚖ 판례 | 기타 음주측정 관련 판례

음주감지기 시험에서 음주반응이 나왔다고 할지라도 현재 사용되는 음주감지기가 혈중알코올농도 0.02%인 상태에서부터 반응하게 되어 있는 점을 감안하면 그것만으로 바로 운전자가 혈중알코올농도 0.05% 이상의 술에 취한 상태에 있다고 인정할 만한 상당한 이유가 있다고 볼 수는 없다[대판 2003.1.24. 2002도6632].

제5절 임의수사

Ⅰ 임의수사와 강제수사

1. 임의수사의 원칙

① 임의수사란 강제력을 행사하지 않고 상대방의 동의나 승낙을 받아서 하는 수사를 말한다.
② 수사는 원칙적으로 임의수사에 의하여야 한다.

2. 강제수사의 규제

(1) 강제수사의 의의

강제수사란 강제처분에 의한 수사를 말한다.

(2) 강제수사의 규제

① 강제처분법정주의[26]: 수사상의 강제처분은 법률에 특별한 규정이 있는 경우에 한하여 허용된다(제199조).[27]
  [16 경찰승진]*
② 영장주의 원칙

⚖ 판례 | 영장주의의 의의

영장주의란 체포·구속·압수 등의 강제처분을 함에 있어서는 사법권 독립에 의하여 그 신분이 보장되는 법관이 발부한 영장에 의하지 않으면 아니된다는 원칙이고 따라서 영장주의의 본질은 신체의 자유를 침해하는 강제처분을 함에 있어서는 중립적인 법관이 구체적 판단을 거쳐 발부한 영장에 의하여야만 한다는 데에 있다[헌재 1997.3.27. 96헌바28]. [19 경간부]*

---

26) 강제처분이란 수사 또는 소송절차의 진행이나 형벌집행의 확보를 위하여 상대방의 의사에 반하거나 물리적 강제력을 행사하거나 개인의 기본권을 침해하는 처분을 말한다.
27) 강제처분과 강제수사는 개념상 구별되어야 한다. 강제처분은 수사기관뿐만 아니라 법원도 할 수 있기 때문이다. 다만, 제199조의 '강제처분'은 수사상의 강제처분을 의미한다.

⚖ 판례 | 영장주의에 위반되는 경우

법원이 피고인의 구속 또는 그 유지 여부의 필요성에 관하여 한 재판의 효력이 검사나 다른 기관의 이견이나 불복이 있다 하여 이에 좌우되거나 제한받는다면 영장주의 원칙에 위배된다[현재 2012.6.27, 2011헌가36]. [20 경찰승진, 19 경간부]*

⚖ 판례 | 영장주의에 위반되지 않는 경우(영장주의가 적용되지 않는 경우 – 강제처분이 아닌 경우)

1. 범죄의 피의자로 입건된 사람들에게 경찰공무원이나 검사의 신문을 받으면서 자신의 신원을 밝히지 않고 지문채취에 불응하는 경우 형사처벌을 통하여 지문채취를 강제하는 경범죄처벌법 규정은 영장주의의 원칙에 위반되지 아니한다.
   – 이 사건 법률조항은 수사기관이 직접 물리적 강제력을 행사하여 피의자에게 강제로 지문을 찍도록 하는 것을 허용하는 규정이 아니며 형벌에 의한 불이익을 부과함으로써 심리적·간접적으로 지문채취를 강요하고 있으므로 피의자가 본인의 판단에 따라 수용여부를 결정한다는 점에서 궁극적으로 당사자의 자발적 협조가 필수적임을 전제로 하므로 물리력을 동원하여 강제로 이루어지는 경우와는 질적으로 차이가 있다. 따라서 이 사건 법률조항에 의한 지문채취의 강요는 영장주의에 의하여야 할 강제처분이라 할 수 없다[현재 2004.9.23, 2002헌가17]. [20 경간부, 19 경찰승진, 18 경간부, 17 경찰채용, 16 경찰승진, 16 경간부]*

2. 주취운전의 혐의자에게 음주측정에 응할 의무를 지우고 이에 불응할 때 처벌하는 도로교통법 규정은 영장주의의 원칙에 위반되지 아니한다[현재 1997.3.27, 96헌가11]. [17 경찰승진]*

3. 마약류 관련 수형자에 대하여 마약류반응검사를 위하여 소변을 받아 제출하게 한 것은 영장주의에 반하지 아니한다.
   – 소변을 받아 제출하도록 한 것은 교도소의 안전과 질서유지를 위한 것으로 수사에 필요한 처분이 아닐 뿐만 아니라 검사대상자들의 협력이 필수적이어서 강제처분이라고 할 수도 없어 영장주의의 원칙이 적용되지 않는다[현재 2006.7.27, 2005헌마277]. [23 경간부]*

4. 우편물 통관검사절차에서 이루어지는 우편물의 개봉, 시료채취, 성분분석 등의 검사는 수출입물품에 대한 적정한 통관 등을 목적으로 한 행정조사의 성격을 가지는 것으로서 수사기관의 강제처분이라고 할 수 없으므로, 압수·수색영장 없이 우편물의 개봉, 시료채취, 성분분석 등 검사가 진행되었다 하더라도 특별한 사정이 없는 한 위법하다고 볼 수 없다. 또한 세관공무원이 통관검사를 위하여 직무상 소지 또는 보관하는 우편물을 수사기관에 임의로 제출한 경우에는 비록 소유자의 동의를 받지 않았다 하더라도 수사기관이 강제로 점유를 취득하지 않은 이상 해당 우편물을 압수하였다고 할 수 없다 [대판 2013.9.26, 2013도7718]. [19 변호사, 19 경찰승진, 18 경찰승진, 17 국가7급, 17 국가9급, 16 법원9급]*

   비교판례 피고인이 국제항공특송화물 속에 필로폰을 숨겨 수입할 것이라는 정보를 입수한 검사가, 이른바 통제배달(controlled delivery, 적발한 금제품을 감시하에 배송함으로써 거래자를 밝혀 검거하는 수사기법)을 하기 위해 세관공무원의 협조를 받아 특송화물을 통관절차를 거치지 않고 가져와 개봉하여 그 속의 필로폰을 취득한 것은 구체적인 범죄사실에 대한 증거수집을 목적으로 한 압수·수색이므로 사전 또는 사후에 영장을 받지 않았다면 압수물 등의 증거능력이 부정된다[대판 2017.7.18, 2014도8719].

⚖ 판례 | 영장주의가 적용되는 경우

1. 수출입물품을 검사하는 과정에서 마약류가 감추어져 있다고 밝혀지거나 그러한 의심이 드는 경우, 마약류 불법거래 방지에 관한 특례법 제4조 제1항에 따라 (검사의 요청으로) 세관장이 특정한 수출입물품을 개봉하여 검사하고 그 내용물의 점유를 취득한 행위는 수출입물품에 대한 적정한 통관 등을 목적으로 조사를 하는 경우와는 달리, 범죄수사인 압수 또는 수색에 해당하여 영장주의 원칙이 적용되므로 사전 또는 사후에 영장을 받아야 한다[대판 2017.7.18, 2014도8719]. [20 경찰채용, 18 경찰채용]*

2. (수사기관이 범죄 수사를 목적으로) 금융실명법 제4조 제1항에 정한 '거래정보 등'을 획득하기 위해서는 법관의 영장이 필요하고, 신용카드에 의하여 물품을 거래할 때 '금융회사 등'이 발행하는 매출전표의 거래명의자에 관한 정보 또한 금융실명법에서 정하는 '거래정보 등'에 해당하므로, 수사기관이 금융회사 등에 그와 같은 정보를 요구하는 경우에도 법관이 발부한 영장에 의하여야 한다[대판 2013.3.28, 2012도13607].

---

③ 비례의 원칙: 수사상의 강제처분은 수사의 목적을 달성하기 위하여 필요한 최소한도의 범위 안에서만 하여야 한다(제199조).

3. 수사의 준수사항

제198조(준수사항) ① 피의자에 대한 수사는 불구속 상태에서 함을 원칙으로 한다. [16 경찰승진]*

② 검사·사법경찰관리와 그 밖에 직무상 수사에 관계있는 자는 피의자 또는 다른 사람의 인권을 존중하고 수사과정에서 취득한 비밀을 엄수하며 수사에 방해되는 일이 없도록 하여야 한다.

③ 검사·사법경찰관리와 그 밖에 직무상 수사에 관계있는 자는 수사과정에서 수사와 관련하여 작성하거나 취득한 서류 또는 물건에 대한 <u>목록을 빠짐없이 작성</u>하여야 한다. [20 경찰채용, 19 경찰채용]*

④ 수사기관은 수사 중인 사건의 범죄 혐의를 밝히기 위한 목적으로 합리적인 근거 없이 별개의 사건을 부당하게 수사하여서는 아니 되고, 다른 사건의 수사를 통하여 확보된 증거 또는 자료를 내세워 관련 없는 사건에 대한 자백이나 진술을 강요하여서도 아니 된다. 〈신설 2022.5.9.〉

수사준칙에 관한 규정
제5조(형사사건의 공개금지) ① 검사와 사법경찰관은 공소제기 전의 형사사건에 관한 내용을 공개하여서는 안 된다.

4. 임의수사와 강제수사의 종류

(1) 임의수사

형사소송법상 피의자신문, 참고인조사, 공무소등에 대한 조회, 감정·통역·번역의 위촉이 있다. [23 경간부]*

(2) 강제수사

형사소송법상 강제수사에는 체포·구속, 압수·수색·검증 등이 있다.

5. 임의수사의 적법성의 한계

(1) 임의수사의 내재적 한계

임의수사도 수사의 필요성(범죄혐의 인정, 기소의 가능성)과 상당성(비례원칙, 신의칙)이 인정되어야 할 수 있다.

(2) 임의수사로서 적법성이 인정되는지 문제가 되는 수사방법[28]

1) 범죄수사를 위한 임의동행

⚖ 판례 | 형사소송법 제199조 제1항에 의한 범죄수사를 위한 임의동행의 적법성 요건

[1] 임의동행은 경찰관 직무집행법 제3조 제2항에 따른 행정경찰 목적의 경찰활동으로 행하여지는 것 외에도 형사소송법 제199조 제1항에 따라 범죄 수사를 위하여 수사관이 동행에 앞서 피의자에게 <u>동행을 거부할 수 있음을 알려 주었거나 동행한 피의자가 언제든지 자유로이 동행과정에서 이탈 또는 동행장소로부터 퇴거할 수 있었음이 인정되는 등 오로지 피의자의 자발적인 의사</u>에 의하여 이루어진 경우에도 가능하다.

[2] 경찰관은 당시 피고인의 정신 상태, 신체에 있는 주사바늘 자국, 알콜솜 휴대, 전과 등을 근거로 피고인의 마약류 투약 혐의가 상당하다고 판단하여 경찰서로 임의동행을 요구하였고, 동행장소인 경찰서에서 피고인에게 마약류 투약 혐의를 밝힐 수 있는 소변과 모발의 임의제출을 요구하였으므로 피고인에 대한 임의동행은 마약류 투약 혐의에 대한 수사를 위한 것이어서 형사소송법 제199조 제1항에 따른 임의동행에 해당한다[대판 2020.5.14. 2020도398]. [22 경찰채용]*

동지판례 수사관이 동행에 앞서 피의자에게 동행을 거부할 수 있음을 알려 주었거나 동행한 피의자가 언제든지 자유로이 동행과정에서 이탈 또는 동행장소로부터 퇴거할 수 있었음이 인정되는 등 <u>오로지 피의자의 자발적인 의사에 의하여 수사관서 등에의 동행이 이루어졌음이 객관적인 사정에 의하여 명백하게 입증된 경우에 한하여, 그 적법성이 인정되는 것으로 봄이 상당하다[대판 2006.7.6. 2005도6810]. [22 경찰채용, 20 경간부, 19 경찰채용, 18 경찰승진, 17 경간부, 17 경찰채용, 16 국가7급, 16 경간부]*

---

28) 형사소송법에 명문규정이 없으나 실무상 행하여지고 있는 수사방법들이 임의수사로서 허용되는지의 문제이다. 만약 당해 수사방법이 임의수사가 아닌 강제수사로 인정된다면 원칙적으로 영장이 없는 경우 위법하게 된다.

🔨 판례 | 임의동행에 있어서의 임의성의 판단(= 종합적 · 객관적 판단)

이른바 임의동행에 있어서의 임의성의 판단은 동행의 시간과 장소, 동행의 방법과 동행거부의사의 유무, 동행 이후의 조사방법과 퇴거의사의 유무 등 여러 사정을 종합하여 객관적인 상황을 기준으로 하여야 할 것이다[대판 1993.11.23. 93다35155].

🔨 판례 | 적법한 임의동행에 해당하는 사례

1. 피고인이 경찰관들로부터 언제라도 자유로이 퇴거할 수 있음을 고지받고 파출소까지 자발적으로 동행한 경우 파출소에서의 음주측정요구를 위법한 체포 상태에서 이루어진 것이라고 할 수 없다[대판 2015.12.24. 2013도8481]. [22 경찰채용]*

2. 피고인이 경찰관으로부터 음주측정을 위해 경찰서에 동행할 것을 요구받고 자발적인 의사에 의해 순찰차에 탑승하였고, 경찰서로 이동하던 중 하차를 요구한 바 있으나 그 직후 경찰관으로부터 수사 과정에 관한 설명을 듣고 경찰서에 빨리 가자고 요구한 경우, 피고인에 대한 임의동행은 피고인의 자발적인 의사에 의하여 이루어진 것으로 그 후에 이루어진 음주측정결과는 증거능력이 있다[대판 2016.9.28. 2015도2798]. [20 국가7급]*

3. 경찰관이 피고인을 경찰서로 동행할 당시 피고인에게 언제든지 동행을 거부할 수 있음을 고지한 다음 동행에 대한 동의를 구하였고, 이에 피고인이 고개를 끄덕이며 동의의 의사표시를 하였던 점, 피고인은 동행 당시 경찰관에게 욕을 하거나 특별한 저항을 하지도 않고 동행에 순순히 응하였던 점, 동행 후 경찰서에서 주취운전자 정황진술보고서의 날인을 거부하고 "이번이 3번째 음주운전이다. 난 시청 직원이다. 1번만 봐 달라."고 말하기도 하는 등 동행 전후 피고인의 언행에 비추어 임의동행은 피고인의 자발적인 의사에 의하여 이루어진 것으로서 적법하다[대판 2012.9.13. 2012도8890]. [22 경찰채용, 20 경간부]*

🔨 판례 | 위법한 강제연행에 해당하는 사례

1. 피의자가 동행을 거부하는 의사를 표시하였음에도 불구하고 경찰관들이 피의자를 강제로 연행한 행위는 위법한 체포에 해당하고, 이와 같이 위법한 체포상태에서 마약 투약 혐의를 확인하기 위한 채뇨 요구가 이루어진 경우 그와 같은 위법한 채뇨 요구에 의하여 수집된 '소변검사시인서'는 유죄 인정의 증거로 삼을 수 없다[대판 2013.3.14. 2012도13611]. [20 변호사]*

2. 경찰관들이 경찰서 본관 입구에서 동행하기를 거절하는 피고인의 팔을 잡아끌고 교통조사계로 데리고 간 것은 위법한 강제연행에 해당하므로 그러한 위법한 체포 상태에서 이루어진 교통조사계에서의 음주측정요구 역시 위법하다고 할 것이어서 피고인이 그와 같은 음주측정요구에 불응하였다고 하여 음주측정불응죄로 처벌할 수는 없다[대판 2015.12.24. 2013도8481].

3. 경찰관들이 동행을 요구할 당시 피고인에게 그 요구를 거부할 수 있음을 말해주지 않은 것으로 보이고, 경찰서에서 화장실에 갈 때도 경찰관 1명이 따라와 감시하는 등 피고인이 경찰서에 도착한 이후의 상황도 피고인이 임의로 퇴거할 수 있는 상황은 아니었던 것으로 보인다면, 비록 사법경찰관이 피고인을 동행할 당시에 물리력을 행사한 바가 없고, 피고인이 명시적으로 거부의사를 표명한 적이 없다고 하더라도, 사법경찰관이 피고인을 수사관서까지 동행한 것은 위에서 적법요건이 갖추어지지 아니한 채 사법경찰관의 동행 요구를 거절할 수 없는 심리적 압박 아래 행하여진 사실상의 강제연행, 즉 불법 체포에 해당한다고 보아야 할 것이고, 사법경찰관이 그로부터 6시간 상당이 경과한 이후에 비로소 피고인에 대하여 긴급체포의 절차를 밟았다고 하더라도 이는 동행의 형식 아래 행해진 불법 체포에 기하여 사후적으로 취해진 것에 불과하므로, 그와 같은 긴급체포 또한 위법하다고 아니할 수 없다. 따라서 피고인은 불법체포된 자로서 형법 제145조 제1항 소정의 '법률에 의하여 체포 또는 구금된 자'가 아니어서 도주죄의 주체가 될 수 없다[대판 2006.7.6. 2005도6810]. [20 경간부, 18 경찰승진, 17 경찰승진, 17 경간부, 16 경간부]*

   판례해설 ① 임의동행으로서 적법한지 여부: 피고인을 경찰관서에 동행한 것은 임의동행의 적법성 요건을 구비하지 못하였으므로 불법한 체포에 해당한다. ② 긴급체포로서 적법한지 여부: 피고인에 대하여 긴급체포의 절차를 밟았다고 하더라도 이는 동행의 형식 아래 행해진 불법 체포에 기하여 사후적으로 취해진 것에 불과하므로 긴급체포 또한 위법하다.

2) 승낙수색과 승낙검증

상대방이 명백히 승낙한 경우에는 승낙수색과 승낙검증은 임의수사로서 허용된다(다수설).

3) 거짓말탐지기에 의한 검사

판례는 "거짓말탐지기의 검사는 검사를 받는 사람이 동의하고 기타 요건을 구비한 경우에 증거로 할 수 있는 것"[대판 1987.7.21. 87도968]이라고 판시하여 승낙에 의한 거짓말탐지기에 의한 검사가 허용된다는 입장이다.

4) 실황조사

수사기관이 범죄현장 등의 장소에서 사람이나 물건의 성질, 형상 등을 오관의 작용에 의하여 인식하는 조사활동을 말한다. 실황조사는 물리적 강제력을 수반하지 않으므로 임의수사로서 허용된다(다수설).

5) 승낙에 의한 보호실유치

보호실유치는 본인의 동의가 있었다고 하더라도 그 실질은 구금에 해당하므로 영장을 발부받은 경우가 아니라면 위법한 구금에 해당한다.

> **⚖️ 판례 | 영장 없는 보호실유치가 적법한지 여부(= 경직법상 보호조치 요건 구비한 경우 이외는 위법)**
>
> 경찰관직무집행법상 정신착란자, 주취자, 자살기도자등 응급의 구호를 요하는 자를 24시간을 초과하지 아니하는 범위 내에서 경찰관서에 보호조치 할 수 있는 시설로 제한적으로 운영되는 경우를 제외하고는 구속영장을 발부받음이 없이 피의자를 보호실에 유치함은 영장주의에 위배되는 위법한 구금으로서 적법한 공무수행이라고 볼 수 없다[대결 1985.7.29. 85모16].

6) 마취분석

① 마취분석이란 약품의 작용에 의하여 진실을 진술하게 하는 것을 말한다.
② 마취분석은 인간의 정신을 해체시키고 인격의 분열을 초래하므로 피의자의 동의여부를 불문하고 수사방법으로서 허용되지 않는다.

6. 통신제한조치와 사진촬영

(1) 범죄수사를 위한 통신제한조치

1) 의의

통신제한조치란 수사기관이 범죄수사를 위하여 우편물을 검열하거나 전기통신을 감청[29]하는 것을 말한다.

2) 허가요건

통신제한조치는 대상범죄를 계획 또는 실행하고 있거나 실행하였다고 의심할 만한 충분한 이유가 있고, 다른 방법으로는 그 범죄의 실행을 저지하거나 범인의 체포 또는 증거의 수집이 어려운 경우에 한하여 허가할 수 있다(통신비밀보호법 제5조 제1항). [19 경간부]*

3) 청구

검사는 요건이 구비된 경우에는 법원에 대하여 각 피의자별 또는 각 피내사자별로 통신제한조치를 허가하여 줄 것을 청구할 수 있다(동법 제6조 제1항). 사법경찰관은 검사에 대하여 허가를 신청하고, 검사는 법원에 대하여 그 허가를 청구할 수 있다(동조 제2항).

다만, 국가안보를 위한 통신제한조치의 경우 정보수사기관의 장은 통신의 일방 또는 쌍방당사자가 내국인일 때는 고등법원 수석판사의 허가를 받아야 한다. [19 경간부]*

---

29) 감청이란 수사기관이 타인의 대화를 본인의 부지중에 청취하는 것을 말하며 도청이라고도 한다.

4) 허가와 내용

법원은 청구가 이유 있다고 인정하는 경우에는 각 피의자별 또는 각 피내사자별로 통신제한조치를 허가하고, 허가서를 청구인에게 발부한다(동법 제6조 제5항). 통신제한조치의 기간은 2월을 초과하지 못하고, 그 기간 중 통신제한조치의 목적이 달성되었을 경우에는 즉시 종료하여야 한다. 다만, 허가요건이 존속하는 경우에는 소명 자료를 첨부하여 2월의 범위 안에서 통신제한조치기간의 연장을 청구할 수 있다(동법 제6조 제7항). 연장을 청구하는 경우에 통신제한조치의 총 연장기간은 1년을 초과할 수 없다. 다만, 내란죄 등 중범죄에 대하여는 통신제한조치의 총 연장기간은 3년을 초과할 수 없다(동법 제6조 제8항).

⚖ 판례 | 통신제한조치에 대한 기간연장결정 의미

통신제한조치에 대한 기간연장결정은 원 허가의 내용에 대하여 단지 기간을 연장하는 것일 뿐 원 허가의 대상과 범위를 초과할 수 없다 할 것이므로 통신제한조치허가서에 의하여 허가된 통신제한조치가 '전기통신 감청 및 우편물 검열'뿐인 경우 그 후 연장결정서에 당초 허가내용에 없던 '대화녹음'이 기재되어 있다 하더라도 이는 대화녹음의 적법한 근거가 되지 못한다[대판 1999.9.3. 99도2317]. [19 경간부, 18 경찰승진]*

⚖ 판례 | 통신제한조치의 집행을 위탁받은 통신기관의 집행방식(허가된 제한조치와 동일한 방식)

허가된 통신제한조치의 종류가 전기통신의 '감청'인 경우, 수사기관 또는 수사기관으로부터 통신제한조치의 집행을 위탁받은 통신기관 등은 통신비밀보호법이 정한 감청의 방식으로 집행하여야 하고 그와 다른 방식으로 집행하여서는 아니 된다[대판 2016.10.13. 2016도8137]. [23 변호사, 19 경찰승진, 17 경찰채용]*

---

(2) 사진촬영과 비디오촬영

⚖ 판례 | 영장없는 사진촬영의 적법성 요건

수사기관이 범죄를 수사함에 있어 현재 범행이 행하여지고 있거나 행하여진 직후이고, 증거보전의 필요성 및 긴급성이 있으며, 일반적으로 허용되는 상당한 방법으로 촬영한 경우라면 촬영이 영장 없이 이루어졌다 하여 이를 위법하다고 단정할 수 없다[대판 2013.7.26. 2013도2511].

[동지판례] [1] 수사기관이 범죄를 수사하면서 현재 범행이 행하여지고 있거나 행하여진 직후이고, 증거보전의 필요성 및 긴급성이 있으며, 일반적으로 허용되는 상당한 방법으로 촬영한 경우라면 위 촬영이 영장 없이 이루어졌다 하여 이를 위법하다고 할 수 없다. 다만 촬영으로 인하여 초상권, 사생활의 비밀과 자유, 주거의 자유 등이 침해될 수 있으므로 수사기관이 일반적으로 허용되는 상당한 방법으로 촬영하였는지 여부는 수사기관이 촬영장소에 통상적인 방법으로 출입하였는지 또 촬영장소와 대상이 사생활의 비밀과 자유 등에 대한 보호가 합리적으로 기대되는 영역에 속하는지 등을 종합적으로 고려하여 신중하게 판단하여야 한다. [23 경간부]*
[2] 나이트클럽(이하 '클럽'이라 한다)의 운영자 피고인 甲, 연예부장 피고인 乙, 남성무용수 피고인 丙이 공모하여 클럽 내에서 성행위를 묘사하는 공연을 하는 등 음란행위 영업을 하여 풍속영업의 규제에 관한 법률 위반으로 기소되었는데, 당시 경찰관들이 클럽에 출입하여 피고인 丙의 공연을 촬영한 영상물 및 이를 캡처한 영상사진이 증거로 제출된 사안에서, 경찰관들은 국민신문고 인터넷사이트에 '클럽에서 남성무용수의 음란한 나체쇼가 계속되고 있다.'는 민원이 제기되자 그에 관한 증거수집을 목적으로 클럽에 출입한 점, 클럽은 영업시간 중에는 출입자격 등의 제한 없이 성인이라면 누구나 출입이 가능한 일반적으로 개방되어 있는 장소인 점, 경찰관들은 클럽의 영업시간 중에 손님들이 이용하는 출입문을 통과하여 출입하였고, 출입 과정에서 보안요원 등에게 제지를 받거나 보안요원이 자리를 비운 때를 노려 몰래 들어가는 등 특별한 사정이 발견되지 않는 점, 피고인 丙은 클럽 내 무대에서 성행위를 묘사하는 장면이 포함된 공연을 하였고, 경찰관들은 다른 손님들과 함께 객석에 앉아 공연을 보면서 불특정 다수의 손님들에게 공개된 피고인 丙의 모습을 촬영한 점에 비추어 보면, 위 촬영물은 경찰관들이 피고인들에 대한 범죄 혐의가 포착된 상태에서 클럽 내에서의 음란행위 영업에 관한 증거를 보전하기 위하여, 불특정 다수에게 공개된 장소인 클럽에 통상적인 방법으로 출입하여 손님들에게 공개된 모습을 촬영한 것이므로, 영장 없이 촬영이 이루어졌더라도 위 촬영물과 이를 캡처한 영상사진은 증거능력이 인정된다[대판 2023.4.27. 2018도8161].

Ⅱ 임의수사의 방법

1. 피의자신문[30]

(1) 의의

1) 개념

피의자신문이란 검사 또는 사법경찰관이 수사에 필요한 때에 피의자의 출석을 요구하여 그 진술을 듣는 것을 말한다(제200조).

2) 법적 성격

피의자에게는 진술거부권이 보장되어 있기 때문에 진술을 강제할 수 없으므로 피의자신문은 피의자의 임의의 진술을 듣는 임의수사에 해당한다.

(2) 주체와 방법

1) 피의자신문의 주체

검사 또는 사법경찰관이다(제200조). 다만, 사법경찰리도 사법경찰관사무취급의 지위에서 피의자신문을 할 수 있다.

2) 출석요구

① 수사기관은 피의자를 신문하기 위하여 피의자의 출석을 요구할 수 있다(제200조). 출석요구의 방법에는 제한이 없다. 원칙적으로 출석요구서를 발부하여야 하지만 전화, 모사전송 그 밖의 상당한 방법으로 출석을 요구할 수 있다(검찰사건사무규칙 제12조). 출석장소는 수사관서에 제한되지 아니한다.

---

30) 신문(訊問)이란 법원 및 수사기관 등이 상대방이 알고 있는 바를 확인하기 위하여 캐어묻는 것을 말하고, 심문(審問)이란 법원이 주체가 되어 당사자나 기타 이해관계인에게 서면이나 구두로 진술할 기회를 주고 묻는 것을 말한다.

⚖️판례 | 구속된 피의자가 피의자신문을 위한 수사기관의 출석 요구에 응하지 아니하면서 출석을 거부할 경우, 수사기관이 그 구속영장에 의하여 피의자를 조사실로 구인할 수 있는지의 여부(긍정)

수사기관이 구속영장에 의하여 피의자를 구속하는 경우, 그 구속영장은 기본적으로 장차 공판정에의 출석이나 형의 집행을 담보하기 위한 것이지만, 이와 함께 <u>구속기간의 범위 내에서 수사기관이 피의자신문의 방식으로 구속된 피의자를 조사하는 등 적정한 방법으로 범죄를 수사하는 것도 예정하고 있다고 할 것이다. 따라서 구속영장 발부에 의하여 적법하게 구금된 피의자가 피의자신문을 위한 출석 요구에 응하지 아니하면서 수사기관 조사실에의 출석을 거부한다면 수사기관은 그 구속영장의 효력에 의하여 피의자를 조사실로 구인할 수 있다. 다만 이러한 경우에도 그 피의자신문 절차는 어디까지나 임의수사의 한 방법으로 진행되어야 하므로, 피의자는 일체의 진술을 하지 아니하거나 개개의 질문에 대하여 진술을 거부할 수 있고, 수사기관은 피의자를 신문하기 전에 그와 같은 권리를 알려주어야 한다[대결 2013.7.1. 2013모160]. [20 경간부, 20 경찰채용, 19 변호사, 19 경찰채용, 18 경찰채용, 17 경찰승진, 17 경간부, 16 경찰승진, 16 경찰채용]*

기출지문 구속영장에 의해 구치소에 구금된 피의자가 검사의 소환에 불응하고 출석하지 않는 경우 검사가 그 피의자를 강제로 출석시킬 수 있도록 법원은 구금된 사람의 구인을 위한 영장을 발부할 수 있다. (×)

② 피의자신문은 임의수사이므로 피의자는 출석요구에 응할 의무가 없으며 출석한 경우라도 언제든지 퇴거할 수 있다.

3) 진술거부권 등의 고지

① 검사 또는 사법경찰관은 피의자를 신문하기 전에 다음 사항을 알려주어야 한다(제244조의3 제1항). [23 경간부, 16 경간부]*

> 1. 일체의 진술을 하지 아니하거나 질문에 대하여 진술을 하지 아니할 수 있다는 것
> 2. 진술을 하지 아니하더라도 불이익을 받지 아니한다는 것
> 3. 진술을 거부할 권리를 포기하고 행한 진술은 법정에서 유죄의 증거로 사용될 수 있다는 것
> 4. 신문을 받을 때에는 변호인을 참여하게 하는 등 변호인의 조력을 받을 수 있다는 것

⚖️판례 | 피의자에게 진술거부권을 고지하지 아니하고 얻은 진술의 증거능력(= 위수증, 진술의 임의성이 인정되어도 증거능력 부정)

형사소송법이 보장하는 피의자의 진술거부권은 헌법이 보장하는 형사상 자기에 불리한 진술을 강요당하지 않는 자기부죄거부의 권리에 터잡은 것이므로 수사기관이 피의자를 신문함에 있어서 피의자에게 미리 진술거부권을 고지하지 않은 때에는 그 피의자의 진술은 위법하게 수집된 증거로서 진술의 임의성이 인정되는 경우라도 증거능력이 부인되어야 한다[대판 2014.4.10. 2014도1779]. [23 변호사, 20 경간부, 20 경찰채용, 19 경찰승진, 19 경찰채용, 19 국가9급, 19 법원9급, 18 경찰승진, 18 경간부, 18 경찰채용, 18 법원9급, 17 법원9급, 17 경찰승진, 17 경간부, 17 경찰채용, 16 변호사, 16 국가9급, 16 경찰승진]*

기출지문 검사가 피의자를 신문할 때 피의자의 진술에 임의성이 인정된다면 미처 진술거부권을 고지하지는 않았더라도 그 조서는 원칙적으로 증거능력이 인정된다. (×)

② 검사 또는 사법경찰관은 244조의3 제1항의 사항을 알려 준 때에는 피의자가 진술을 거부할 권리와 변호인의 조력을 받을 권리를 행사할 것인지의 여부를 질문하고, 이에 대한 피의자의 답변을 조서에 기재하여야 한다. 이 경우 피의자의 답변은 피의자로 하여금 자필로 기재하게 하거나 검사 또는 사법경찰관이 피의자의 답변을 기재한 부분에 기명날인 또는 서명하게 하여야 한다(동조 제2항). [23 경간부]*

4) 신문사항

① 인정신문: 검사 또는 사법경찰관이 피의자를 신문함에는 먼저 그 성명·연령·등록기준지·주거·직업을 물어 피의자가 틀림이 없는지를 확인하여야 한다(제241조). 피의자는 이러한 인정신문에 대하여도 진술거부권을 행사할 수 있다.

② 이익사실 진술 기회부여: 피의자에 대하여 범죄사실과 정상에 관한 필요사항을 신문하여야 하며 그 이익되는 사실을 진술할 기회를 주어야 한다(제242조).

5) 참고인과의 대질

검사 또는 사법경찰관이 사실을 발견함에 필요한 때에는 피의자와 다른 피의자 또는 피의자 아닌 자와 대질하게 할 수 있다(제245조).

(3) 피의자신문과 관계자의 참여

1) 수사기관 측의 참여

검사가 피의자를 신문할 때는 검찰청 수사관 등을 참여하게 하여야 하고, 사법경찰관이 피의자를 신문할 때는 사법경찰관리를 참여하게 하여야 한다(제243조). [22 경간부, 19 경찰채용]*

2) 변호인 접견과 참여

① 신청권자: 검사 또는 사법경찰관은 피의자 또는 그 변호인·법정대리인·배우자·직계친족·형제자매의 신청에 따라 변호인을 피의자와 접견하게 하거나 정당한 사유가 없는 한 피의자에 대한 신문에 참여하게 하여야 한다(제243조의2 제1항). [18 경찰채용, 17 경찰승진, 16 경간부, 16 경찰채용]* 다만, 변호인의 참여 신청을 받았을 때에도 변호인이 상당한 시간 내에 출석하지 아니하거나 출석할 수 없으면 변호인의 참여 없이 피의자를 신문할 수 있다.

판례 | 변호인참여의 제한 요건인 '정당한 사유'의 의미와 참여권의 침해에 해당하는 경우

1. 형사소송법 제243조의2 제1항에 의하면 '검사 또는 사법경찰관은 피의자 또는 변호인 등이 신청할 경우 정당한 사유가 없는 한 변호인을 피의자신문에 참여하게 하여야 한다'고 규정하고 있는바, 여기에서 '정당한 사유'라 함은 변호인이 피의자신문을 방해하거나 수사기밀을 누설할 염려가 있음이 객관적으로 명백한 경우 등[31]을 말하는 것이므로 수사기관이 피의자신문을 하면서 위와 같은 정당한 사유가 없음에도 불구하고 변호인에 대하여 피의자로부터 떨어진 곳으로 옮겨 앉으라고 지시를 한 다음 이러한 지시에 따르지 않았음을 이유로 변호인의 피의자신문 참여권을 제한하는 것은 허용될 수 없다[대결 2008.9.12.2008모793]. [19 경찰채용]*

2. 검찰수사관이 피의자신문에 참여한 변호인에게 피의자 후방에 앉으라고 요구한 경우, 피의자가 변호인에게 적극적으로 조언과 상담을 요청할 것을 기대하기 어렵고, 변호인이 피의자의 상태를 즉각적으로 파악하거나 수사기관이 피의자에게 제시한 서류 등의 내용을 정확하게 파악하기 어려우므로 이러한 후방착석 요구행위는 변호인의 자유로운 피의자신문참여를 제한하는 것으로써 헌법상 기본권인 변호인의 변호권을 침해한다[헌재 2017.11.30. 2016헌마503]. [23 경간부, 20 경간부, 20 경찰채용, 18 국가9급]*

3. [1] 구금된 피의자는 도주, 자해, 다른 사람에 대한 위해 등 형집행법 제97조 제1항 각호에 규정된 사유에 해당하지 않는 이상 보호장비 착용을 강제당하지 않을 권리를 가진다. 검사는 조사실에서 피의자를 신문할 때 해당 피의자에게 그러한 특별한 사정이 없는 이상 교도관에게 보호장비의 해제를 요청할 의무가 있고, 교도관은 이에 응하여야 한다.
   [2] 검사 또는 사법경찰관이 구금된 피의자를 신문할 때 피의자 또는 변호인으로부터 보호장비를 해제해 달라는 요구를 받고도 거부한 조치는 형사소송법 제417조에서 정한 '구금에 관한 처분'에 해당한다고 보아야 한다.
   [3] 검사가 피의자신문절차에서 인정신문을 진행하기 전에 변호인으로부터 15분에 걸쳐 피의자의 수갑을 해제하여 달라는 명시적이고 거듭된 요구를 받았고 피의자에게 도주, 자해, 다른 사람에 대한 위해의 위험이 분명하고 구체적으로 드러나는 등 특별한 사정이 없었음에도, 교도관에게 수갑을 해제하여 달라고 요청하지 않은 것은 위법하다. [20 경찰채용]*
   [4] 형사소송법 제243조의2 제3항 단서는 피의자신문에 참여한 변호인은 신문 중이라도 부당한 신문방법에 대하여 이의를 제기할 수 있다고 규정하고 있으므로, 검사 또는 사법경찰관의 부당한 신문방법에 대한 이의제기는 고성, 폭언 등 그 방식이 부적절하거나 또는 합리적 근거 없이 반복적으로 이루어지는 등의 특별한 사정이 없는 한, 원칙적으로 변호인에게 인정된 권리의 행사에 해당하며, 신문을 방해하는 행위로는 볼 수 없다. 따라서 검사 또는 사법경찰관이 그러한 특별한 사정 없이, 단지 변호인이 피의자신문 중에 부당한 신문방법(피의자신문절차에서 인정신문 시작 전 피의자 또는 변호인으로부터 피의자에 대한 수갑 해제를 요청받았음에도, 교도관에게 수갑을 해제하여 달라고 요청하지 않은 검사)에 대한 이의제기를 하였다는 이유만으로 변호인을 조사실에서 퇴거시키는 조치는 정당한 사유 없이 변호인의 피의자신문 참여권을 제한하는 것으로서 허용될 수 없다[대결 2020.3.17. 2015모2357].

판례 | 수사기관이 정당한 사유 없이 변호인을 참여하게 하지 아니한 채 피의자를 신문하여 작성한 피의자신문조서의 증거능력 유무(소극)

피의자가 변호인의 참여를 원한다는 의사를 명백하게 표시하였음에도 수사기관이 정당한 사유 없이 변호인을 참여하게 하지 아니한 채 피의자를 신문하여 작성한 피의자신문조서는 형사소송법 제312조에 정한 '적법한 절차와 방식'에 위반된 증거일 뿐만 아니라 제308조의2에서 정한 '적법한 절차에 따르지 아니하고 수집한 증거'에 해당하므로 이를 증거로 할 수 없다[대판 2013.3.28. 2010도3359].
[20 경간부, 19 경찰승진, 18 경찰채용, 17 변호사, 17 경찰채용, 16 경찰승진, 16 경찰채용]*

   ② **참여변호인의 지정:** 신문에 참여하고자 하는 변호인이 2인 이상인 때에는 피의자가 신문에 참여할 변호인 1인을 지정한다. 지정이 없는 경우에는 검사 또는 사법경찰관이 이를 지정할 수 있다(동조 제2항). [20 경찰승진, 20 경간부, 18 경찰승진, 18 경간부, 17 경찰채용, 16 경찰승진]*

---

31) 검사와 사법경찰관의 상호협력과 일반적 수사준칙에 관한 규정에 의하면 다음과 같다.
   제13조(변호인의 피의자신문 참여 · 조력) ① 검사 또는 사법경찰관은 피의자신문에 참여한 변호인이 피의자의 옆자리 등 실질적인 조력을 할 수 있는 위치에 앉도록 해야 하고, 정당한 사유가 없으면 피의자에 대한 법적인 조언 · 상담을 보장해야 하며, 법적인 조언 · 상담을 위한 변호인의 메모를 허용해야 한다.
   ② 검사 또는 사법경찰관은 피의자에 대한 신문이 아닌 단순 면담 등이라는 이유로 변호인의 참여 · 조력을 제한해서는 안 된다.
   ③ 제1항 및 제2항은 검사 또는 사법경찰관의 사건관계인에 대한 조사 · 면담 등의 경우에도 적용한다.

③ **의견진술과 이의제기**: 신문에 참여한 변호인은 신문 후 의견을 진술할 수 있다. 다만, 신문 중이라도 부당한 신문방법에 대하여 이의를 제기할 수 있고, 검사 또는 사법경찰관의 승인을 얻어 의견을 진술할 수 있다(제243조의2 제3항). [20 경찰승진, 20 경찰채용, 18 경찰승진, 18 경간부, 18 경찰채용, 17 경찰승진, 16 경찰승진]* 변호인의 의견이 기재된 피의자신문조서는 변호인에게 열람하게 한 후 변호인으로 하여금 그 조서에 기명날인 또는 서명하게 하여야 한다(동조 제4항). [19 경간부]*

④ **조서에 기재할 사항**: 검사 또는 사법경찰관은 변호인의 신문참여 및 그 제한에 관한 사항을 피의자신문조서에 기재하여야 한다(제243조의2 제5항). [22 경간부, 20 경간부, 18 경찰채용, 16 경찰승진]*

⑤ **참여 관련처분에 대한 불복방법**: 검사나 사법경찰관이 변호인의 참여를 제한하거나 퇴거시킨 처분에 대해서 피의자나 변호인은 준항고를 통해 그 처분의 취소 또는 변경을 청구할 수 있다(제417조). [23 변호사, 20 경간부, 19 경찰승진, 19 경간부, 18 경찰승진, 16 경찰채용]*

3) 신뢰관계자 동석

검사 또는 사법경찰관은 피의자를 신문하는 경우 ⅰ) 피의자가 신체적 또는 정신적 장애로 사물을 변별하거나 의사를 결정·전달할 능력이 미약한 때 ⅱ) 피의자의 연령·성별·국적 등의 사정을 고려하여 그 심리적 안정의 도모와 원활한 의사소통을 위하여 필요한 경우에는 직권 또는 피의자·법정대리인의 신청에 따라 피의자와 신뢰관계에 있는 자를 동석하게 할 수 있다(제244조의5).

⚖️ 판례 | 피의자신문시 동석한 신뢰관계자로 하여금 피의자를 대신하여 진술하도록 할 수 있는지 여부(소극), 피의자를 대신하여 동석자가 진술한 부분이 기재된 검사작성 피의자신문조서의 증거능력 인정요건(= 검사작성 '참고인진술조서'로서 제312조 제4항의 요건을 구비하여야 함)

구체적인 사안에서 신뢰관계자의 동석을 허락할 것인지는 원칙적으로 검사 또는 사법경찰관이 피의자의 건강 상태 등 여러 사정을 고려하여 재량에 따라 판단하여야 할 것이나, 이를 허락하는 경우에도 동석한 사람으로 하여금 피의자를 대신하여 진술하도록 하여서는 아니 되는 것이고 만약 동석한 사람이 피의자를 대신하여 진술한 부분이 조서에 기재되어 있다면 그 부분은 피의자의 진술을 기재한 것이 아니라 동석한 사람의 진술을 기재한 조서에 해당하므로 그 사람에 대한 진술조서로서의 증거능력을 취득하기 위한 요건을 충족하지 못하는 한 이를 유죄 인정의 증거로 사용할 수 없다[대판 2009.6.23. 2009도1322]. [20 경찰채용, 19 경찰채용, 18 경찰승진, 18 경간부, 17 경찰채용, 16 국가9급, 16 경찰채용]*

판례해설 2008년 제18대 국회의원선거 경남양산 지역구 모당 후보의 자원봉사팀장인 이모씨(女, 51세, 甲)가 공직선거법위반 혐의로 고발되어 구속까지 되었고, 이후 강도 높은 조사를 계속 받게 되자 결국 실신하여 병원에서 입원·치료를 받게 되었다. 검사가 甲을 소환하여 신문함에 있어서 그 건강상태 등을 고려하여 이모씨의 남편 정모씨(乙)를 신문과정에 동석시키고 신문하였는데, 甲에 대한 피의자신문조서에 乙이 甲을 대신하여 진술한 부분이 일부 포함되어 있었는바, 이 '乙의 진술 부분'의 증거능력 유무는 피의자신문조서가 아니라 참고인진술조서에 관한 형사소송법 제312조 제4항에 의하여 판단하여야 한다는 취지의 판례이다.

---

(4) 피의자신문조서의 작성

① **조서의 작성**: 피의자의 진술은 조서에 기재하여야 한다(제244조 제1항). [23 경간부]*

② **피의자의 조서의 열람·낭독·증감변경 청구권**: 피의자신문조서는 피의자에게 열람하게 하거나 읽어 들려주어야 하며, 진술한 대로 기재되지 아니하였거나 사실과 다른 부분의 유무를 물어 피의자가 증감 또는 변경의 청구 등 이의를 제기하거나 의견을 진술한 때에는 이를 조서에 추가로 기재하여야 한다. [19 경찰채용]* 이 경우 피의자가 이의를 제기하였던 부분은 읽을 수 있도록 남겨두어야 한다(동조 제2항). [23 경간부]*

③ **피의자 및 수사기관의 기명날인 또는 서명 등**: 피의자가 조서에 대하여 이의나 의견이 없음을 진술한 때에는 피의자로 하여금 그 취지를 자필로 기재하게 하고 조서에 간인한 후 기명날인 또는 서명하게 한다(제244조 제3항). [22 경간부]* 또한 조서에는 작성자인 검사 또는 사법경찰관도 기명날인 또는 서명하여야 한다(제57조).

(5) 조사시간과 수사과정의 기록

검사 또는 사법경찰관은 조사, 신문, 면담 등 그 명칭을 불문하고 피의자나 사건관계인에 대해 오후 9시부터 오전 6시까지 사이에 조사(이하 "심야조사"라 한다)를 해서는 안 된다. 다만, 이미 작성된 조서의 열람을 위한 절차는 자정 이전까지 진행할 수 있다(수사준칙 제21조). 검사 또는 사법경찰관은 조사, 신문, 면담 등 그 명칭을 불문하고 피의자나 사건관계인을 조사하는 경우에는 대기시간, 휴식시간, 식사시간 등 모든 시간을 합산한 조사시간(이하 "총조사시간"이라 한다)이 12시간을 초과하지 않도록 해야 한다(수사준칙 제22조). [23 경간부]*

검사 또는 사법경찰관은 피의자가 조사장소에 도착한 시각, 조사를 시작하고 마친 시각, 그 밖에 조사과정의 진행경과를 확인하기 위하여 필요한 사항을 피의자신문조서에 기록하거나 별도의 서면에 기록한 후 수사기록에 편철하여야 한다(제244조의4 제1항). [20 경찰승진]*

(6) 피의자진술의 영상녹화

① 피의자의 진술은 영상녹화할 수 있다. 이 경우 미리 영상녹화사실을 알려주어야 한다(따라서 피의자나 변호인의 동의가 필요한 것은 아니다). [22 경간부, 20 경찰승진, 20 경간부, 20 경찰채용, 19 경찰승진, 19 경간부, 19 경찰채용, 19 국가9급, 18 변호사, 18 경찰승진, 18 경간부, 18 경찰채용, 17 경찰승진, 17 경찰채용, 16 경찰승진, 16 경간부, 16 경찰채용]* 조사의 개시부터 종료까지의 전 과정 및 객관적 정황을 영상녹화하여야 한다(제244조의2 제1항). [23 경간부, 22 경간부, 20 경간부, 20 경찰채용, 19 국가9급, 18 경찰승진, 16 경찰승진]*

② 영상녹화가 완료된 때에는 피의자 또는 변호인 앞에서 지체 없이 그 원본을 봉인하고 피의자로 하여금 기명날인 또는 서명하게 하여야 한다(제244조의2 제2항). [20 경간부, 18 경간부, 16 경찰승진]* 피의자 또는 변호인의 요구가 있는 때에는 영상녹화물을 재생하여 시청하게 하여야 한다. 이 경우 그 내용에 대하여 이의를 진술하는 때에는 그 취지를 기재한 서면을 첨부하여야 한다(동조 제3항). [20 경찰승진, 20 경간부, 20 경찰채용, 18 경간부, 18 경찰채용, 16 경찰승진]*

③ 영상녹화물은 피고인이 진술함에 있어서 기억이 명백하지 아니한 사항에 관하여 기억환기의 수단으로 사용될 수 있다(제318조의2 제2항).

2. 참고인조사

(1) 의의

검사 또는 사법경찰관은 수사에 필요한 때에는 피의자 아닌 자의 출석을 요구하여 진술을 들을 수 있는데(제221조 제1항) 이를 참고인조사라고 한다. [18 경찰채용]*

(2) 조사의 절차

① 참고인조사절차와 조서작성 방법은 원칙적으로 피의자신문절차에 준한다.

② 참고인조사는 타인의 범죄에 대한 것이므로 참고인에 대해서는 피의자신문과 달리 진술거부권을 고지할 필요는 없다[대판 2014.4.30, 2012도725]. 그러나 참고인도 진술거부권을 행사할 수 있음은 물론이다(헌법 제12조 제2항).

③ 참고인조사는 피의자신문과 달리 검찰청 수사관 등 또는 사법경찰관리의 참여 없이 할 수 있다.[32]

(3) 신뢰관계자 동석

① 수사기관은 '범죄로 인한 피해자'[33]를 참고인으로 조사하는 경우 참고인의 연령, 심신의 상태, 그 밖의 사정을 고려하여 참고인이 현저하게 불안 또는 긴장을 느낄 우려가 있다고 인정되는 때에는 직권 또는 피해자·법정대리인의 신청에 따라 피해자와 신뢰관계에 있는 자를 동석하게 할 수 있다(제221조 제3항, 제163조의2 제1항).

---

32) 참고인조사는 피의자 아닌 제3자에 대해서 이루어지므로 인권침해의 우려가 피의자신문에 비하여 크지 않기 때문이다.
33) 참고인조사의 경우 언제나 신뢰관계자 동석이 인정되는 것이 아니라는 점을 주의하여야 한다.

② 수사기관은 범죄로 인한 피해자가 13세 미만이거나 신체적 또는 정신적 장애로 사물을 변별하거나 의사를 결정할 능력이 미약한 경우에 부득이한 경우가 아닌 한 피해자와 신뢰관계에 있는 자를 동석하게 하여야 한다(제221조 제3항, 제163조의2 제2항).

(4) 참고인진술의 조서기재, 조사과정의 기록, 영상녹화

① 참고인의 진술을 기재한 조서를 참고인진술조서라고 한다.

② 피의자에 대한 수사과정의 기록에 관한 규정은 참고인조사의 경우에 준용된다(제244조의4 제3항, 제1항, 제2항).

⚖ 판례 | 조사과정을 기록하지 않는 경우 참고인진술조서의 증거능력 유무(소극)

피고인이 아닌 자가 수사과정에서 진술서를 작성(그 실질은 참고인진술조서에 해당한다. – 저자 주)하였지만 수사기관이 그에 대한 조사과정을 기록하지 아니하여 형사소송법 제244조의4 제3항, 제1항에서 정한 절차를 위반한 경우에는, 특별한 사정이 없는 한 '적법한 절차와 방식'에 따라 수사과정에서 진술서가 작성되었다 할 수 없으므로 그 증거능력을 인정할 수 없다 [대판 2015.4.23. 2013도3790]. [19 국가7급, 18 변호사, 18 국가9급, 18 법원9급, 17 변호사, 16 변호사, 16 국가7급]*

---

③ 참고인의 진술은 영상녹화할 수 있다. 피의자의 경우와는 달리 참고인의 동의를 얻어야만 영상녹화를 할 수 있다(제221조 제1항 단서). [20 경찰채용, 18 경간부, 18 경찰채용, 17 경찰채용, 16 경찰채용]* 영상녹화물은 공판단계에서 참고인진술조서의 진정성립 등의 증명방법으로 사용될 수 있고(제312조 제4항), 참고인이 공판준비 또는 공판기일에 진술함에 있어서 기억이 명백하지 아니한 사항에 관하여 기억환기의 수단으로 사용될 수 있다(제318조의2 제2항).

⚖ 판례 | 참고인을 조사하는 과정에서 작성한 영상녹화물을 공소사실을 입증하는 독립적인 증거로 사용할 수 있는지 여부(소극)

수사기관이 참고인을 조사하는 과정에서 형사소송법 제221조 제1항에 따라 작성한 영상녹화물은, 다른 법률에서 달리 규정하고 있는 등의 특별한 사정이 없는 한, 공소사실을 직접 증명할 수 있는 독립적인 증거로 사용될 수는 없다고 해석함이 타당하다[대판 2014.7.10. 2012도5041]. [20 변호사, 20 경찰승진, 20 경찰채용, 20 법원9급, 17 법원9급, 17 경간부, 16 국가7급]*

▶ **피의자(신문) vs 참고인(조사)**

구분	피의자(신문)	참고인(조사)
공통점	① 임의수사 ③ 출석요구의 방식 ⑤ 허위의 진술시 위증죄 불성립	② 수사기관에서의 진술 ④ 조서 작성의 방식
출석요구 불응시 조치	수사기관은 체포영장에 의하여 체포할 수 있음	검사는 판사에게 증인신문을 청구할 수 있음
진술거부권 고지	필요	불요
변호인 등 참여	인정	규정 없음
신뢰관계자 동석 규정	양자 모두 규정 있으나 구체적 사유는 차이 있음	
진술의 영상녹화	동의 불필요 피의자에게 미리 알리고 영상녹화할 수 있음	동의 필요 참고인의 동의를 받고 영상녹화할 수 있음

▶ 참고인(조사)과 증인(신문)의 구별

구분	참고인(조사)	증인(신문)
의의	피의자가 아닌 자로서 수사기관에 대하여 체험한 사실을 진술하는 자	피고인이 아닌 자로서 법원·법관에 대하여 체험한 사실을 진술하는 자
신뢰관계자 동석	양자 모두 규정 있으며, 동석 사유도 동일함 (증인신문시 동석 규정이 참고인조사의 경우에 준용됨)	
진술의 상대방	수사기관	법원 또는 법관
의무	의무 없음	출석·선서·증언의무
불출석 제재수단	제재수단 없음	구인, 과태료, 소송비용부담, 감치, 동행명령
허위진술	위증죄 불성립	위증죄 성립

3. 감정·통역·번역의 위촉

(1) 감정위촉

① 검사 또는 사법경찰관은 수사에 필요한 때에는 감정을 위촉할 수 있다(제221조 제2항).

② 수사기관으로부터 위촉을 받은 자를 수탁감정인(또는 감정수탁자)이라고 하며, 법원으로부터 감정을 명받은 감정인과 구별이 된다. 감정수탁자는 감정인과 달리 선서를 하지 않는다.

(2) 통역·번역의 위촉

검사 또는 사법경찰관은 수사에 필요한 때에는 통역·번역을 위촉할 수 있다(제221조 제2항).

4. 공무소등에 조회(사실조회)

수사에 관하여 공무소 기타 공사 단체에 조회하여 필요한 사항의 보고를 요구할 수 있다(제199조 제2항). [17 경찰채용, 16 경찰승진]* 전과조회, 신원조회가 그 예에 해당한다.

제2장 강제수사

제1절 서론

1. 강제처분의 의의

(1) 강제처분의 개념

강제처분이란 소송절차의 진행이나 형벌집행의 확보를 위하여 상대방의 의사에 반하거나 물리적 강제력을 행사하여 개인의 기본권을 침해하는 처분을 말한다.

(2) 강제처분의 범위

① 협의 강제처분: 체포·구속, 압수·수색·검증 등을 말한다.

② 광의의 강제처분: 협의의 강제처분 이외에 법원의 증거조사를 포함하는 개념이다. 법원의 검증·증인신문·감정·통역·번역 등은 광의의 강제처분에 해당한다.

(3) 강제처분의 종류

1) 주체에 따른 분류

① 수사기관의 강제처분: 피의자체포, 피의자구속, 압수·수색·검증 등이 이에 해당한다. 수사기관의 강제처분을 강제수사라고 한다.

② 수소법원의 강제처분: 피고인소환, 피고인구속, 압수·수색·검증, 피고인감정유치, 증거조사 등이 이에 해당한다.

③ 판사에 의한 강제처분: 증거보전과 참고인에 대한 증인신문이 이에 해당한다.

2) 대상에 따른 분류

① 대인적 강제처분: 강제처분의 대상이 사람인 경우로서 소환, 체포·구속, 감정유치 등이 이에 해당한다.

② 대물적 강제처분: 강제처분의 대상이 물건인 경우로서 압수·수색·검증 등이 이에 해당한다.

2. 강제처분법정주의

강제처분은 법률에 특별한 규정이 있는 경우에 한하여 필요한 최소한도의 범위 안에서만 하여야 한다(제199조 제1항).

제2편

2024 해커스경찰 허정 형사법 3권 형사소송법

제2절 체포와 구속

▶ 체포와 구속의 목적 및 대상

구분	목적	피의자	피고인
체포	단기간 피의자의 신병확보	○	×
구속	장기간 피의자·피고인의 신병확보	○	○

I 체포

1. 영장에 의한 체포

(1) 의의
① 수사기관이 법관의 체포영장을 발부받아 피의자를 체포하는 것을 말한다.
② 피의자신문을 위한 출석을 확보하고 절차의 원활한 진행을 확보하기 위한 강제처분이다.

(2) 요건(제200조의2 제1항)

1) 범죄혐의의 상당성
① 피의자가 죄를 범하였다고 의심할 만한 상당한 이유가 있어야 한다.
② 범죄혐의는 객관적 혐의를 의미하며, 유죄판결에 대한 고도의 개연성이 인정되어야 한다.

2) 체포사유
① 출석요구에 불응 또는 불응우려: 피의자가 정당한 이유 없이 수사기관의 출석요구에 응하지 아니하거나 응하지 아니할 우려가 있어야 한다. [22 경찰채용]*
② 경미사건의 특칙(비례성의 원칙) – 주거부정 또는 출석요구에 불응: 다액 50만원 이하의 벌금, 구류·과료에 해당하는 사건에 관하여는 피의자가 일정한 주거가 없는 경우 또는 정당한 이유 없이 출석요구에 불응한 경우에 한하여 체포할 수 있다. [22 경찰채용]*

3) 체포의 필요성
판사는 체포의 사유가 있다고 인정되는 경우에도 피의자가 도망할 염려가 없고 증거를 인멸할 염려가 없는 등 명백히 체포의 필요가 없다고 인정되는 때에는 체포영장을 발부하지 아니한다(제200조의2 제2항, 규칙 제96조의2).[34] [23 경간부]*

(3) 체포영장의 청구와 발부

1) 체포영장의 청구
① 검사는 관할지방법원판사에게 청구하여 체포영장을 발부받아야 한다. 사법경찰관은 검사에게 신청하여 검사의 청구로 판사의 영장을 발부받아야 한다(제200조의2 제1항). [20 경간부]*
② 검사가 사법경찰관이 신청한 영장을 정당한 이유 없이 판사에게 청구하지 아니한 경우 사법경찰관은 그 검사 소속의 지방검찰청 소재지를 관할하는 고등검찰청에 영장 청구 여부에 대한 심의를 신청할 수 있다(제221조의5 제1항). 이를 심의하기 위하여 각 고등검찰청에 영장심의위원회를 둔다(제221조의5 제2항).
③ 체포영장의 청구는 서면(체포영장청구서)으로 하여야 하며(규칙 제93조 제1항), 체포의 사유 및 필요를 인정할 수 있는 자료를 제출하여야 한다(규칙 제96조 제1항).

---

34) 체포의 필요성이 '있어야만' 체포할 수 있는 것이 아니라 명백히 체포의 필요성이 '없으면' 체포할 수 없다는 의미이다.

④ 검사는 영장을 청구를 함에 있어서 동일한 범죄사실에 관하여 그 피의자에 대하여 전에 체포영장을 청구하였거나 발부받은 사실이 있는 때에는 다시 체포영장을 청구하는 취지 및 이유를 기재하여야 한다(제200조의2 제4항). [16 경찰승진]*

2) 체포영장의 발부

① 영장의 청구를 받은 판사는 상당하다고 인정할 때에는 체포영장을 발부한다. 다만, 명백히 체포의 필요가 인정되지 아니하는 경우에는 그러하지 아니하다(제200조의2 제2항). [19 경찰승진]* 지방법원판사가 체포영장을 발부하지 아니할 때에는 청구서에 그 취지 및 이유를 기재하고 서명날인하여 청구한 검사에게 교부한다(제200조의2 제3항).

② 체포영장 발부를 위한 피의자의 심문의 허용 여부: 구속영장의 발부의 경우와는 달리 체포영장을 발부하기 위하여 지방법원판사가 피의자를 심문하는 것은 허용되지 아니한다.[35] [19 법원9급]*

③ 불복의 가능성

> **⚖ 판례 | 체포·구속영장청구에 대한 지방법원판사의 재판에 대하여 불복할 수 있는지의 여부(소극)**
>
> 검사의 체포영장 또는 구속영장 청구에 대한 지방법원판사의 재판은 형사소송법 제402조의 규정에 의하여 항고의 대상이 되는 '법원의 결정'에 해당하지 아니하고, 제416조 제1항의 규정에 의하여 준항고의 대상이 되는 '재판장 또는 수명법관의 구금 등에 관한 재판'에도 해당하지 아니한다[대결 2006.12.18. 2006모646]. [20 법원9급, 19 경찰승진, 19 경찰채용, 19 법원9급, 18 경찰채용, 17 경간부, 17 국가9급]*

3) 체포영장의 기재사항

① 기재사항: 체포영장에는 피의자의 성명, 주거, 죄명, 범죄사실의 요지, 인치·구금할 장소, 발부년월일, 그 유효기간과 그 기간을 경과하면 집행에 착수하지 못하며 영장을 반환하여야 할 취지를 기재하고 판사가 서명날인하여야 한다(제200조의6, 제75조 제1항).[36]

② 수통의 발부: 체포영장은 수통을 작성하여 사법경찰관리 수인에게 교부할 수 있다. 이 경우 그 사유를 체포영장에 기재하여야 한다(제200조의6, 제82조).

4) 체포영장의 유효기간

① 체포영장의 유효기간은 7일로 한다. 다만, 판사는 상당하다고 인정하는 때에는 7일을 넘는 기간을 정할 수 있다(규칙 제178조).[37]

② 검사는 체포영장의 유효기간을 연장할 필요가 있다고 인정하는 때에는 그 사유를 소명하여 다시 체포영장을 청구하여야 한다(규칙 제96조의4).[38]

---

35) 형사소송법은 구속영장의 발부에 대해서만 실질심사(구속전피의자심문)에 대한 명문규정을 두고 있다.
36) 73기 경간부 시험에 '체포영장의 청구서'에 기재해야 할 사항에 관한 문제가 출제되었다.
    형사소송 규칙 제95조(체포영장청구서의 기재사항) 체포영장의 청구서에는 다음 각 호의 사항을 기재하여야 한다.
    1. 피의자의 성명(분명하지 아니한 때에는 인상, 체격, 그 밖에 피의자를 특정할 수 있는 사항), 주민등록번호 등, 직업, 주거
    2. 피의자에게 변호인이 있는 때에는 그 성명
    3. 죄명 및 범죄사실의 요지
    4. 7일을 넘는 유효기간을 필요로 하는 때에는 그 취지 및 사유
    5. 여러 통의 영장을 청구하는 때에는 그 취지 및 사유
    6. 인치구금할 장소
    7. 법 제200조의2 제1항에 규정한 체포의 사유(피의자가 죄를 범하였다고 의심할 만한 상당한 이유가 있고, 정당한 이유없이 제200조의 규정에 의한 출석요구에 응하지 아니하거나 응하지 아니할 우려)
    8. 동일한 범죄사실에 관하여 그 피의자에 대하여 전에 체포영장을 청구하였거나 발부받은 사실이 있는 때에는 다시 체포영장을 청구하는 취지 및 이유
    9. 현재 수사 중인 다른 범죄사실에 관하여 그 피의자에 대하여 발부된 유효한 체포영장이 있는 경우에는 그 취지 및 그 범죄사실
37) 본 규정은 체포영장뿐만 아니라 구속영장, 압수수색영장에도 동일하게 적용된다.

(4) 체포영장의 집행

1) 집행기관

① 체포영장은 검사의 지휘에 의하여 사법경찰관리가 집행한다(제200조의6, 제81조 제1항).

② 교도소 또는 구치소에 있는 피의자에 대하여 발부된 체포영장은 검사의 지휘에 의하여 교도관이 집행한다(제200조의6, 제81조 제3항).

2) 관할구역 외 집행과 집행촉탁

① 검사는 필요에 의하여 관할구역 외에서 체포영장의 집행을 지휘할 수 있고 또는 당해 관할구역의 검사에게 집행지휘를 촉탁할 수 있다(제200조의6, 제83조 제1항).

② 사법경찰관리는 필요에 의하여 관할구역 외에서 체포영장을 집행할 수 있고 또는 당해 관할구역의 사법경찰관리에게 집행을 촉탁할 수 있다(제200조의6, 제83조 제2항).

3) 집행의 절차

① 영장의 제시: 체포영장을 집행함에는 피의자에게 이를 제시하고 그 사본을 교부하여야 한다(제200조의6, 제85조 제1항).[39] [23 경간부, 22 경찰채용]* 다만, 체포영장을 소지하지 아니한 경우에 급속을 요하는 때에는 피의자에 대하여 범죄사실의 요지와 영장이 발부되었음을 고하고 집행할 수 있으나, 집행을 완료한 후에는 신속히 체포영장을 제시하고 그 사본을 교부하여야 한다(제200조의6, 제85조 제3항·제4항).[40] [17 경간부]*

⚖ 판례 | 집행 완료에 이르지 못한 체포영장을 사후에 피고인에게 제시할 필요가 있는지 여부(소극)

[1] 검사 또는 사법경찰관이 체포영장을 집행할 때에는 피의자에게 반드시 체포영장을 제시하여야 한다. 다만 체포영장을 소지하지 아니한 경우에 급속을 요하는 때에는 피의자에게 범죄사실의 요지와 영장이 발부되었음을 고하고 체포영장을 집행할 수 있다. 이 경우 집행을 완료한 후에는 신속히 체포영장을 제시하여야 한다(형사소송법 제200조의6, 제85조 제1항, 제3항, 제4항).

[2] 원심은, ① 피고인에 대해 성폭법 위반(비밀준수등) 범행으로 체포영장이 발부되어 있었던 사실, ② '피고인의 차량이 30분 정도 따라온다'는 내용의 112신고를 받고 현장에 출동한 경찰관들이 승용차에 타고 있던 피고인의 주민등록번호를 조회하여 피고인에 대한 체포영장이 발부된 것을 확인한 사실, ③ 경찰관들이 피고인에게 '성폭법위반으로 수배가 되어 있는바, 변호인을 선임할 수 있고 묵비권을 행사할 수 있으며, 체포적부심을 청구할 수 있고 변명의 기회가 있다'고 고지하며 하차를 요구한 사실을 인정한 후, 이 사건 당시 경찰관들이 체포영장을 소지할 여유 없이 우연히 그 상대방을 만난 경우로서 체포영장의 제시 없이 체포영장을 집행할 수 있는 '급속을 요하는 때'에 해당하므로, 경찰관들이 체포영장의 제시 없이 피고인을 체포하려고 시도한 행위는 적법한 공무집행이라고 판단하였다. 나아가 원심은, 위와 같이 경찰관들이 체포영장을 근거로 체포절차에 착수하였으나 피고인이 흥분하며 타고 있던 승용차를 출발시켜 경찰관들에게 상해를 입히는 범죄를 추가로 저지르자, 경찰관들이 위 승용차를 멈춘 후 저항하는 피고인을 별도 범죄인 특수공무집행방해치상의 현행범으로 체포한 사실을 인정한 후, 이와 같이 경찰관이 체포영장에 기재된 범죄사실이 아닌 새로운 피의사실인 특수공무집행방해치상을 이유로 피고인을 현행범으로 체포하였고, 현행범 체포에 관한 제반 절차도 준수하였던 이상 피고인에 대한 체포 및 그 이후 절차에 위법이 없다고 판단한 후, 이 사건 공소사실을 유죄로 판단한 제1심판결을 그대로 유지하였다. 원심이 든 위 사정들과 함께 이 사건 당시 체포영장에 의한 체포절차가 착수된 단계에 불과하였고, 피고인에 대한 체포가 체포영장과 관련 없는 새로운 피의사실인 특수공무집행방해치상을 이유로 별도의 현행범 체포 절차에 따라 진행된 이상, 집행 완료에 이르지 못한 체포영장을 사후에 피고인에게 제시할 필요는 없는 점까지 더하여 보면, 피고인에 대한 체포절차가 적법하다는 원심의 판단이 타당하다[대판 2021.6.4. 2021도4648].

---

38) 유효기간 연장청구가 아니라 다시 체포영장을 청구하여야 한다는 점을 주의하여야 한다.

39) 형사소송법 개정으로 이제는 체포영장이나 구속영장 집행 시 피고인이나 피의자에게 반드시 영장의 사본을 교부하여야 한다.

40) 긴급집행 시에도 영장의 사본을 교부하도록 개정되었다.

② 미란다 원칙의 고지: 검사 또는 사법경찰관은 피의자를 체포하는 경우에는 피의사실의 요지, 체포의 이유와 변호인을 선임할 수 있음을 말하고 변명할 기회를 주어야 한다(제200조의5).41) [16 경간부]*

> **✍ 판례 | 피의자를 체포하는 경우의 체포영장의 제시 및 미란다 원칙의 실시(사전에 행하는 것이 원칙, 예외적인 경우 체포 후 행할 수도 있음)**
>
> 1. **(영장에 의한 체포의 경우)** 사법경찰관 등이 체포영장을 소지하고 피의자를 체포하기 위하여는 체포 당시에 피의자에게 체포영장을 제시하고 피의자에 대한 범죄사실의 요지, 구속의 이유와 변호인을 선임할 수 있음을 말하고 변명할 기회를 주어야 하는데, 이와 같은 체포영장의 제시나 미란다 원칙 고지 등은 체포를 위한 실력행사에 들어가기 이전에 미리 하여야 하는 것이 원칙이나 달아나는 피의자를 쫓아가 붙들거나 폭력으로 대항하는 피의자를 실력으로 제압하는 경우에는 붙들거나 제압하는 과정에서 하거나 그것이 여의치 않은 경우라도 일단 붙들거나 제압한 후에 지체없이 행하여야 한다[대판 2008.2.14. 2007도10006]. [19 변호사]*
>
> 2. **(사후고지요건을 구비하지 못한 경우)** 피고인이 경찰들과 마주하자마자 도망가려는 태도를 보이거나 먼저 폭력을 행사하며 대항한 바 없는 등 경찰관들이 체포를 위한 실력행사에 나아가기 전에 체포영장을 제시하고 미란다 원칙을 고지할 여유가 있었음에도 애초부터 미란다 원칙을 체포 후에 고지할 생각으로 먼저 체포행위에 나선 경찰관들의 행위는 적법한 공무집행이라고 보기 어렵다[대판 2017.9.21. 2017도10866]. [20 경찰승진, 18 경찰채용]*
>
> 3. **(외국인의 경우)** [1] 영사관계에 관한 비엔나협약과 경찰수사규칙은 외국인을 체포·구속하는 경우 지체 없이 외국인에게 영사통보권 등이 있음을 고지하고, 외국인의 요청이 있는 경우 영사기관에 체포·구금 사실을 통보하도록 정한 것은 외국인의 본국이 자국민의 보호를 위한 조치를 취할 수 있도록 협조하기 위한 것이다. 따라서 수사기관이 외국인을 체포하거나 구속하면서 지체 없이 영사통보권 등이 있음을 고지하지 않았다면 체포나 구속 절차는 국내법과 같은 효력을 가지는 협약 제36조 제1항 (b)호를 위반한 것으로 위법하다.
> [2] 사법경찰관이 체포 당시 피고인에게 영사통보권 등을 지체 없이 고지하지 않은 위법이 있으나, 제반 사정을 종합하면 피고인이 영사통보권 등을 고지받았더라도 영사의 조력을 구하였으리라고 보기 어렵고, 수사기관이 피고인에게 영사통보권 등을 고지하지 않았더라도 그로 인해 피고인에게 실질적인 불이익이 초래되었다고 볼 수 없어 체포나 구속 이후 수집된 증거와 이에 기초한 증거들은 유죄 인정의 증거로 사용할 수 있다[대판 2022.4.28. 2021도17103].

> **✍ 판례 | 미란다 원칙의 고지시 피의자임을 먼저 확인해야 하는지 여부(적극)**
>
> 경찰관으로서는 체포하려는 상대방이 피고인(피의자를 의미함) 본인이 맞는지를 먼저 확인한 후에 이른바 미란다 원칙을 고지하여야 하는 것이지, 그 상대방이 피고인인지 여부를 확인하지 아니한 채로 일단 체포하면서 미란다 원칙을 고지할 것은 아니라고 보아야 한다. 만약 상대방을 확인하지도 않은 채로 먼저 체포하고 미란다 원칙을 고지한다면, 때로는 실제 피의자가 아닌 사람을 체포하는 경우도 생길 수 있고, 이런 경우에는 일반적으로 미란다 원칙의 고지가 앞당겨짐에서 얻어지는 인권보호보다도 훨씬 더 큰 인권침해가 생길 수도 있다[대판 2007.11.29. 2007도7961].

③ 피의자의 인치: 체포영장을 집행함에는 피의자를 신속히 지정된 법원 기타 장소에 인치하여야 한다(제200조의6, 제85조 제1항).

---

41) 검사와 사법경찰관의 상호협력과 일반적 수사준칙에 관한 규정(이하 수사준칙규정이라 한다)에는 피의자를 체포하거나 구속할 때에는 진술거부권도 고지하도록 되어 있다.

(5) 체포 후의 조치

1) 체포사실의 통지

피의자를 체포한 때에는 ⅰ) 변호인이 있는 경우에는 변호인에게, ⅱ) 변호인이 없는 경우에는 변호인선임권자[42] 중 피의자가 지정한 자에게 피의사건명, 체포의 일시·장소, 피의사실의 요지, 체포의 이유와 변호인을 선임할 수 있는 취지를 지체없이(체포한 때로부터 늦어도 24시간 이내에) 서면으로 알려야 한다(제200조의6, 제87조, 규칙 제51조 제2항).

2) 구속영장의 청구 또는 석방

체포한 피의자를 구속하고자 할 때에는 체포한 때부터 48시간 이내에 구속영장을 청구하여야 하고 그 기간 내에 구속영장을 청구하지 아니하거나 그 기간 내에 구속영장을 청구하였더라도 영장을 발부받지 못한 때에는 피의자를 즉시 석방하여야 한다(제200조의2 제5항, 제200조의4 제2항, 규칙 제100조 제2항). [20 경찰승진, 20 경간부, 17 경찰채용, 16 변호사]*

> **기출지문**
> 1. 영장에 의해 피의자를 체포한 경우 체포한 때부터 48시간 이내에 구속영장을 발부받지 못하면 즉시 석방하여야 한다. (×)
> 2. 체포영장에 의하여 체포한 피의자를 구속하고자 할 때에는 검사는 체포한 때로부터 48시간 이내에 관할지방법원판사로부터 구속영장을 발부받아야 한다. (×)

3) 체포의 취소

체포의 사유가 없거나 소멸된 때에는 수사기관은 직권 또는 피의자·변호인·변호인신청권자의 청구에 의하여 체포를 취소하여야 한다(제200조의6, 제93조).

(6) 법원에 대한 통지

체포영장의 발부를 받은 후 피의자를 체포하지 아니하거나 체포한 피의자를 석방한 때에는 지체없이 검사는 영장을 발부한 법원에 그 사유를 서면으로 통지하여야 한다(제204조).

2. 긴급체포

(1) 의의

① 수사기관이 긴급을 요하여 피의자를 영장 없이 체포하는 것을 말한다.
② 중대한 범인을 놓치는 것을 방지하기 위하여 영장주의의 예외가 인정된 것이다.

(2) 요건(제200조의3 제1항)

1) 긴급성

긴급체포는 '긴급을 요하여 지방법원판사의 체포영장을 받을 수 없는 때'에 할 수 있는 것이고, 이 경우 긴급을 요한다 함은 '피의자를 우연히 발견한 경우 등과 같이 체포영장을 받을 시간적 여유가 없는 때'를 말한다(제200조의3).

---

42) 피의자의 법정대리인, 배우자, 직계친족과 형제자매를 말한다.

🔨 판례 | 긴급성이 인정되지 않아 긴급체포가 위법한 경우

피고인이 필로폰을 투약한다는 제보를 받은 경찰관이 제보된 주거지에 피고인이 살고 있는지 등 제보의 정확성을 사전에 확인한 후에 제보자를 불러 조사하기 위하여 피고인의 주거지를 방문하였다가, 현관에서 담배를 피우고 있는 피고인을 발견하고 사진을 찍어 제보자에게 전송하여 사진에 있는 사람이 제보한 대상자가 맞다는 확인을 한 후, 가지고 있던 피고인의 전화번호로 전화를 하여 차량 접촉사고가 났으니 나오라고 하였으나 나오지 않고, 또한 경찰관임을 밝히고 만나자고 하는데도 현재 집에 있지 않다는 취지로 거짓말을 하자 피고인의 집 문을 강제로 열고 들어가 피고인을 긴급체포하였다면 설령 피고인 甲이 마약에 관한 죄를 범하였다고 의심할 만한 상당한 이유가 있었다고 하더라도, 경찰관이 이미 甲의 신원과 주거지 및 전화번호 등을 모두 파악하고 있었고, 당시 마약 투약의 범죄 증거가 급속하게 소멸될 상황도 아니었다면, 甲에 대한 긴급체포가 미리 체포영장을 받을 시간적 여유가 없었던 경우에 해당하지 아니한다[대판 2016.10.13. 2016도5814]. [22 경찰채용, 19 변호사, 19 법원9급, 17 국가9급]*

2) 범죄의 중대성

피의자가 사형·무기 또는 장기 3년 이상의 징역이나 금고에 해당하는 죄43)를 범하였다고 의심할 만한 상당한 이유가 있어야 한다. 여기의 형은 법정형을 의미하며, 범죄혐의는 객관적 혐의로서 영장에 의한 체포와 동일하다.

3) 체포의 필요성

피의자가 증거를 인멸할 염려가 있거나 또는 피의자가 도망하거나 도망할 우려가 있어야 한다.44)

🔨 판례 | 긴급체포의 요건을 갖추었는지 여부의 판단방법(체포당시상황을 기초로 판단), 위법한 긴급체포에 의한 유치 중에 작성된 피의자신문조서의 증거능력 유무(소극)

긴급체포의 요건을 갖추었는지 여부는 사후에 밝혀진 사정을 기초로 판단하는 것이 아니라 체포 당시의 상황을 기초로 판단하여야 하고, 이에 관한 검사나 사법경찰관 등 수사주체의 판단에는 상당한 재량의 여지가 있다고 할 것이나, 긴급체포 당시의 상황으로 보아서도 그 요건의 충족 여부에 관한 검사나 사법경찰관의 판단이 경험칙에 비추어 현저히 합리성을 잃은 경우에는 그 체포는 위법한 체포라 할 것이고 이러한 위법은 영장주의에 위배되는 중대한 것이니 위법한 체포에 의한 유치 중에 작성된 피의자신문조서는 위법하게 수집된 증거로서 특별한 사정이 없는 한 이를 유죄의 증거로 할 수 없다[대판 2008.3.27. 2007도11400]. [20 경찰승진, 20 경간부, 19 경간부, 19 국가9급, 19 법원9급, 18 경찰승진, 18 경찰채용, 17 경간부, 17 경찰채용, 16 경찰승진]*

🔨 판례 | 긴급체포가 적법한 경우

경찰관 A는 사기죄의 피의자 甲의 소재 파악을 위해 그의 거주지와 경영하던 공장 등을 찾아가 보았으나, 甲이 공장경영을 그만 둔 채 거주지에도 귀가하지 않는 등 소재를 감추자 법원의 압수·수색영장에 의한 휴대전화 위치추적 등의 방법으로 甲의 소재를 파악하려고 하던 중 2004.10.14. 23:00경 경찰관 A는 주거지로 귀가하던 甲을 발견하였고 그가 계속 소재를 감추려는 의도가 다분하고 증거인멸 및 도망의 염려가 있다는 이유로 甲을 사기혐의로 긴급체포하였다면 긴급체포가 위법한 체포에 해당한다고 보기는 어렵다[대판 2005.12.9. 2005도7569].

판례해설 본 사안은 수사기관이 피의자를 '우연히 발견하여 충분히 긴급성'이 인정된다.

---

43) 긴급체포가 가능한 중대한 범죄의 예로는 절도죄, 강도죄, 강간죄 등이 있으며, 긴급체포의 대상인 중대한 범죄에 해당하지 않는 예로는 단순폭행죄, 도박(상습도박)죄, 명예훼손죄, 모욕죄, 무면허운전죄 등이 있다.
44) 주거부정은 긴급체포사유가 아니므로 주의하여야 한다.

⚖ 판례 | 긴급체포가 위법한 경우

1. 위증교사죄 등으로 기소된 변호사 甲이 무죄를 선고받자, 검사 A는 이에 불복·항소한 후 보완수사를 한다며 甲의 변호사사무실 사무장 乙에게 참고인 조사를 위한 출석을 요구하였고, 그 후 자진출석한 乙에 대하여 검사는 <u>참고인조사를 하지 아니한 채 곧바로 위증 및 위증교사 혐의로 피의자신문조서를 받기 시작</u>하자 乙은 인적사항만을 진술한 후 甲에게 전화를 하였고, 乙의 전화연락을 받고 검사실로 찾아온 甲은 "참고인조사만을 한다고 하여 임의수사에 응한 것인데 乙을 피의자로 조사하는 데 대해서는 협조를 하지 않겠다."는 취지로 말하며 乙에게 "여기서 나가라."고 지시하였고, 이에 乙이 일어서서 검사실을 나가려 하자 검사는 乙에게 "지금부터 긴급체포하겠다."고 말하면서 乙의 퇴거를 제지하였다면 적법한 공무집행이라고 볼 수 없다[대판 2006.9.8. 2006도148]. [18 경간부, 16 경찰승진]*

   판례해설 본 사안의 경우 조사를 하기도 전에, 즉 범죄혐의가 인정되기도 전에 긴급체포한 것이므로 위법하다는 취지의 판례이다.

2. <u>수사검사 A는 1999.11.29. 甲에게 뇌물을 주었다는 乙 등의 진술을 먼저 확보한 다음</u>, 현직 군수인 甲을 소환·조사하기 위하여 검사의 명을 받은 검찰주사보 B가 1999.12.8. 군청 군수실에 도착하였으나 甲은 없고 도시행정계장인 丙이 "甲이 검사가 자신을 소환하려 한다는 사실을 미리 알고 자택 옆에 있는 농장 농막에서 기다리고 있을 것이니 수사관이 오거든 그곳으로 오라고 하였다."고 하므로 위 농장으로 가서 甲을 긴급체포한 경우 … 甲은 현직 군수직에 종사하고 있어 검사로서도 위 피고인의 소재를 쉽게 알 수 있었고, 1999.11.29. 乙의 위 진술 이후 시간적 여유도 있었으며, <u>위 甲도 도망이나 증거인멸의 의도가 없었음은 물론, 언제든지 검사의 소환조사에 응할 태세를 갖추고 있었다고 보아야 하므로 긴급체포 요건을 구비하였다고 볼 수 없어 그 체포는 위법한 체포라 할 것이다</u>[대판 2002.6.11. 2000도5701]. [17 경간부]*

3. 도로교통법위반 피의사건에서 기소유예 처분을 받은 재항고인이 그 후 혐의 없음을 주장함과 동시에 수사경찰관의 처벌을 요구하는 진정서를 검찰청에 제출함으로써 이루어진 진정사건을 담당한 검사가, 재항고인에 대한 위 피의사건을 재기한 후 담당검사인 자신의 교체를 요구하고자 부장검사 부속실에서 대기하고 있던 재항고인을 위 도로교통법위반죄로 긴급체포하여 감금한 경우 … <u>진정인의 입장에서 부장검사를 면담하기 위하여 스스로 검찰청을 방문하여 대기하고 있었으므로 체포영장을 발부받을 수 없을 정도로 긴급을 요하는 경우에 해당한다고 볼 수 없다는 점, 위와 같은 입장의 재항고인이 도망할 염려나 증거를 인멸할 염려가 있다고 볼 수도 없다는 점에서 긴급체포는 위법한 체포에 해당한다고 보아야 할 것이다</u>[대결 2003.3.27. 2002모81]. [17 경간부]*

(3) 긴급체포의 절차

① **주체**: 검사 또는 사법경찰관은 긴급체포를 한다는 사유를 알리고 영장없이 피의자를 체포할 수 있다(제200조의3 제1항). 사법경찰리도 사법경찰관사무취급의 지위에서 긴급체포를 할 수 있다.

② **미란다 원칙의 고지**: 피의자에게 피의사실의 요지, 체포의 이유와 변호인을 선임할 수 있음을 말하고 변명할 기회를 주어야 한다(제200조의5).

⚖ 판례 | 미란다 원칙의 사후고지의 허용요건 및 사후고지의 시기(영장에 의한 체포와 동일)

사법경찰리가 현행범인으로 체포하는 경우에는 반드시 범죄사실의 요지, 구속의 이유와 변호인을 선임할 수 있음을 말하고 변명할 기회를 주어야 할 것임은 명백하며, 이러한 법리는 긴급체포의 경우에도 마찬가지로 적용되는 것이고, <u>이와 같은 고지는 체포를 위한 실력행사에 들어가기 이전에 미리 하여야 하는 것이 원칙이나, 달아나는 피의자를 쫓아가 붙들거나 폭력으로 대항하는 피의자를 실력으로 제압하는 경우에는 붙들거나 제압하는 과정에서 하거나, 그것이 여의치 않은 경우에라도 일단 붙들거나 제압한 후에는 지체 없이 행하여야 한다</u>[대판 2000.7.4. 99도4341]. [20 변호사, 20 경찰승진]*

(4) 긴급체포 후의 조치

1) 검사의 승인과 긴급체포서 작성

① 검사의 승인(사경의 긴급체포의 경우): 사법경찰관이 피의자를 긴급체포한 경우에는 즉시 검사의 승인을 얻어야 한다(제200조의3 제2항). [18 경찰채용, 18 국가7급, 17 경찰승진, 17 경찰채용]*

② 긴급체포서 작성: 검사 또는 사법경찰관이 피의자를 긴급체포한 경우에는 즉시 긴급체포서를 작성하여야 하고 긴급체포서에는 범죄사실의 요지, 긴급체포의 사유 등을 기재하여야 한다(동조 제3항·제4항). [17 경찰승진]*

2) 긴급체포 사실의 통지(영장에 의한 체포와 동일함)

피의자를 긴급체포한 때에는 ⅰ) 변호인이 있는 경우에는 변호인에게, ⅱ) 변호인이 없는 경우에는 변호인선임권자 중 피의자가 지정한 자에게 피의사건명, 체포의 일시·장소, 피의사실의 요지, 체포의 이유와 변호인을 선임할 수 있는 취지를 지체없이(긴급체포한 때로부터 늦어도 24시간 이내에) 서면으로 알려야 한다(제200조의6, 제209조, 제213조의2, 제87조, 규칙 제51조 제2항).

3) 구속영장의 청구와 석방 등

① 구속영장의 청구: 검사 또는 사법경찰관이 긴급체포한 피의자를 구속하고자 할 때에는 지체 없이 검사는 관할지방법원판사에게 구속영장을 청구하여야 하고, 사법경찰관은 검사에게 신청하여 검사의 청구로 관할지방법원판사에게 구속영장을 청구하여야 한다. 이 경우 구속영장은 피의자를 체포한 때부터 48시간 이내에 청구하여야 하며, 긴급체포서를 첨부하여야 한다(제200조의4 제1항). [22 경찰채용, 20 변호사, 19 경간부, 17 국가9급]*

☆ 판례 | 사법경찰관이 검사에게 긴급체포된 피의자에 대한 긴급체포 승인 건의와 함께 구속영장을 신청한 경우 검사가 피의자를 대면 조사할 권한이 있는지의 여부(한정 적극), 대면 조사의 허용요건

[1] 사법경찰관이 검사에게 긴급체포된 피의자에 대한 긴급체포 승인 건의와 함께 구속영장을 신청한 경우, <u>검사는 긴급체포의 승인 및 구속영장의 청구가 피의자의 인권에 대한 부당한 침해를 초래하지 않도록 긴급체포의 적법성 여부를 심사하면서 수사서류 뿐만 아니라 피의자를 검찰청으로 출석시켜 직접 대면 조사할 수 있는 권한을 가진다고 보아야 한다.</u> [2] 다만 체포된 피의자의 구금 장소가 임의적으로 변경되는 점, 법원에 의한 영장실질심사제도를 도입하고 있는 현행 형사소송법 하에서 체포된 피의자의 신속한 법관 대면권 보장이 지연될 우려가 있는 점 등을 고려하면, <u>위와 같은 검사의 구속영장 청구 전 피의자 대면 조사는 긴급체포의 적법성을 의심할 만한 사유가 기록 기타 객관적 자료에 나타나고 피의자의 대면 조사를 통해 그 여부의 판단이 가능할 것으로 보이는 예외적인 경우에 한하여 허용될 뿐, 긴급체포의 합당성이나 구속영장 청구에 필요한 사유를 보강하기 위한 목적으로 실시되어서는 아니 된다.</u> 나아가 <u>검사의 구속영장 청구 전 피의자 대면 조사는 강제수사가 아니므로 피의자는 검사의 출석 요구에 응할 의무가 없고, 피의자가 검사의 출석 요구에 동의한 때에 한하여 사법경찰관리는 피의자를 검찰청으로 호송하여야 한다</u>(대판 2010.10.28, 2008도11999). [20 경찰채용, 19 경찰채용, 19 국가9급, 18 국가7급, 18 경찰채용, 17 경간부, 17 국가9급]*

---

② 석방: 48시간 이내에 구속영장을 청구하지 아니하거나 또는 구속영장을 청구하였더라도 영장을 발부받지 못하면 즉시 피의자를 석방하여야 한다(제200조의4 제2항).

③ 석방의 통지: 검사는 구속영장을 청구하지 아니하고 피의자를 석방한 경우에는 석방한 날부터 30일 이내에 서면으로 긴급체포 후 석방된 자의 인적사항, 석방의 일시·장소 및 사유 등을 법원에 통지하여야 한다. [20 경간부]* 이 경우 긴급체포서의 사본을 첨부하여야 한다(제200조의4 제4항). 사법경찰관은 긴급체포한 피의자에 대하여 구속영장을 신청하지 아니하고 석방한 경우에는 즉시 검사에게 보고하여야 한다(제200조의4 제6항).45) [19 경간부, 19 경찰채용, 18 경찰승진, 16 경찰승진]*

---

45) 사경의 경우 긴급체포한 피의자자를 석방할 경우 검사에게 사전에 보고할 필요가 없고 석방 후 즉시보고, 즉 사후보고를 하면 족하다.

판례 | 법원에 석방통지를 하지 않은 경우, 적법한 긴급체포에 의한 유치 중에 작성된 피의자신문조서의 증거능력 유무(긍정)

피의자가 긴급체포되어 조사를 받고 구속영장이 청구되지 아니하여 석방되었음에도 검사가 30일 이내에 법원에 석방통지를 하지 않았더라도, 긴급체포 당시의 상황과 경위, 긴급체포 후 조사 과정 등에 특별한 위법이 있다고 볼 수 없는 이상, 단지 사후에 석방통지가 이루어지지 않았다는 사정만으로 그 긴급체포에 의한 유치 중에 작성된 피의자신문조서들의 작성이 소급하여 위법하게 된다고 볼 수는 없다[대판 2014.8.26. 2011도6035]. [20 경간부, 17 경찰채용]*

④ 서류의 열람 · 등사: 긴급체포 후 석방된 자 또는 그 변호인이나 변호인선임권자는 통지서 및 관련 서류를 열람하거나 등사할 수 있다(동조 제5항). [19 경찰승진, 19 경간부, 18 경찰채용, 17 국가9급]*

4) 긴급체포의 취소(영장에 의한 체포와 동일)

체포의 사유가 없거나 소멸된 때에는 수사기관은 직권 또는 피의자 · 변호인 · 변호인선임권자의 청구에 의하여 체포를 취소하여야 한다(제200조의6, 제93조).

(5) 재체포의 제한

긴급체포되었다가 석방된 자는 영장 없이는 동일한 범죄사실에 관하여 다시 체포하지 못한다(제200의4 제3항). [23 경간부, 20 변호사, 20 경찰승진, 20 경찰채용, 17 국가9급]*

판례 | 긴급체포되었다가 석방된 후, 법원이 발부한 구속영장에 의하여 구속할 수 있는지 여부(적극)

형사소송법 제200조의4 제3항은 영장 없이는 긴급체포 후 석방된 피의자를 동일한 범죄사실에 관하여 체포하지 못한다는 규정으로, 위와 같이 석방된 피의자라도 법원으로부터 구속영장을 발부받아 구속할 수 있음은 물론이다[대판 2001.9.28. 2001도4291].

3. 현행범 체포

(1) 의의

① 현행범인은 누구든지 영장없이 체포할 수 있다(제212조).
② 현행범인의 체포의 경우 범죄의 명백성으로 인하여 인권침해의 우려가 적고 긴급한 체포의 필요성이 인정되기 때문에 영장주의의 예외를 인정한 것이다.

(2) 현행범인과 준현행범인의 의의

① 현행범인: 범죄를 실행하고 있거나 실행하고 난 직후의 사람을 현행범인이라 한다(제211조 제1항).

판례 | '범죄의 실행의 즉후인 자'의 의미

형사소송법 제211조가 현행범인으로 규정한 '범죄의 실행의 즉후인 자'라고 함은 범죄의 실행행위를 종료한 직후의 범인이라는 것이 체포하는 자의 입장에서 볼 때 명백한 경우를 일컫는 것으로서 '범죄의 실행행위를 종료한 직후'라고 함은 범죄행위를 실행하여 끝마친 순간 또는 이에 아주 접착된 시간적 단계를 의미하는 것으로 해석되므로 시간적으로나 장소적으로 보아 체포를 당하는 자가 방금 범죄를 실행한 범인이라는 점에 관한 죄증이 명백히 존재하는 것으로 인정되는 경우에만 현행범인으로 볼 수 있다[대판 2007.4.13. 2007도1249]. [20 변호사, 20 경찰승진, 20 경간부, 18 국가7급, 18 경간부, 16 국가7급, 16 국가9급, 16 경찰승진, 16 경찰채용]*

⚖️ 판례 | 현행범이라고 인정할 수 없는 사례

1. 교사가 교장실에 들어가 불과 약 5분 동안 식칼을 휘두르며 교장을 협박하는 등의 소란을 피운 후 40여분 정도가 지나 경찰관들이 출동하여 교장실이 아닌 서무실에서 그를 연행하려 하자 그가 구속영장의 제시를 요구하면서 동행을 거부하였다면, 체포 당시 서무실에 앉아 있던 위 교사가 방금 범죄를 실행한 범인이라는 죄증이 경찰관들에게 명백히 인식될 만한 상황이었다고 단정할 수 없으므로 그를 "범죄의 실행의 즉후인 자"로서 현행범인이라고 단정할 수 없다[대판 1991.9.24. 91도1314]. [19 경찰승진, 16 경간부]*

   판례해설 판례는 준현행범인으로 볼 수 있었던 것인지의 여부는 따로 판단될 문제라고 판시한 바 있다.

2. [사실관계] 甲이 술을 마신 뒤 식당 건너편 빌라 주차장에 차량을 그대로 둔 채 귀가하였다가 다음날 아침 차량을 이동시켜 달라는 전화를 받고 현장에 도착하여 차량을 약 2m 가량 운전하여 이동·주차하였다. 이후 차량을 완전히 뺄 것을 요구하던 공사장 인부들과 시비가 된 상태에서 누군가 "甲이 음주운전을 하였다."고 신고를 하여 출동한 경찰관이 음주 감지기에 의한 확인을 요구하였으나 응하지 아니하고 임의동행도 거부하자, 경찰관이 甲을 도로교통법위반(음주운전)죄의 현행범으로 체포하였다.

   [판례] 피고인 甲이 전날 늦은 밤 시간까지 마신 술 때문에 미처 덜 깬 상태였던 것으로 보이기는 하나, 술을 마신 때로부터 이미 상당한 시간이 경과한 뒤에 운전을 하였으므로 도로교통법위반(음주운전)죄를 저지른 범인임이 명백하다고 쉽게 속단하기는 어려워 보인다. 사안 자체가 경미하다. 피고인이 현장에서 도망하거나 증거를 인멸하려 하였다고 단정하기는 어렵다.

   [결론] 경찰관들이 甲을 현행범으로 체포한 것은 그 요건을 갖추지 못한 것이어서 위법하고, 그와 같이 위법한 체포상태에서 이루어진 음주측정 요구 또한 위법하다고 보지 않을 수 없다[대판 2017.4.7. 2016도19907].

3. 신고를 받고 출동한 제천경찰서 청전지구대 소속 경장 공소외인이 피고인이 음주운전을 종료한 후 40분 이상이 경과한 시점에서 길가에 앉아 있던 피고인에게서 술냄새가 난다는 점만을 근거로 피고인을 음주운전의 현행범으로 체포한 것은 피고인이 '방금 음주운전을 실행한 범인이라는 점에 관한 죄증이 명백하다고 할 수 없는 상태'에서 이루어진 것으로서 적법한 공무집행이라고 볼 수 없다[대판 2007.4.13. 2007도1249]. [20 경간부, 19 경찰승진, 18 경찰승진]*

4. 경찰관들이 주민들의 신고를 받고 현장에 도착한 당시 이미 싸움이 끝나 피고인이 의자에 앉아 있었던 사실이 인정됨에 비추어 피고인을 현행범으로 보기 어렵다[대판 1995.5.9. 94도3016].

⚖️ 판례 | 현행범 체포가 적법한 경우(범행과 시간적·장소적 접착성이 인정되는 경우)

1. 112 신고를 받고 출동한 경찰관들이 피고인 甲을 체포하려고 할 때는 피고인이 무학이고 앞길에서 피해자 乙의 자동차를 발로 걷어차고 그와 싸우는 범행을 한 지 겨우 10분 후에 지나지 않고 그 장소도 범행 현장에 인접한 위 학교의 운동장이었고, 피해자의 친구 丙은 112 신고를 하고 나서 피고인이 도주하는지 여부를 계속 감시하고 있었던 경우, 경찰관들의 甲에 대한 체포는 현행범 체포로서 적법한 공무집행에 해당한다[대판 1993.8.13. 93도926]. [17 경간부]*

2. 술에 취한 甲이 목욕탕 탈의실에서 乙을 구타하고 약 1분여 동안 목을 잡고 있다가 다른 사람들이 말리자 잡고 있던 목을 놓은 후 위 목욕탕 탈의실 의자에 앉아 있었고, 목욕탕에서 이발소를 운영하고 있는 丙이 甲에게 "옷을 입고 가라."고 하여 甲이 옷을 입고 있던 중, 목욕탕 주인 丁이 112 신고를 하여 경찰관들이 현장에 출동하여 탈의실에서 옷을 입고 있던 甲을 상해죄의 현행범인으로 체포한다고 하면서 미란다원칙을 고지하고 甲을 강제로 연행하려고 한 것은 적법한 공무집행에 해당한다[대판 2006.2.10. 2005도7158].

② 준현행범인(제211조 제2항): 현행범인으로 간주되는 자로서 ㉠ 범인으로 불리며 추적되고 있는 자 ㉡ 장물이나 범죄에 사용되었다고 인정하기에 충분한 흉기나 그 밖의 물건을 소지하고 ㉢ 신체나 의복류에 증거가 될 만한 뚜렷한 흔적이 있는 자 ㉣ 누구냐고 묻자 도망하려고 하는 자를 말한다.

⚖ 판례 | 준현행범으로서 영장없이 체포할 수 있는 경우

순찰 중이던 경찰관이 교통사고를 낸 차량이 도주하였다는 무전연락을 받고 주변을 수색하다가 범퍼 등의 파손상태로 보아 사고차량으로 인정되는 차량에서 내리는 사람을 발견한 경우 형사소송법 제211조 제2항 제2호 소정의 '장물이나 범죄에 사용되었다고 인정함에 충분한 흉기 기타의 물건을 소지하고 있는 때'에 해당하므로 준현행범으로서 영장없이 체포할 수 있다 [대판 2000.7.4., 99도4341]. [20 변호사, 19 경찰승진, 19 경간부, 19 법원9급]*

(3) 현행범인 체포의 요건

① **범죄의 명백성**: 특정한 범죄의 범인임이 명백하여야 한다. 따라서 구성요건해당성이 조각되거나, 위법성조각사유나 책임조각사유의 존재가 명백한 경우 현행범인으로 체포할 수 없다.

② **체포의 필요성**: 긴급체포와 달리 현행범인의 체포에는 명문의 규정이 없으나 판례는 체포의 필요성을 요한다는 입장이다.

⚖ 판례 | 현행범인으로 체포하기 위하여는 체포의 필요성이 인정되어야 함

현행범인으로 체포하기 위하여는 행위의 가벌성, 범죄의 현행성과 시간적 접착성, 범인·범죄의 명백성 이외에 체포의 필요성, 즉 도망 또는 증거인멸의 염려가 있어야 한다. 이러한 요건을 갖추지 못한 현행범인 체포는 법적 근거에 의하지 아니한 영장 없는 체포로서 위법한 체포에 해당한다[대판 2017.4.7., 2016도19907]. [20 경찰채용, 19 국가7급, 18 경찰승진, 18 경찰채용, 17 경간부, 16 경찰승진, 16 경찰채용]*

⚖ 판례 | 현행범 체포의 필요성이 인정되지 않아 위법한 체포에 해당하는 경우

피고인이 경찰관의 불심검문을 받아 운전면허증을 교부한 후 경찰관에게 큰 소리로 욕설을 하였는데, 경찰관이 모욕죄의 현행범으로 체포하겠다고 고지한 후 피고인의 오른쪽 어깨를 붙잡자 반항하면서 경찰관에게 상해를 가한 사안에서, 피고인은 경찰관의 불심검문에 응하여 이미 운전면허증을 교부한 상태이고, 경찰관뿐 아니라 인근 주민도 욕설을 직접 들었으므로, 피고인이 도망하거나 증거를 인멸할 염려가 있다고 보기는 어렵고, 피고인의 모욕 범행은 불심검문에 항의하는 과정에서 저지른 일시적, 우발적인 행위로서 사안 자체가 경미할 뿐 아니라, 피해자인 경찰관이 범행현장에서 즉시 범인을 체포할 급박한 사정이 있다고 보기도 어려우므로, 경찰관이 피고인을 체포한 행위는 적법한 공무집행이라고 볼 수 없고, 피고인이 체포를 면하려고 반항하는 과정에서 상해를 가한 것은 불법체포로 인한 신체에 대한 현재의 부당한 침해에서 벗어나기 위한 행위로서 정당방위에 해당한다는 이유로, 피고인에 대한 상해 및 공무집행방해의 공소사실을 무죄로 인정한 원심판단을 수긍한 사례[대판 2011.5.26. 2011도3682] [22 경찰채용, 20 경찰채용, 19 경찰승진, 18 변호사, 16 변호사, 16 경간부, 16 경찰채용]*

③ **경미범죄의 특칙(비례성의 원칙)**: 다액 50만원 이하의 벌금, 구류 또는 과료에 해당하는 죄의 현행범인에 대하여는 범인의 주거가 분명하지 아니한 때에 한하여 체포할 수 있다(제214조).

⚖ 판례 | 현행범 체포의 요건을 갖추었는지 여부의 판단방법

현행범인 체포의 요건을 갖추었는지 여부는 체포 당시의 상황을 기초로 판단하여야 하고 사후에 범인으로 인정되었는지에 의할 것은 아니다[대판 2011.5.26. 2011도3682]. [20 경찰채용]*

관련판례 비록 피고인이 식당 안에서 소리를 지르거나 양은그릇을 부딪치는 등의 소란행위가 업무방해죄의 구성요건에 해당하지 않아 사후적으로 무죄로 판단되었다고 하더라도, 피고인이 상황을 설명해 달라거나 밖에서 얘기하자는 경찰관의 요구를 거부하고 경찰관 앞에서 소리를 지르고 양은그릇을 두드리면서 소란을 피우는 등 객관적으로 보아 피고인이 업무방해죄의 현행범이라고 인정할 만한 충분한 이유가 있었다면, 경찰관들이 피고인을 체포하려 한 행위는 적법한 공무집행이라고 보아야 한다[대판 2013.8.23., 2011도4763]. [20 경간부, 18 경찰채용, 16 국가9급]*

📚 판례 | 적법한 체포에 해당하는 경우

1. 피해자가 차량 손괴죄의 현행범인에 해당함은 명백하고, 피해자는 당시 열쇠로 피고인의 차를 긁고 있다가 피고인이 나타나자 부인하면서 도망하려고 하였다면 체포의 필요성의 요건도 갖추었다고 할 것이므로 피고인이 피해자를 현행범인으로 체포한 것은 적법하다[대판 1999.1.26. 98도3029]. [16 국가9급, 16 경찰승진]*

2. 경찰관의 현행범인 체포경위 및 그에 관한 현행범인체포서와 범죄사실의 기재에 다소 차이가 있더라도, 그것이 논리와 경험칙상 장소적 · 시간적 동일성이 인정되는 범위 내라면 그 체포행위는 공무집행방해죄의 요건을 갖춘 적법한 공무집행에 해당한다[대판 2008.10.9. 2008도3640]. [17 경찰채용, 16 경간부, 16 경찰채용]*

   판례해설 경찰관이 피고인을 체포한 실제 일시 · 장소가 '2007.7.23. 10:50경, 동성장 여관 앞 노상'임에도 현행범인체포서에는 '2007.7.23. 11:00, 동성장 여관 302호 내'라고 기재되었더라도 그런 지엽적인 차이 때문에 체포가 위법하다고 볼 수 없다고 판시한 판례이다.

📚 판례 | 현행범인의 연행 또는 체포가 적법하지 않은 경우

1. 경찰관이 적법절차를 준수하지 않은 채 실력으로 현행범인을 연행하려 하였다면 적법한 공무집행이라고 할 수 없다[대판 2017.3.15. 2013도2168]. [18 경간부]*

2. 현행범인으로서의 요건을 갖추고 있었다고 인정되지 않는 상황에서 경찰관들이 동행을 거부하는 자를 체포하거나 강제로 연행하려고 하였다면 이는 적법한 공무집행이라고 볼 수 없다[대판 2002.5.10. 2001도300]. [16 경찰채용]*

3. 현행범인 체포의 요건을 갖추었는지 여부에 관한 검사나 사법경찰관 등의 판단에는 상당한 재량의 여지가 있으나, 체포 당시 상황으로 보아도 요건 충족 여부에 관한 검사나 사법경찰관 등의 판단이 경험칙에 비추어 현저히 합리성을 잃은 경우 그 체포는 위법하다[대판 2017.3.9. 2013도16162]. [17 국가7급]*

(4) 체포의 절차

① 현행범인은 누구든지 영장없이 체포할 수 있다(제212조). [20 경간부]*

② 수사기관에의 인도: 사인이 현행범인을 체포한 때에는 즉시 검사 또는 사법경찰관리에게 인도하여야 한다(제213조 제1항).46) [20 경간부]* 사법경찰관리가 현행범인의 인도를 받은 때에는 체포자의 성명, 주거, 체포의 사유를 물어야 하고 필요한 때에는 체포자에 대하여 경찰관서에 동행함을 요구할 수 있다(제213조 제2항). [20 국가7급, 16 경찰승진, 16 경찰채용]*

③ 미란다 원칙의 고지: 검사 또는 사법경찰관리는 현행범인을 체포하거나 현행범인의 인도를 받은 때에는 피의자에게 피의사실의 요지, 체포의 이유와 변호인을 선임할 수 있음을 말하고 변명할 기회를 주어야 한다(제213조의2, 제200조의5). [16 경찰승진]*

📚 판례 | 미란다 원칙의 고지시기

사법경찰관리가 현행범인을 체포하는 경우에는 반드시 범죄사실의 요지, 체포의 이유와 변호인을 선임할 수 있음을 말하고 변명할 기회를 주어야 하고 이와 같은 고지는 체포를 위한 실력행사에 들어가기 이전에 미리 하여야 하는 것이 원칙이나 달아나는 피의자를 쫓아가 붙들거나 폭력으로 대항하는 피의자를 실력으로 제압하는 경우에는 붙들거나 제압하는 과정에서 하거나 그것이 여의치 않은 경우에라도 일단 붙들거나 제압한 후에 지체없이 행하였다면 경찰관의 현행범인 체포는 적법한 공무집행이라고 할 수 있다[대판 2008.10.9. 2008도3640]. [19 국가9급, 18 경간부, 17 국가7급, 17 경찰승진, 17 경간부, 16 국가9급]*

---

46) 사인이 체포한 현행범인을 인도하지 않고 석방하는 것은 허용되지 않는다.

(5) 체포 후의 절차(영장에 의한 체포와 동일함)
1) 체포의 통지(제213조의2, 제87조)
2) 구속영장의 청구 또는 석방

체포한 피의자를 구속하고자 할 때에는 체포한 때부터 또는 인도를 받은 때부터 48시간 이내에 구속영장을 청구하여야 하고 그 기간 내에 구속영장을 청구하지 아니하거나 그 기간 내에 구속영장을 청구하였더라도 영장을 발부받지 못한 때에는 즉시 피의자를 석방하여야 한다(제213조의2, 제200조의2 제5항).

⚖ 판례 | 사인의 현행범 체포시 검사 등에게 인도해야 할 시점인 '즉시'의 의미(불필요한 지체를 함이 없이라는 뜻), 인도된 경우 구속영장 청구기간인 48시간의 기산점(= 검사 등이 현행범인을 인도받은 때)

[1] 현행범인은 누구든지 영장 없이 체포할 수 있고, 검사 또는 사법경찰관리(이하 '검사 등') 아닌 이가 현행범인을 체포한 때에는 즉시 검사 등에게 인도하여야 한다. 여기서 '즉시'라고 함은 반드시 체포시점과 시간적으로 밀착된 시점이어야 하는 것은 아니고, 정당한 이유 없이 인도를 지연하거나 체포를 계속하는 등으로 불필요한 지체를 함이 없이라는 뜻으로 볼 것이다. [2] 검사 등이 아닌 이에 의하여 현행범인이 체포된 후 불필요한 지체 없이 검사 등에게 인도된 경우 구속영장 청구기간인 48시간의 기산점은 체포시가 아니라 검사 등이 현행범인을 인도받은 때라고 할 것이다. [3] 청해부대 소속 군인들이 소말리아 해적인 피고인들을 현행범으로 체포한 것은 검사 등이 아닌 이에 의한 현행범인 체포에 해당하고, 체포 이후 국내로 이송하는 데에 약 9일이 소요된 것은 공간적·물리적 제약상 불가피한 것으로 정당한 이유 없이 인도를 지연하거나 체포를 계속한 경우로 볼 수 없으며, 경찰관들이 피고인들의 신병을 인수한 때로부터 48시간 이내에 청구하여 발부된 구속영장에 의하여 피고인들이 구속되었으므로 피고인들은 적법한 체포, 즉시 인도 및 적법한 구속에 의하여 공소제기 당시 국내에 구금되어 있다 할 것이다[대판 2011.12.22, 2011도12927]. [20 변호사, 20 경찰승진, 19 변호사, 19 경간부, 19 법원9급, 18 변호사, 18 경찰승진, 18 경간부, 17 경간부, 17 경찰채용, 16 국가7급, 16 국가9급, 16 경간부, 16 경찰채용]*

▶ 영장에 의한 체포 vs 긴급체포 vs 현행범체포

구분	영장에 의한 체포	긴급체포	현행범체포
공통점	① 피의자를 대상으로 하며 피고인은 체포의 대상이 아님 ③ 체포의 통지 ⑤ 접견교통권과 변호인선임의뢰권		② 미란다 원칙 고지 ④ 체포의 취소 ⑥ 체포적부심사청구권
체포의 주체	검사 또는 사법경찰관리	검사 또는 사법경찰관리	제한 없음
체포 후 검사의 승인	불요	필요	불요
체포 후 조치	피의자를 구속하고자 할 때는 체포한 때부터(사인의 현행범 체포의 경우 현행범인을 인도받은 때부터) 48시간 이내에 구속영장 청구하여야 함, 위 시간 이내에 구속영장을 청구를 하지 않거나 청구를 하였더라도 영장을 발부받지 못한 경우 즉시 석방해야 함		
석방시 법원 통지	피의자를 체포하지 아니하거나 체포한 피의자를 석방할 때에 통지 要	영장을 청구하지 아니하고 피의자를 석방한 때에 통지 要	×
재체포 제한규정 적용	×	○(긴급체포되었다가 석방된 자는 영장 없이는 동일한 범죄사실에 관하여 다시 체포 불가)	×

구분		요건 (공통요건: 범죄혐의 인정)	경미사건의 특칙 (50만원 이하의 벌금 · 구류 · 과료)	영장
피의자	영장체포 (제200조의2)	㉠ 출석요구 불응 ㉡ 출석요구 불응 우려 ※ 명백히 체포의 필요성 – 도망 또는 증거인멸의 염려 – 이 인정되지 않으면 영장청구 기각	㉠ 일정한 주거가 없는 때 ㉡ 출석요구 불응	체포 영장
	긴급체포 (제200조의3)	① 긴급성(체포영장 발부받을 시간적 여유 없는 때) ② 범죄의 중대성(사형 · 무기 · 장기 3년 이상의 징역 · 금고) ③ 체포의 필요성 　㉠ 증거인멸의 염려 　㉡ 도망 또는 도망의 염려	규정 없음	불요
	현행범체포 (제211조)	① 현행범인(범죄를 실행하고 있거나 실행하고 난 직후의 사람) ② 준현행범인 　㉠ 범인으로 불리며 추적되고 있을 때 　㉡ 장물이나 범죄에 사용되었다고 인정하기에 충분한 흉기나 그 밖의 물건을 소지하고 있을 때 　㉢ 신체나 의복류에 증거가 될 만한 뚜렷한 흔적이 있을 때 　㉣ 누구냐고 묻자 도망하려고 할 때 ③ 체포의 필요성 – 도망 또는 증거인멸의 염려 – 이 있어야 함(판례)	일정한 주거가 없는 때	불요
피의자 피고인	구속 (제70조, 201조)	㉠ 일정한 주거가 없는 때 ㉡ 증거인멸의 염려 ㉢ 도망 또는 도망의 염려	일정한 주거가 없는 때	구속 영장

Ⅱ 구속[47]

1. 구속의 의의

(1) 구속의 개념

① 구속이란 구속영장에 의하여 피의자 또는 피고인을 구인 또는 구금하는 강제처분을 말한다.
② 형사소송의 진행과 형벌의 집행을 확보하기 위한 강제처분이다.

(2) 구속의 범위

① 구속은 구인과 구금을 포함한다(제69조). [18 경찰승진]*
② ⅰ) 구인이란 피의자 · 피고인을 법원 기타 장소에 인치하는 강제처분을 말한다.[48] ⅱ) 구금이란 피의자 · 피고인을 교도소, 구치소 등에 감금하는 강체처분을 말한다.

---

47) 강제수사의 장에 속하는 부분이지만 형사소송법은 '피고인 구속을 규정'한 후 일정한 부분에 대하여는 이를 '피의자 구속'에 준용하는 형식을 취하고 있으므로 편의상 법원의 강제처분인 피고인 구속도 함께 설명하기로 한다.
48) 피의자에 대한 구인은 체포되지 아니한 피의자의 구속 전 피의자심문을 위한 수단으로 사용된다.

③ 인치한 피의자·피고인을 구금할 필요가 없다고 인정한 때에는 그 인치한 때로부터 24시간 내에 석방하여야 한다(제71조, 제209조). [18 경찰승진, 18 경찰채용, 18 법원9급, 16 경찰채용]* 법원은 인치받은 피고인을 유치할 필요가 있는 때에는 교도소·구치소 또는 경찰서 유치장에 유치할 수 있다. 이 경우 유치기간은 인치한 때부터 24시간을 초과할 수 없다(제71조의2).

(3) 구속의 유형

① 피의자 구속: 수사절차에서 수사기관이 법관의 영장을 발부받아 하는 구속을 말하며 강제수사에 해당한다.
② 피고인 구속: 공소제기를 받은 수소법원이 영장에 의하여 피고인을 구속하는 것을 말하며 법원의 강제처분에 해당한다.

2. 피의자와 피고인 구속의 요건[49]

(1) 범죄혐의

피의자가(피고인이) 죄를 범하였다고 의심할 만한 상당한 이유가 있어야 한다(제70조 제1항, 제201조 제1항). 구속의 요건인 범죄혐의는 객관적 혐의, 즉 유죄판결을 받을 정도의 고도의 개연성을 의미한다.

(2) 구속의 사유

① 구속사유: 피의자(피고인)에게 ㉠ 일정한 주거가 없거나 ㉡ 증거를 인멸할 염려가 있거나 ㉢ 도망하거나 도망할 염려가 있어야 한다(제70조 제1항, 제201조 제1항).
② 구속사유 심사시 고려사항: 판사 또는 법원은 구속사유를 심사함에 있어서 범죄의 중대성, 재범의 위험성, 피해자 및 중요 참고인 등에 대한 위해 우려 등을 고려하여야 한다(제70조 제2항, 제209조).
③ 경미범죄의 특칙: 50만원 이하의 벌금·구류·과료에 해당하는 사건에 관하여는 피의자(피고인)에게 일정한 주거가 없는 경우에만 구속할 수 있다(제70조 제3항, 제201조 제1항 단서).

3. 피의자의 구속절차[50]

(1) 영장주의

1) 영장주의의 원칙

피의자를 구속하는 경우 반드시 구속영장이 있어야 한다. 체포와는 달리 구속에 있어서는 영장주의의 예외가 인정되지 아니한다.

2) 영장의 청구

① 검사의 청구: 검사는 관할지방법원판사에게 청구하여 구속영장을 발부받아 피의자를 구속할 수 있고, 사법경찰관은 검사에게 신청하여 검사의 청구로 판사의 구속영장을 발부받아 피의자를 구속할 수 있다(제201조 제1항).
② 서면 청구: 구속영장의 청구는 서면(구속영장청구서)으로 하여야 하며(규칙 제93조 제1항), 구속의 필요를 인정할 수 있는 자료 등을 제출하여야 한다(제201조 제2항, 규칙 제96조 제2항). 검사가 동일한 범죄사실에 관하여 그 피의자에 대하여 전에 구속영장을 청구하거나 발부받은 사실이 있을 때에는 다시 구속영장을 청구하는 취지 및 이유를 기재하여야 한다(제201조 제5항).

---

49) 피의자 구속과 피고인 구속의 요건은 동일하다.
50) 피의자 구속과 피고인 구속은 그 절차, 효과 등에 있어 차이가 있으므로 반드시 구분하여야 한다.

(2) 구속 전 피의자심문(구속영장 실질심사)

1) 의의

구속영장의 청구를 받은 판사가 피의자를 직접 심문하여 구속사유의 존부를 판단하는 것을 말한다.[51]

2) 필요적 심문

① **체포된 피의자의 경우**

체포된 피의자[52]에 대하여 구속영장을 청구받은 판사는 지체 없이 피의자를 심문하여야 한다. 이 경우 특별한 사정이 없는 한 구속영장이 청구된 날의 다음날까지 심문하여야 한다(제201조의2 제1항). [23 경간부, 22 경찰채용, 20 국가7급, 20 법원9급, 19 경찰승진, 18 경간부, 18 경찰채용]*

② **체포되지 않은 피의자의 경우**

체포되지 않은 피의자에 대하여 구속영장을 청구받은 판사는 피의자가 죄를 범하였다고 의심할 만한 이유가 있는 경우에 구인을 위한 구속영장을 발부하여 피의자를 구인한 후 심문하여야 한다.[53] 다만, 피의자가 도망하는 등의 사유로 심문할 수 없는 경우에는 그러하지 아니하다(제201조의2 제2항). [20 경찰승진, 18 법원9급]*

3) 국선변호인 선정

① 구속 전 피의자심문에 있어 심문할 피의자에게 변호인이 없는 때에는 지방법원판사는 직권으로 변호인을 선정하여야 한다. 이 경우 변호인의 선정은 피의자에 대한 구속영장 청구가 기각되어 효력이 소멸한 경우를 제외하고는 제1심까지 효력이 있다(제201조의2 제8항). [23 경간부, 22 경간부, 20 경찰채용, 20 국가9급, 20 법원9급, 18 변호사, 18 경찰승진, 18 경찰채용, 18 국가9급, 17 변호사, 17 경찰승진, 16 법원9급]* 법원은 변호인의 사정이나 그 밖의 사유로 변호인 선정결정이 취소되어 변호인이 없게 된 때에는 직권으로 변호인을 다시 선정할 수 있다(동조 제9항).

② 변호인은 구속영장이 청구된 피의자에 대한 심문 시작 전에 피의자와 접견할 수 있다(규칙 제96조의20 제1항). 피의자는 판사의 심문 도중에도 변호인에게 조력을 구할 수 있다(규칙 제96조의16 제4항). [20 법원9급, 19 경찰승진, 18 경찰승진, 18 경찰채용, 16 경찰승진]*

③ 피의자 심문에 참여할 변호인은 지방법원판사에게 제출된 구속영장청구서 및 그에 첨부된 고소·고발장, 피의자의 진술을 기재한 서류와 피의자가 제출한 서류를 열람할 수 있으나, 지방법원판사는 구속영장청구서를 제외하고는 위 서류의 전부 또는 일부의 열람을 제한할 수 있다(규칙 제96조의21). [22 경간부]*

4) 심문절차

① **심문기일 통지와 관계인의 출석**

지방법원판사는 체포된 피의자의 경우에는 즉시, 체포되지 않는 피의자의 경우에는 피의자를 인치한 후 즉시 심문기일과 장소를 검사·피의자 및 변호인에게 통지하여야 하고, 검사는 피의자가 체포되어 있는 때에는 그 기일에 피의자를 출석시켜야 한다(제201조의2 제3항).[54] 판사는 피의자가 심문기일에의 출석을 거부하거나 질병 기타 사유로 출석이 현저하게 곤란한 때에는 피의자의 출석 없이 심문절차를 진행할 수 있다(규칙 제96조의13 제1항). [17 경찰승진, 16 경찰승진]*

② **심문장소**

피의자의 심문은 법원청사 내에서 하여야 한다. 다만, 피의자가 출석을 거부하거나 질병 기타 부득이한 사유로 법원에 출석할 수 없는 때에는 경찰서, 구치소 기타 적당한 장소에서 심문할 수 있다(규칙 제96조의15). [22 경간부]*

---

51) 영장실질심사는 지방법원판사가 피의자에 대한 구속영장을 발부하기 전에 하는 것이며, 수소법원이 피고인에 대한 구속영장을 발부할 때 하는 것이 아님을 주의해야 한다.

52) 체포영장에 의한 체포(제200조의2), 긴급체포(제200조의3), 현행범인의 체포(제212조) 규정에 의해 체포된 피의자를 모두 포함한다.

53) 구속의 절차에서 체포되지 않은 피의자에 대하여는 구인절차(구인을 위한 구속영장발부)가 추가된다는 점에서만 체포된 피의자와 차이가 있을 뿐이다.

54) 체포된 피의자는 체포의 효력에 근거하여 피의자를 법원에 인치시킬 수 있다.

③ **진술거부권 등의 고지와 피의자심문**

판사는 피의자에게 범죄사실의 요지를 고지하고, 진술거부권을 고지하여야 하며(규칙 제96조의16 제1항), 구속여부를 판단하기 위하여 필요한 사항에 관하여 신속하고 간결하게 심문하여야 한다(동조 제2항). [22 경간부]* 판사는 피의자를 심문하는 때에는 공범의 분리심문이나 그 밖에 수사상의 비밀보호를 위하여 필요한 조치를 하여야 한다(제201조의2 제5항).

④ **검사와 변호인의 의견진술**

검사와 변호인은 심문기일에 출석하여 의견을 진술할 수 있다(제201조의2 제4항). 검사와 변호인은 판사의 심문이 끝난 후에 의견을 진술할 수 있다. 다만, 필요한 경우에는 심문 도중에도 판사의 허가를 얻어 의견을 진술할 수 있다(규칙 제96조의16 제3항). [20 경찰채용, 20 법원9급, 19 경찰승진, 18 경찰채용, 16 경찰승진]*

⑤ **피의자심문조서의 작성**

피의자를 심문하는 경우 법원사무관 등은 심문의 요지 등을 조서로 작성하여야 한다(제201조의2 제6항).

⑥ **심문의 비공개**

피의자에 대한 심문절차는 공개하지 아니한다. 다만, 판사는 상당하다고 인정하는 경우에는 피의자의 친족, 피해자 등 이해관계인의 방청을 허가할 수 있다(규칙 제96조의14). [23 경간부, 22 경간부, 19 경찰승진, 18 경찰채용, 17 경찰승진, 16 경찰승진]*

(3) 구속영장의 발부

1) 영장의 발부

① **발부결정**: 구속영장의 청구를 받은 지방법원판사는 신속히 구속영장의 발부여부를 결정하여야 하며(제201조 제3항) 상당하다고 인정할 때에는 구속영장을 발부한다(제201조 제4항).

② **기각결정**: 구속영장을 발부하지 아니할 때에는 청구서에 그 취지 및 이유를 기재하고 서명날인하여 청구한 검사에게 교부한다(제201조 제4항 단서).

③ **불복의 가능성**: 판례에 의하면 구속영장의 발부 또는 기각결정에 대하여는 항고 또는 준항고를 하는 방법으로 불복하는 것은 허용되지 아니한다.55)

⚖ 판례 | 구속영장청구에 대한 판사의 재판(영장의 발부 또는 기각결정)에 대한 항고, 준항고(불가)

[1] 검사의 체포영장 또는 구속영장 청구에 대한 지방법원판사의 재판은 형사소송법 제402조의 규정에 의하여 항고의 대상이 되는 '법원의 결정'에 해당하지 아니하고, 제416조 제1항의 규정에 의하여 준항고의 대상이 되는 '재판장 또는 수명법관의 구금 등에 관한 재판'에도 해당하지 아니한다.

[2] 체포영장 또는 구속영장에 관한 재판 그 자체에 대하여 직접 항고 또는 준항고를 하는 방법으로 불복하는 것은 이를 허용하지 아니하는 대신에, 체포영장 또는 구속영장이 발부된 경우에는 피의자에게 체포 또는 구속의 적부심사를 청구할 수 있도록 하고 그 영장청구가 기각된 경우에는 검사로 하여금 그 영장의 발부를 재청구할 수 있도록 허용함으로써, 간접적인 방법으로 불복할 수 있는 길을 열어 놓고 있다[대결 2006.12.18, 2006모646].

---

2) 구속영장의 기재사항56)

① **기재사항**: 구속영장에는 피의자의 성명·주거·죄명·범죄사실의 요지·인치구금할 장소·발부연월일·그 유효기간과 그 기간을 도과하면 집행에 착수하지 못하며 영장을 반환하여야 할 취지를 기재하고 판사가 서명날인하여야 한다(제209조, 제75조 제1항). 다만, 피고인의 성명이 분명하지 아니한 때에는 인상, 체격, 기타 피고인을 특정할 수 있는 사항으로 피고인을 표시할 수 있으며, 피고인의 주거가 분명하지 아니한 때에는 그 주거의 기재를 생략할 수 있다(제209조, 제75조 제2항·제3항).

---

55) 구속영장에 관한 재판 그 자체에 대하여 형사소송법상 어떠한 방법으로도 불복할 수 없다.
56) 이하부터 4. 피고인의 구속절차 앞부분까지는 체포영장과 내용이 사실상 동일하다.

② **수통의 발부:** 구속영장은 수통을 작성하여 사법경찰관리 수인에게 교부할 수 있다. 이 경우에는 그 사유를 구속영장에 기재하여야 한다(제209조, 제82조).

3) 구속영장의 유효기간

구속영장의 유효기간 7일로 한다. 다만, 법원 또는 법관은 상당하다고 인정하는 때에는 7일을 넘는 기간을 정할 수 있다(규칙 제178조).

(4) 구속영장의 집행(체포영장의 집행과 동일함)

1) 집행기관

① 구속영장은 검사의 지휘에 의하여 사법경찰관리가 집행한다(제209조, 제81조 제1항 본문).

② 교도소 또는 구치소에 있는 피의자에 대하여 발부된 구속영장은 검사의 지휘에 의하여 교도관이 집행한다(제209조, 제81조 제3항).

⚖ 판례 | 법관이 검사의 청구에 의하여 체포된 피의자의 구금을 위한 구속영장을 발부한 경우, 검사와 사법경찰관리는 지체 없이 신속하게 구속영장을 집행하여야 하는지 여부(적극)

[1] 법관이 검사의 청구에 의하여 체포된 피의자의 구금을 위한 구속영장을 발부하면 검사와 사법경찰관리는 지체 없이 신속하게 구속영장을 집행하여야 한다. 피의자에 대한 구속영장의 제시와 집행이 그 발부 시로부터 정당한 사유 없이 시간이 지체되어 이루어졌다면, 구속영장이 그 유효기간 내에 집행되었다고 하더라도 위 기간 동안의 체포 내지 구금 상태는 위법하다. [2] 피고인에 대한 구속영장이 2020.2.8. 발부되고 피고인에 대한 구속영장 청구 사건의 수사관계 서류와 증거물이 같은 날 17:00경 검찰청에 반환되어 그 무렵 검사의 집행지휘가 있었는데도, 사법경찰리는 그로부터 만 3일 가까이 경과한 2020.2.11. 14:10경 구속영장을 집행하였으므로 사법경찰리의 피고인에 대한 구속영장 집행은 지체 없이 이루어졌다고 볼 수 없고, 위 '구속영장 집행에 관한 수사보고'상의 사정(피고인에 대한 사건 담당자가 그날 외근 수사 중이었기 때문에 부득이 2020.2.11. 구속영장을 집행하였다.'는 취지로 작성됨)은 구속영장 집행절차 지연에 대한 정당한 사유에 해당한다고 보기도 어려우므로 정당한 사유 없이 지체된 기간 동안의 피고인에 대한 체포 내지 구금 상태는 위법하다고 할 것이다. 다만 판결내용 자체가 아니고 피고인의 신병확보를 위한 구금 등의 처분에 관한 절차가 법령에 위반된 경우에는, 그 구금 등의 처분에 대하여 형사소송법 제417조에 따라 법원에 그 처분의 취소 또는 변경을 청구하는 것은 별론으로 하고 그로 인하여 피고인의 방어권, 변호권이 본질적으로 침해되고 판결의 정당성마저 인정하기 어렵다고 보여지는 정도에 이르지 아니하는 한, 그 구금 등의 처분이 위법하다는 것만으로 판결 결과에 영향이 있어 독립한 상고이유가 된다고 할 수 없다[대판 2021.4.29. 2020도16438].

---

2) 관할구역 외 집행과 집행촉탁

① 검사는 필요에 의하여 관할구역 외에서 구속영장의 집행을 지휘할 수 있고 또는 당해 관할구역의 검사에게 집행지휘를 촉탁할 수 있다(제209조, 제83조 제1항).

② 사법경찰관리는 필요에 의하여 관할구역 외에서 구속영장을 집행할 수 있고 또는 당해 관할구역의 사법경찰관리에게 집행을 촉탁할 수 있다(제209조, 제83조 제2항).

3) 집행의 절차

① **영장의 제시:** 구속영장을 집행함에는 피의자에게 반드시 이를 제시하고 그 사본을 교부하여야 한다(제209조, 제85조 제1항). [22 경찰채용]* 다만, 구속영장을 소지하지 아니한 경우에 급속을 요하는 때에는 범죄사실의 요지와 영장이 발부되었음을 고하고 집행할 수 있고 이 경우 집행을 완료한 후에는 신속히 구속영장을 제시하고 그 사본을 교부하여야 한다(제209조, 제85조 제3항·제4항).

② **미란다 원칙의 고지:** 검사 또는 사법경찰관은 피의자를 구속하는 경우에는 피의사실의 요지, 구속의 이유와 변호인을 선임할 수 있음을 말하고 변명할 기회를 주어야 한다(제209조, 제200조의5).

③ 피의자의 인치: 구속영장을 집행함에는 피의자를 신속히 지정된 법원 기타 장소에 인치하여야 한다(제209조, 제85조 제1항). 다만, 피의자를 호송할 경우에 필요하면 가장 접근한 교도소 또는 구치소에 임시로 유치할 수 있다(제209조, 제86조).

(5) 구속 후의 조치(구속사실의 통지)

피의자를 구속한 때에는 ⅰ) 변호인이 있는 경우에는 변호인에게, ⅱ) 변호인이 없는 경우에는 변호인선임권자57) 중 피의자가 지정한 자에게 피의사건명, 체포의 일시·장소, 피의사실의 요지, 체포의 이유와 변호인을 선임할 수 있는 취지를 지체없이(구속한 때로부터 늦어도 24시간 이내에) 서면으로 알려야 한다(제200조의6, 제209조, 제213조의2, 제87조, 규칙 제51조 제2항 등).

(6) 법원에 대한 통지

구속영장의 발부를 받은 후 피의자를 구속하지 아니하거나 구속한 피의자를 석방한 때에는 지체없이 검사는 영장을 발부한 법원에 그 사유를 서면으로 통지하여야 한다(제204조).

4. 피고인의 구속절차

(1) 사전청문절차(구속영장 발부시의 미란다원칙 실시)

피고인에 대하여 범죄사실의 요지, 구속의 이유와 변호인을 선임할 수 있음을 말하고 변명할 기회를 준 후가 아니면 구속할 수 없다.58) 다만, 피고인이 도망한 경우에는 그러하지 아니하다(제72조). [19 경찰승진]* 법원은 합의부원으로 하여금 위 절차를 이행하게 할 수 있다(제72조2). [19 국가7급]*

> **🔥판례 | 사전청문절차를 위반한 구속영장 발부의 효과(원칙 위법, 다만 이미 사전청문절차 규정이 정한 절차적 권리 – 예 변호인 선임 – 가 실질적으로 보장된 경우에는 위법하지 않음)**
>
> 형사소송법 제72조는 "피고인에 대하여 범죄사실의 요지, 구속의 이유와 변호인을 선임할 수 있음을 말하고 변명할 기회를 준 후가 아니면 구속할 수 없다."고 규정하고 있는바, 이는 피고인을 구속함에 있어 법관에 의한 사전 청문절차를 규정한 것으로서, 구속영장을 집행함에 있어 집행기관이 취하여야 하는 절차가 아니라 구속영장 발부함에 있어 수소법원 등 법관이 취하여야 하는 절차라 할 것이므로, 법원이 피고인에 대하여 구속영장을 발부함에 있어 사전에 위 규정에 따른 절차를 거치지 아니한 채 구속영장을 발부하였다면 그 발부결정은 위법하다고 할 것이나, 위 규정은 피고인의 절차적 권리를 보장하기 위한 규정이므로 이미 변호인을 선정하여 공판절차에서 변명과 증거의 제출을 다하고 그의 변호 아래 판결을 선고받은 경우 등과 같이 위 규정에서 정한 절차적 권리가 실질적으로 보장되었다고 볼 수 있는 경우에는, 이에 해당하는 절차의 전부 또는 일부를 거치지 아니한 채 구속영장을 발부하였다 하더라도 이러한 점만으로 그 발부결정이 위법하다고 볼 것은 아니다 [대결 2000.11.10. 2000모134]. [17 국가9급]*

(2) 구속영장의 발부

1) 영장주의

① 법원이 피고인을 구속함에는 구속영장을 발부하여야 한다(제70조, 제73조).59)

② 피고인에 대하여는 수소법원이 영장을 발부하는 것이 원칙이다. 그러나 급속을 요하는 경우 재판장 또는 합의부원이 영장을 발부할 수 있고, 수탁판사가 발부하는 경우도 있다(제70조, 제77조, 제80조).

---

57) 변호인선임권자는 피의자의 법정대리인, 배우자, 직계친족과 형제자매를 말한다.

58) 본 규정은 피고인을 구속함에 있어 법관에 의한 사전 청문절차를 규정한 것이므로 "구속할 수 없다."는 의미는 "구속영장을 발부할 수 없다."는 의미로 이해하여야 한다.

59) 따라서 앞서 본 바와 같이 피의자 구속이든 피고인 구속이든 반드시 구속영장에 의하여야 한다.

⚖️판례 | 구속영장의 법적성격

법원이 직권으로 발부하는 영장은 명령장으로서의 성질을 갖지만 수사기관의 청구에 의하여 발부하는 구속영장은 허가장으로서의 성질을 갖는 것이므로 양자의 법적 성격은 같지 않다[현재 1997.3.27.\n96현바28]. [23 경간부, 20 경찰승진]*

⚖️판례 | 법원이 피고인에 대하여 구속영장을 발부하는 경우에 검사의 청구가 필요한지 여부(소극)

형사재판을 주재하는 법원이 피고인에 대하여 구속영장을 발부하는 경우에도 검사의 신청이 있어야 하는 것은 아니다[대결 1996.8.12.\n96모46]. [17 경간부, 16 국가7급]*

2) 구속영장의 기재사항과 수통의 발부

피의자의 구속영장의 방식과 동일하다(제75조, 제82조).

(3) 구속영장의 집행

① 구속영장은 검사의 지휘에 의하여 사법경찰관리가 집행한다(제81조 제1항). 교도소 또는 구치소에 있는 피고인에 대하여 발부된 구속영장은 검사의 지휘에 의하여 교도관이 집행한다(제81조 제3항). 다만, 급속을 요하는 경우에는 재판장·수명법관·수탁판사가 그 집행을 지휘할 수 있고 이 경우 법원사무관 등에게 그 집행을 명할 수 있다(제81조 제2항).[60]

② 영장의 제시(제85조)는 피의자의 구속영장 집행과 동일하다.

(4) 구속영장의 집행 후의 절차

① 사후청문절차: 피고인을 '구속한 때에는' 법원 또는 법관은 즉시 공소사실의 요지와 변호인을 선임할 수 있음을 알려야 한다(제88조, 규칙 제52조).[61]

⚖️판례 | 사후청문절차 위반의 법적효과(구속영장의 효력에는 영향이 없음)

형사소송법 제88조의 사후청문절차에 관한 규정을 위반하였다 하여 구속영장의 효력에 어떠한 영향을 미치는 것은 아니다 [대결 2000.11.10.\n2000모134]. [18 경찰승진, 16 경찰채용]*

② 피고인을 구속한 때에는 변호인이 있는 경우에는 변호인에게, 변호인이 없는 경우에는 변호인선임권자 중 피고인이 지정한 자에게 피고사건명, 구속일시·장소, 범죄사실의 요지, 구속의 이유와 변호인을 선임할 수 있는 취지를 지체없이(구속한 때로부터 늦어도 24시간 이내에) 서면으로 알려야 한다(제87조, 규칙 제51조 제2항). [16 법원9급]*

5. 구속기간

(1) 구속기간의 계산방법

구속기간의 초일은 시간을 계산함이 없이 1일로 산정한다(제66조 제1항 단서). 구속기간의 말일이 공휴일 또는 토요일에 해당하는 날이라도 기간에 산입된다(동조 제3항 단서).

---

60) 요급집행에서만 피의자의 구속과 차이가 있을 뿐이다.
61) 영장발부 전에 고지한 것과 별개로 '다시' 고지하여야 한다.

(2) 피의자 구속기간

1) 구속기간의 기산점

① 구속기간은 실제로 피의자가 구속된 날로부터 기산한다.

② 구속에 앞서 체포 또는 구인이 선행하는 경우에는 구속기간은 피의자를 실제로 체포 또는 구인한 날로부터 기산한다(제203조의2). [20 경간부, 20 경찰채용, 17 경찰승진]*

2) 구속기간

① 사법경찰관의 구속기간

사법경찰관이 피의자를 구속한 때에는 10일 이내에 피의자를 검사에게 인치하지 아니하면 석방하여야 한다(제202조). [17 경찰채용]* 따라서 사법경찰관의 피의자에 대한 구속기간은 최장 10일이다.

② 검사의 구속기간

검사가 피의자를 구속한 때 또는 사법경찰관으로부터 피의자의 인치를 받은 때에는 10일 이내에 공소를 제기하지 아니하면 석방하여야 한다(제203조). 다만, 검사는 지방법원판사의 허가를 얻어 10일을 초과하지 않는 한도에서 구속기간을 1차에 한하여 연장할 수 있다(제205조).[62] 구속기간연장허가결정이 있은 경우에 그 연장기간은 종전 구속기간만료 다음날로부터 기산한다(규칙 제98조). [18 경찰승진, 17 경찰승진]* 따라서 검사의 피의자에 대한 구속기간의 최장기간은 20일이다. 따라서 수사기관(사경+검사)의 피의자에 대한 구속기간의 최장기간은 30일이다.

> **⚖ 판례 | 구속기간연장신청에 대한 지방법원판사의 재판에 대하여 불복할 수 있는지의 여부(소극)**
>
> 구속기간의 연장을 허가하지 아니하는 지방법원판사의 결정에 대하여는 항고의 방법으로는 불복할 수 없고 나아가 그 지방법원판사는 수소법원으로서의 재판장 또는 수명법관도 아니므로 그가 한 재판은 준항고의 대상이 되지도 않는다[대결 1997.6.16. 97모1]. [18 경찰승진, 17 경찰승진]*

---

3) 구속기간에 산입하지 않는 기간

㉠ 영장실질심사에 있어서 법원이 관계서류와 증거물을 접수한 날부터 구속영장을 발부하여 검찰청에 반환한 날까지의 기간(제201조의2 제7항) [23 경간부, 20 경찰승진, 20 경찰채용, 20 법원9급, 17 경찰승진]* ㉡ 체포구속적부심사에 있어서 법원이 관계서류와 증거물을 접수한 때부터 결정 후 검찰청에 반환된 때까지의 기간(제214조의2 제13항) ㉢ 피의자 감정유치기간(제172조의2, 제221조의3) ㉣ 피의자가 도망간 기간 ㉤ 구속집행 정지기간 등은 구속기간에 산입하지 아니한다.

(3) 피고인 구속기간

1) 구속기간의 기산점

공소제기 전의 체포·구속기간은 피고인의 구속기간에 산입하지 아니하므로(제92조 제3항) 제1심 법원의 구속기간의 기산점은 공소제기일이다.

2) 구속기간

피고인에 대한 구속기간은 2개월로 한다(제92조 제1항). 특히 구속을 계속할 필요가 있는 경우에는 심급마다 2개월 단위로 2차에 한하여 결정으로 갱신할 수 있다. 다만, 상소심은 피고인 또는 변호인이 신청한 증거의 조사, 상소이유를 보충하는 서면의 제출 등으로 추가 심리가 필요한 부득이한 경우에는 3차에 한하여 갱신할 수 있다(동조 제2항). 따라서 제1심, 제2심, 제3심 모두 최장 피고인을 각 6개월 동안 구속할 수 있으므로 피고인에 대한 최장 구속기간은 18개월이다. [18 변호사, 18 경찰승진, 18 경간부]*

---

62) 국가보안법상 특정범죄(제3조 내지 제6조·제8조·제9조)에 대해서는 사법경찰관에게 1회, 검사에게 2회에 한하여 구속기간을 연장하고 있는 특례를 규정하고 있다(국가보안법 제19조). 따라서 국가보안법위반의 피의자에 대한 구속기간은 최장 50일이다.

3) 구속기간에 산입하지 않는 기간

구속기간을 계산할 때에는 ㉠ 공소제기 전의 체포·구인·구금 기간 [19 경찰승진, 18 변호사]* ㉡ 기피신청에 의한 소송진행의 정지기간 [20 경찰승진, 19 경간부]* ㉢ 공소장변경에 의한 공판절차 정지기간 [20 국가7급]* ㉣ 심신상실·질병으로 인한 공판절차 정지기간 ㉤ 피고인 감정유치기간 ㉥ 피고인이 도망간 기간 ㉦ 구속집행 정지기간 ㉧ 보석기간 ㉨ 위헌법률심판 제청에 의한 공판절차 정지기간 등은 구속기간에 산입하지 아니한다(제92조 제3항, 제172조의2, 헌법재판소법 제42조).63)

6. 재구속의 제한

(1) 피의자 재구속 제한

① 검사 또는 사법경찰관에 의해 구속되었다가 석방된 피의자는 다른 중요한 증거를 발견한 경우를 제외하고는 동일한 범죄사실에 대하여 재차 구속하지 못한다(제208조 제1항). [20 변호사, 19 경찰승진, 18 경찰승진, 17 경간부]* 이 경우 1개의 목적을 위하여 동시 또는 수단결과의 관계에서 행하여진 행위는 동일한 범죄사실로 간주한다(동조 제2항). [19 경찰승진, 18 경찰승진]*

> **⚖ 판례 | 긴급체포되었다가 석방된 후, 법원이 발부한 구속영장에 의하여 구속한 것이 위법한지의 여부(소극)**
>
> 형사소송법 제208조(재구속의 제한 규정) 소정의 '구속되었다가 석방된 자'라 함은 구속영장에 의하여 구속되었다가 석방된 경우를 말하는 것이지, 긴급체포나 현행범으로 체포되었다가 사후영장발부 전에 석방된 경우는 포함되지 않는다 할 것이므로, 피고인이 수사 당시 긴급체포되었다가 수사기관의 조치로 석방된 후 법원이 발부한 구속영장에 의하여 구속이 이루어진 경우 앞서 본 법조에 위배되는 위법한 구속이라고 볼 수 없다[대판 2001.9.28. 2001도4291]. [20 경간부, 20 경찰채용, 20 국가9급, 19 변호사, 19 법원9급, 18 국가7급, 18 경찰채용, 17 경간부, 16 변호사]*

② 국가보안법상의 공소보류를 받은 자에 대하여 공소보류가 취소된 경우에는 형사소송법 제208조의 규정에 불구하고 동일한 범죄사실로 재구속할 수 있다(국가보안법 제20조 제4항).

(2) 재구속 제한규정(제208조 제1항)이 수소법원의 피고인 재구속에도 적용되는지 여부

> **⚖ 판례 | 수사기관의 피의자에 대한 재구속 제한규정이 수소법원의 피고인 재구속에는 적용되지 않음**
>
> 형사소송법 제208조(재구속의 제한)의 규정은 수사기관이 피의자를 구속하는 경우에만 적용되고 수소법원이 피고인을 구속하는 경우에는 적용되지 않는다[대판 1969.5.27. 69도509]. [20 국가9급, 19 국가7급, 18 법원9급]*
>
> **동지판례** 구속기간의 만료로 피고인에 대한 구속의 효력이 상실된 후 항소법원이 피고인에 대한 판결을 선고하면서 피고인을 구속하였다 하여 위 법 제208조의 규정에 위배되는 재구속 또는 이중구속이라 할 수 없다[대결 1985.7.23. 85모12].
>
> **기출지문** 구속되었다가 석방된 피의자 또는 피고인은 다른 중요한 증거가 발견된 경우가 아니면 동일한 범죄사실에 관하여 재차 구속하지 못한다. (×)

---

63) 그러나 관할지정이나 관할이전 신청에 의한 소송절차 정지기간, 토지관할의 병합심리신청에 의한 소송절차 정지기간은 구속기간에 산입한다. [16 법원9급]*

7. 구속영장의 효력

(1) 구속영장의 효력이 미치는 범위

> ⚖️ **판례 | 구속영장의 효력이 미치는 범위**
>
> 구속영장의 효력은 구속영장에 기재된 범죄사실 및 그 사실의 기초가 되는 사회적 사실관계가 기본적인 점에서 동일한 공소사실에 미친다고 할 것이고, 이러한 기본적 사실관계의 동일성을 판단함에 있어서는 그 사실의 동일성이 갖는 기능을 염두에 두고 피고인의 행위와 그 사회적인 사실관계를 기본으로 하되 규범적 요소도 아울러 고려하여야 한다[대결 2001.5.25. 2001모85].

(2) 이중구속

이중구속이란 구속영장에 의하여 구속된 피의자나 피고인을 별개의 범죄사실로 재차 구속영장을 발부받아 이를 집행하는 것을 말한다.

> ⚖️ **판례 | 이중구속의 허용 여부(허용)**
>
> 구속의 효력은 원칙적으로 구속영장에 기재된 범죄사실에만 미치는 것이므로 구속기간이 만료될 무렵에 종전 구속영장에 기재된 범죄사실과 다른 범죄사실로 피고인을 구속하였다는 사정만으로는 피고인에 대한 구속이 위법하다고 할 수 없다[대결 1996.8.12. 96모46].
>
> [23 경간부, 20 국가7급, 19 경찰채용, 18 경간부, 18 법원9급, 17 경찰승진, 17 경간부]*

(3) 별건구속

① 별건구속이란 본래 의도하고 있는 사건(本件)의 수사를 위하여 피의자를 구속할 필요가 있으나 그 사건에 대하여 구속영장을 발부받기 어려울 경우 구속요건이 갖추어진 다른 사건(別件)으로 구속하는 것을 말한다.

② 별건구속은 영장주의에 위반되고, 별건구속에 의하여 본건을 수사하고 다시 본건으로 구속하는 경우 이는 구속기간 제한 규정을 위반하는 것이어서 위법하다(통설).

(4) 여죄수사

1) 의의

여죄란 수사의 대상이 된 피의사건 이외의 사건으로 동시 수사의 가능성이 있는 것을 말한다.

2) 여죄수사의 허용한계

구속된 피의자에 대하여 피의사건을 수사하면서 합목적성 견지에서 그 피의사건 외의 다른 범죄(여죄)의 수사도 원칙적으로 허용된다.

▶ 피의자구속 vs 피고인구속

구분	피의자구속	피고인구속
공통점	① 구속의 요건 ② 구속의 통지 ③ 영장의 유효기간 ④ 영장의 집행기관과 집행의 방식 ⑤ 접견교통권, 변호인선임의뢰권	
구속의 주체	수사기관	법원
검사의 영장청구 요부	필요	불요

영장발부기관	지방법원판사	원칙적으로 법원
영장의 성질	허가장	명령장
구속전심문규정	있음	없음
구속기간	최장 사경 10일, 검사 20일	최장 18개월
구속기간연장 또는 갱신에 대한 불복	불복할 수 없음	보통항고
미란다고지	구속하는 경우에 피의사실의 요지, 구속의 이유와 변호인을 선임할 수 있음을 말하고 변명할 기회를 주어야 함	① '구속할 때에' 범죄사실의 요지, 구속의 이유와 변호인을 선임할 수 있음을 말하고 변명할 기회를 주어야 함(사전청문절차) ② '구속한 때에' 공소사실의 요지와 변호인을 선임할 수 있음을 알려야 함(사후청문절차)
구속적부심사제도	있음	없음
재구속 요건	다른 중요한 증거를 발견한 때	피의자 구속의 경우와 같은 제한 없음

Ⅲ 감정유치[64]

1. 의의

피의자나 피고인의 정신 또는 신체에 관한 감정에 필요하여 병원 기타 적당한 장소에 피의자나 피고인을 유치하는 강제처분을 말한다(제221조의3, 제172조 제3항).

2. 요건과 대상

(1) 요건

범죄의 객관적 혐의와 감정의 필요성이 인정될 것을 요한다.

(2) 대상

피의자와 피고인을 대상으로 한다. 감정유치는 대인적 강제처분이므로 일반 제3자는 감정유치의 대상에 해당하지 아니한다.

3. 절차

(1) 피의자 감정유치

① 검사는 피의자에 대한 감정에 필요할 때에는 판사에게 감정유치를 청구하여야 한다(제221조의3 제1항). [16 경찰승진]* 판사는 청구가 상당하다고 인정할 때에는 감정유치장을 발부한다(동조 제2항).

② 판사는 기간을 정하여 병원 기타 적당한 장소에 피의자를 유치하게 할 수 있고, 감정이 완료되면 즉시 유치를 해제하여야 한다(제221조의3 제2항, 제172조 제3항).

③ 판사는 필요한 때에는 유치기간을 연장하거나 단축할 수 있다(제221조의3 제2항, 제172조 제6항). 따라서 유치기간에는 제한이 없다.

---

64) 편의상 피고인에 대한 감정유치까지 함께 기술하였다.

(2) 피고인 감정유치

① 법원은 피고인에 대한 감정유치가 필요한 때에는 직권으로 감정유치장을 발부한다(제172조 제4항).

② 나머지는 위에서 설명한 피의자 감정유치와 동일하다(동조 제3항·제6항).

4. 감정유치와 구속

① 구속에 관한 규정은 법률에 특별한 규정이 없는 경우에는 감정유치에 관하여 이를 준용한다. 다만, 보석에 관한 규정은 준용되지 않으므로 감정유치된 자에게 보석은 인정되지 아니한다(제221조의3 제2항, 제172조 제7항).

② 구속 중인 피의자·피고인에 대하여 감정유치장이 집행되었을 때에는 유치기간은 구속의 집행이 정지된 것으로 간주한다(제221조의3 제2항, 제172조의2 제1항). 따라서 감정유치기간은 구속기간에 포함되지 않는다. 감정유치처분이 취소되거나 유치기간이 만료된 때에는 구속의 집행정지가 취소된 것으로 간주한다(제221조의3 제2항, 제172조의2 제2항). [18 경찰승진, 16 경찰승진]*

③ 감정유치된 피의자나 피고인도 '신체구속을 당한 자'에 해당하므로 접견교통권을 가지며, 감정유치기간은 미결구금일수의 산입에 있어 이를 구속으로 간주한다(제221조의3 제2항, 제172조 제8항). [17 국가9급]*

Ⅳ 피고인·피의자 등의 접견교통권

1. 의의

(1) 개념

접견교통권이란 피의자·피고인 등이 변호인이나 가족 등과 접견하고, 서류 또는 물건을 수수하며 의사의 진료를 받을 수 있는 권리를 말한다. 헌법도 변호인의 조력을 받을 권리를 기본적 인권으로 보장하고 있다(헌법 제12조 제4항).

(2) 법적 근거와 인정취지

피의자와 피고인의 기본적 인권을 보호하고 방어권을 보장해주는 기능을 한다.

2. 접견교통권의 내용

(1) 변호인과의 접견교통권

1) 주체와 상대방

① 주체: ㉠ 신체 구속을 당한 피의자·피고인(제34조),[65] ㉡ 불구속 피의자·피고인(판례), ㉢ 임의동행의 형식으로 수사기관에 연행된 피의자나 피내사자에게도 접견교통권은 당연히 인정된다(판례). 다만, 이미 형이 확정되어 집행 중에 있는 수형자에게는 인정되지 아니한다(판례).

> **⚖ 판례 | 불구속 피의자나 피고인에게도 변호인과의 접견교통권이 인정되는지의 여부(적극)**
>
> 불구속 피의자나 피고인의 경우 형사소송법상 특별한 명문의 규정이 없더라도 스스로 선임한 변호인의 조력을 받기 위하여 변호인을 옆에 두고 조언과 상담을 구하는 것은 수사절차의 개시에서부터 재판절차의 종료에 이르기까지 언제나 가능하다. 따라서 신체구속 상태에 있지 않은 피의자도 당연히 접견교통권의 주체가 될 수 있다[헌재 2004.9.23. 2000헌마138]. [20 변호사, 20 경찰승진, 17 경찰승진, 16 경찰승진]*
>
> **기출지문** 접견교통권의 주체는 체포·구속을 당한 피의자이고, 신체구속 상태에 있지 않은 피의자는 포함되지 않는다. (×)

---

65) 구속영장에 의해 구속된 자뿐만 아니라 체포영장에 의한 체포, 긴급체포, 현행범체포, 감정유치에 의해 구속된 자도 포함된다.

⚖ 판례 | '임의동행된 피의자 또는 피내사자'에게도 변호인과의 접견교통권이 인정되는지의 여부(적극)

임의동행의 형식으로 수사기관에 연행된 피의자에게도 변호인 또는 변호인이 되려는 자와의 접견교통권은 당연히 인정된다고 보아야 하고 임의동행의 형식으로 연행된 피내사자의 경우에도 이는 마찬가지이다[대결 1996.6.3.96모18]. [20 경찰승진, 20 경간부, 20 국가7급, 19 경찰승진, 16 국가9급, 16 경간부]*

⚖ 판례 | 행정절차에서 구속된 사람에게도 변호인의 조력을 받을 권리가 보장되는지의 여부(적극)

[1] 헌법 제12조 제4항 본문에 규정된 '구속'은 사법절차에서 이루어진 구속뿐 아니라 행정절차에서 이루어진 구속까지 포함하는 개념이므로 헌법 제12조 제4항 본문에 규정된 변호인의 조력을 받을 권리는 행정절차에서 구속을 당한 사람에게도 즉시 보장된다.
[2] 인천공항출입국·외국인청장이 난민인정심사불회부 결정을 받은 후 인천국제공항 송환대기실에 수용된 청구인(수단 국적의 외국인)에 대한 변호인 접견신청을 거부한 행위는 변호인의 조력을 받을 권리를 침해한다[헌재 2018.5.31. 2014헌마346].

⚖ 판례 | 형이 확정되어 집행 중인 수형자에게도 변호인과의 접견교통권이 인정되는지의 여부

1. 형사소송법 제34조는 형이 확정되어 집행 중에 있는 수형자에 대한 재심개시의 여부를 결정하는 재심청구절차에는 그대로 적용될 수 없다[대판 1998.4.28. 96다48831]. [20 국가7급, 17 경간부]*

2. 형사절차가 종료되어 교정시설에 수용 중인 수형자66)는 원칙적으로 변호인의 조력을 받을 권리의 주체가 될 수 없다[헌재 1998.8.27. 96헌마398]. [16 경찰승진]*

⚖ 판례 | 변호인의 조력을 받을 권리의 주체에 해당하지 않는 경우(미결수용자가 형사사건이 아닌 재판에서 변호사와 접견할 경우)

미결수용자가 형사사건의 변호인이 아닌 민사재판, 행정재판, 헌법재판 등에서 변호사67)와 접견할 경우에는 원칙적으로 헌법상 변호인의 조력을 받을 권리의 주체가 될 수 없다[헌재 2013.8.29. 2011헌마122]. [16 법원행시]*

② 상대방: 변호인 및 변호인이 되려는 자이다.

⚖ 판례 | 변호인이 되려는 자의 접견교통권 인정 여부(인정)

[1] 변호인이 되려는 의사를 표시한 자가 객관적으로 변호인이 될 가능성이 있다고 인정되는데도, 형사소송법 제34조에서 정한 '변호인 또는 변호인이 되려는 자'가 아니라고 보아 신체구속을 당한 피고인 또는 피의자와 접견하지 못하도록 제한하여서는 아니 된다. [2] 변호사 A가 노동조합으로부터 근로자들이 연행될 경우 적절한 조치를 취해 줄 것을 부탁한다는 내용의 공문을 받았고 조합원 B에 대한 체포 현장에서 변호사 신분증을 제시하면서 변호인이 되려는 자로서 접견을 요청하였다면, 형사소송법 제34조에서 정한 접견교통권이 인정된다[대판 2017.3.9. 2013도16162]. [23 변호사, 20 경찰승진, 19 경찰채용, 18 경간부, 18 경찰채용, 17 국가7급]*

---

66) 형사절차가 종료되지 않은 상태로 교정시설에 수용 중인 '미결수용자'와 구별하여야 한다.
67) 접견의 상대방이 형사사건의 변호사가 아니라는 점을 주의하여야 한다.

2) 변호인과의 접견교통권의 내용

① **근거규정**: 변호인이나 변호인이 되려는 자는 신체가 구속된 피고인 또는 피의자와 접견하고 서류나 물건을 수수할 수 있으며 의사로 하여금 피고인이나 피의자를 진료하게 할 수 있다(제34조). [16 경간부]*

② **접견의 비밀보장**: 변호인과의 접견교통권은 감시 없는 자유로운 접견교통을 본질로 하므로 접견내용에 대하여는 비밀이 보장되어야 한다. 따라서 접견에 있어서 경찰관의 입회나 감시는 허용되지 않는다. 미결수용자와 변호인(변호인이 되려고 하는 사람을 포함한다)과의 접견에는 교도관이 참여하지 못하며 그 내용을 청취 또는 녹취하지 못한다. 다만, 보이는 거리에서 미결수용자를 관찰할 수 있다(수용자처우법 제84조 제1항). [17 경간부, 16 경간부]*

⚖ 판례 | 변호인과의 '자유로운' 접견이 제한될 수 있는지 여부(소극)

변호인과의 자유로운 접견은 신체구속을 당한 사람에게 보장된 변호인의 조력을 받을 권리의 가장 중요한 내용이어서 국가안전보장·질서유지·공공복리 등 어떠한 명분으로도 제한될 수 있는 성질의 것이 아니다. 관계공무원은 구속된 자와 변호인의 대담내용을 들을 수 있거나 녹음이 가능한 거리에 있어서는 아니되며 계호나 그 밖의 구실아래 대화장면의 사진을 찍는 등 불안한 분위기를 조성하여 자유로운 접견에 지장을 주어서도 아니될 것이다[헌재 1992.1.28. 91헌마111].

비교판례 헌법재판소가 91헌마111 결정에서 미결수용자와 변호인과의 접견에 대해 어떠한 명분으로도 제한할 수 없다고 한 것은 구속된 자와 변호인 간의 접견이 실제로 이루어지는 경우에 있어서의 '자유로운 접견', 즉 '대화내용에 대하여 비밀이 완전히 보장되고 어떠한 제한, 영향, 압력 또는 부당한 간섭 없이 자유롭게 대화할 수 있는 접견'을 제한할 수 없다는 것이지, 변호인과의 접견 자체에 대해 아무런 제한도 가할 수 없다는 것을 의미하는 것이 아니다. 따라서 미결수용자의 변호인 접견권 역시 국가안전보장·질서유지 또는 공공복리를 위해 필요한 경우에는 법률로써 제한될 수 있음은 당연하다[헌재 2011.5.26. 2009헌마341].

⚖ 판례 | 미결수용자의 변호인과의 접견교통권을 제한할 수 있는지의 여부(= 법률에 의한 제한이 가능)

[사실관계] 국선변호인은 6.5. 교도소장에게 피고인에 대한 접견을 신청하였는데, 접견을 희망한 6.6.이 현충일로 공휴일이라는 이유로 접견이 거부되었고, 이로부터 이틀 후인 6.8. 피고인과 변호인의 접견이 실시되었고 그 후로도 공판기일까지는 열흘 넘는 기간이 남아 있었다.

[1] 미결수용자의 변호인 접견권 역시 국가안전보장·질서유지 또는 공공복리를 위해 필요한 경우에는 법률로써 제한될 수 있음은 당연하다. [20 경간부]*

[2] 수용자처우법 제84조 제2항[68]에 의해 금지되는 접견시간 제한의 의미는 접견에 관한 일체의 시간적 제한이 금지된다는 것으로 볼 수는 없고, 수용자와 변호인의 접견이 현실적으로 실시되는 경우, 그 접견이 미결수용자와 변호인의 접견인 때에는 미결수용자의 방어권 행사로서의 중요성을 감안하여 자유롭고 충분한 변호인의 조력을 보장하기 위해 접견 시간을 양적으로 제한하지 못한다는 의미로 이해하는 것이 타당하므로, 수용자처우법 제84조 제2항에도 불구하고 같은 법 제41조 제4항의 위임에 따라 수용자의 접견이 이루어지는 일반적인 시간대를 대통령령으로 규정하는 것은 가능하다. 따라서 이 사건 교도소장의 접견불허처분이 청구인의 변호인의 조력을 받을 권리를 침해하였다고 볼 수 없다[헌재 2011.5.26. 2009헌마341]. [18 경찰채용, 16 법원행시]*

관련판례 변호인의 구속된 피고인 또는 피의자와의 접견교통권은 피고인 또는 피의자 자신이 가지는 변호인과의 접견교통권과는 성질을 달리하는 것으로서 헌법상 보장된 권리라고는 할 수 없고, 형사소송법 제34조에 의하여 비로소 보장되는 권리이지만[69] 신체구속을 당한 피고인 또는 피의자의 인권보장과 방어준비를 위하여 필수불가결한 권리이므로, 수사기관의 처분이나 법원의 결정에 의하여 이를 제한할 수 없고, 다만 법령에 의하여서만 제한이 가능하다[대결 1991.3.28. 91모24]. [20 경간부, 20 국가7급, 19 경간부, 19 경찰채용, 17 법원9급, 17 경찰승진, 16 경찰승진, 16 경간부, 16 경찰채용]*

비교판례 체포되어 구속영장이 청구된 피의자를 검사가 신문하는 과정에서, 피의자 가족의 의뢰를 받아 '변호인이 되려는' 변호사가 검사에게 접견신청을 하였음에도 검사가 별다른 조치를 취하지 아니한 것은 실질적으로 접견신청을 불허한 것과 동일하게 평가할 수 있다(변호인이 되려는 변호사의 헌법상 보장된 접견교통권을 침해한다)[헌재 2019.2.28. 2015헌마1204]. [20 변호사, 20 경간부]*

---

68) 미결수용자와 변호인 간의 접견은 시간과 횟수를 제한하지 아니한다.

69) 헌재는 구속된 피고인 또는 피의자의 변호인과의 접견교통권, 구속된 피의자 또는 피고인이 갖는 변호인 아닌 자와의 접견교통권, 미결수용자의 가족의 미결수용자와의 접견을 헌법상의 기본권으로 인정하고 있다(2002헌마193).

③ 서류 또는 물건의 수수: 수수한 서류 또는 물건에 대한 검열이나 압수는 허용되지 않는다.[70] 다만, 체포 또는 구속장소의 질서유지를 위하여 마약이나 무기 기타 위험한 물건의 수수를 금지하는 것은 허용된다.

④ 의사의 진료: 인도적 견지에서 인정되는 것이므로 원칙적으로 제한할 수 없다.

(2) 비변호인과의 접견교통권

1) 내용

구속된 피고인·피의자, 체포된 피의자는 관련 법률이 정한 범위에서 타인과 접견하고 서류 또는 물건을 수수하며 의사의 진료를 받을 수 있다(제89조, 제209조, 제200조의6). 여기서 타인이란 변호인 아닌 자로서 가족 등을 말한다.

2) 접견교통권의 제한

① 법률에 의한 제한: 비변호인과의 접견교통권은 법률의 범위 내에서 인정된다.

② 법원 결정 또는 수사기관의 처분에 의한 제한 [17 법원9급]*: ㉠ 법원은 도망하거나 범죄의 증거를 인멸할 염려가 있다고 인정할 만한 상당한 이유가 있는 때에는 직권 또는 검사의 청구에 의하여 결정으로 구속된 피고인과 제34조에 규정한 외의 타인과의 접견을 금지할 수 있고, 서류나 그 밖의 물건을 수수하지 못하게 하거나 검열 또는 압수할 수 있다(제91조). ㉡ 수사기관도 위 요건을 구비한 경우 독자적으로 처분에 의하여 접견교통권을 제한할 수 있다(제91조, 제200조의6, 제209조). ㉢ 형집행법은 수용자의 비변호인과의 접견교통권에 대한 제한 규정을 두고 있다.

③ 제한의 유형과 한계: ㉠ 전면적 금지와 개별적 금지, 조건부 또는 기한부 금지도 가능하다. 그러나 ㉡ 의류, 양식, 의료품은 수수를 금지하거나 압수할 수 없다(제91조 단서). [16 경찰채용]*

---

70) 미결수용자와 변호인 간의 서신은 교정시설에서 상대방이 변호인임을 확인할 수 없는 경우를 제외하고는 검열할 수 없다(형집행법 제84조 제3항). 미결수용자와 변호인 간의 접견은 시간과 횟수를 제한하지 아니한다(형집행법 제84조 제2항).

3. 접견교통권 침해에 대한 구제

(1) 접견교통권 침해

> **⚖ 판례 | 변호인과의 접견교통권을 침해한 경우**
>
> 1. 접견신청일이 경과하도록 접견이 이루어지지 아니한 것은 실질적으로 접견불허가처분이 있는 것과 동일시된다고 할 것 이다[대결 1991.3.28. 91모24].
>   **동지판례** 피의자들에 대한 접견이 접견신청일로부터 상당한 기간(약 10일)이 경과하도록 허용되지 않고 있는 것은 접견불허처 분이 있는 것과 동일시된다고 봄이 상당하다[대결 1990.2.13. 89모37]. [19 경찰승진, 17 경찰채용, 16 경찰승진]*
>   **비교판례** [1] 미결수용자 또는 변호인이 원하는 특정한 시점에 접견이 이루어지지 못하였다 하더라도 그것만으로 곧바로 변호 인의 조력을 받을 권리가 침해되었다고 단정할 수는 없는 것이고, 변호인의 조력을 받을 권리가 침해되었다고 하기 위해서는 접견이 불허된 특정한 시점을 전후한 수사 또는 재판의 진행 경과에 비추어 보아, 그 시점에 접견이 불허됨으로써 피의자 또는 피고인의 방어권 행사에 어느 정도는 불이익이 초래되었다고 인정할 수 있어야만 하며, 그 시점을 전후한 변호인 접견의 상황이 나 수사 또는 재판의 진행 과정에 비추어 미결수용자가 방어권을 행사하기 위해 변호인의 조력을 받을 기회가 충분히 보장되었 다고 인정될 수 있는 경우에는, 비록 미결수용자 또는 그 상대방인 변호인이 원하는 특정 시점에는 접견이 이루어지지 못하였다 하더라도 변호인의 조력을 받을 권리가 침해되었다고 할 수 없는 것이다. [2] 불구속 상태에서 재판을 받은 후 선고기일에 출석 하지 않아 구속된 피고인을, 국선변호인이 접견하고자 하였으나 공휴일(2009.6.6.)이라는 이유로 접견이 불허되었다가71) 그로부 터 이틀 후 접견이 이루어지고, 다시 그로부터 열흘 넘게 지난 후 공판이 이루어진 경우 피고인의 변호인의 조력을 받을 권리를 침해했다고 할 수 없다[헌재 2011.5.26. 2009헌마341].
> 2. 청구인에 대하여 위 구속영장에 의하여 1995.11.30. 07:50경 위 경찰서 유치장에 구속이 집행되었다가 같은 날 08:00 에 그 신병이 조사차 국가안전기획부 직원에게 인도된 후 위 경찰서 유치장에 인도된 바 없이 계속하여 국가안전기획부 청사에 사실상 구금되어 있다면, 청구인에 대한 이러한 사실상의 구금장소의 임의적 변경은 청구인의 방어권이나 접견교 통권의 행사에 중대한 장애를 초래하는 것이므로 위법하다[대판 1996.5.15. 95모94]. [20 경간부, 20 국가9급, 19 경찰승진, 19 경간부, 17 경찰승진, 16 경찰승진, 16 경찰채용]*
> 3. 체포되어 구속영장이 청구된 피의자를 검사가 신문하는 과정에서, 피의자 가족의 의뢰를 받아 '변호인이 되려는' 변호사 가 검사에게 접견신청을 하였음에도 검사가 별다른 조치를 취하지 아니한 것은 실질적으로 접견신청을 불허한 것과 동일 하게 평가할 수 있다(변호인이 되려는 변호사의 헌법상 보장된 접견교통권을 침해한다)[헌재 2019.2.28. 2015헌마1204]. [20 변호사, 20 경간부]*
> 4. 피의자가 국가안전기획부 면회실에서 그의 변호인과 접견할 때 국가안전기획부 소속 직원이 참여하여 대화내용을 듣거 나 기록한 것은 변호인의 조력을 받을 권리를 침해한 것이다[헌재 1992.1.28. 91헌마111].
> 5. 변호인이 피의자를 접견할 때 국가정보원 직원이 승낙 없이 사진촬영을 한 것은 접견교통권 침해에 해당한다[대판 2003.1.10. 2002다56628]. [17 법원9급]*

> **⚖ 판례 | 접견교통권의 침해에 해당하지 않는 경우**
>
> 1. **(접견실에 CCTV를 설치하여 미결수용자와 변호인 간의 접견을 관찰한 행위)** 구치소 내의 변호인접견실에 CCTV를 설치 하여 미결수용자와 변호인 간의 접견을 관찰한 행위는 형집행법 제94조 제1항과 제4항에 근거를 두고 이루어진 것으로, 교도관의 육안에 의한 시선계호를 CCTV 장비에 의한 시선계호로 대체한 것에 불과하고 또한 CCTV는 영상만 실시간으 로 촬영할 뿐 영상녹화기능이나 음성수신기능이 활성화되어 있지 않고 확대기능도 없으므로 접견내용의 비밀이 침해되 거나 접견교통에 방해가 되지 않으므로 변호인의 조력을 받을 권리를 침해하지 않는다[헌재 2016.4.28. 2015헌마243]. [20 경찰승진]*
> 2. 교도관이 미결수용자와 변호인 간에 주고받는 서류를 확인하고 소송관계서류처리부에 그 제목을 기재하여 등재한 행위 는 형집행법 제43조 제3항과 제8항에 근거를 두고 이루어진 것으로, 검열이 이루어지는 것이 아니므로 변호인의 조력을 받을 권리나 개인정보자기결정권을 침해하지 않는다[헌재 2016.4.28. 2015헌마243]. [20 경찰승진, 18 경찰채용, 17 경찰채용]*

---

71) 수용자의 접견은 매일(공휴일 및 법무부장관이 정한 날은 제외한다) 국가공무원 복무규정 제9조에 따른 근무시간 내에서 한다(형집행법 시행령 제58조 제1항).

3. 경찰서 유치장은 미결수용실에 준하는 것이어서(행형법 제68조 - 현행 형집행법 제66조) 그 곳에 수용된 피의자에 대하여는 행형법 및 그 시행령이 적용되고, 행형법시행령 제176조는 '형사소송법 제34조, 제89조, 제209조의 규정에 의하여 피고인 또는 피의자가 의사의 진찰을 받는 경우에는 교도관 및 의무관이 참여하고 그 경과를 신분장부에 기재하여야 한다'고 규정하고 있는바 행형법시행령 제176조의 규정은 변호인의 수진권 행사에 대한 법령상의 제한에 해당한다고 보아야 할 것이고, 그렇다면 국가정보원 사법경찰관이 경찰서 유치장에 구금되어 있던 피의자에 대하여 의사의 진료를 받게 할 것을 신청한 변호인에게 국가정보원이 추천하는 의사의 참여를 요구한 것은 행형법시행령 제176조의 규정에 근거한 것으로서 적법하고 이를 가리켜 변호인의 수진권을 침해하는 위법한 처분이라고 할 수는 없다[대결 2002.5.6. 2000모112]. [19 경찰채용, 18 경찰승진, 17 경찰승진, 16 경찰채용]*

(2) 구제수단

1) 항고와 준항고

접견교통권에 대한 결정 또는 처분은 구금에 대한 결정 또는 처분으로 볼 수 있다. 따라서 ㉠ 법원의 접견교통권 제한결정에 불복이 있는 경우에는 보통항고를 할 수 있고(제403조 제2항) ㉡ 수사기관의 접견교통권 제한처분에 대하여는 준항고로 그 취소 또는 변경을 청구할 수 있다(제417조). [16 경찰채용]*

> **⚖ 판례 | 수사기관의 접견교통권 제한처분에 대한 불복방법(= 준항고)**
>
> 검사 또는 사법경찰관의 구금에 관한 처분에 대하여 불복이 있는 경우 형사소송법 제417조에 따라 법원에 그 처분의 취소 또는 변경을 청구할 수 있다[대판 1990.6.8. 90도646].

2) 증거능력 부정

> **⚖ 판례 | 위법한 변호인접견불허 기간 중에 작성된 피의자신문조서의 증거능력 유무(소극)**
>
> 1. 검사 작성의 피의자신문조서가 검사에 의하여 피의자에 대한 변호인의 접견이 부당하게 제한되고 있는 동안에 작성된 경우에는 증거능력이 없다[대판 1990.8.24. 90도1285]. [20 변호사]*
> 2. '변호인의 접견교통권'[72] 제한은 헌법이 보장하는 기본권을 침해하는 것으로서 이러한 위법한 상태에서 얻어진 피의자의 자백은 그 증거능력을 부인하여 유죄의 증거에서 배제하여야 하며 이러한 위법증거의 배제는 실질적이고 완전하게 증거에서 제외함을 뜻하는 것이다[대판 2007.12.13. 2007도7257].

> **⚖ 판례 | 변호인접견 전에 작성된 피의자신문조서의 증거능력 유무(적극)**
>
> 변호인접견 전에 작성된 검사의 피고인에 대한 피의자신문조서라고 하여 증거능력이 없다고 할 수 없다[대판 1990.9.25. 90도1613].
> `판례해설` 변호인접견 전의 피신조서 작성과 변호인의 접견교통권의 침해 상황에서의 피신조서 작성은 서로 다른 개념이다.

3) 상소이유

수소법원이 접견교통권을 침해함으로써 피고인의 방어준비에 중대한 지장을 가져온 경우에는 상대적 상소(항소, 상고)이유가 된다(제361조의5 제1호, 제383조).

---

72) 표현과 달리 '피의자의 변호인과의 접견교통권'을 의미한다. 판례는 '변호인과의 접견교통권'을 '변호인의 접견교통권'이라고 혼용하는 경우가 있으므로 주의하여야 한다. 앞서 본 바 있지만 대법원은 변호인의 접견교통권은 피의자의 변호인과의 접견교통권과 달리 기본권에 해당하지 않는다는 입장이다.

4) 기타
교도소 또는 구치소에 의한 접견교통권의 침해에 대하여는 행정소송을 하거나 국가배상청구를 할 수 있다.

Ⅴ 체포 · 구속적부심사제도

1. 의의
수사기관에 의해 체포 또는 구속된 피의자에 대하여 법원이 체포 · 구속의 적부를 심사하여 체포 · 구속이 위법 · 부당한 경우 피의자를 석방시키는 제도는 말한다(제214조의2).

2. 청구의 절차
(1) 청구권자
① 체포 · 구속된 피의자 또는 그 변호인 · 법정대리인 · 배우자 · 직계친족 · 형제자매 · 가족 · 동거인 · 고용주는 관할법원에 체포 또는 구속의 적부심사를 청구할 수 있다(제214조의2 제1항). [17 경찰승진, 17 경찰채용, 16 경간부]* 체포 · 구속된 피의자는 영장에 의한 것인지 영장없는 불법에 의한 것인지를 불문한다.73) [23 변호사]*
② 피고인 및 사인에 의하여 구속된 자는 청구권자에 해당하지 않는다.
③ 피의자를 체포 · 구속한 수사기관은 체포 · 구속된 피의자와 기타 청구권자 중에서 피의자가 지정하는 자에게 적부심사를 청구할 수 있음을 알려야 한다(동조 제2항).

(2) 청구사유와 방식
① 체포 · 구속이 위법한 경우는 물론 부당한 경우에도 심사청구를 할 수 있다. 여기서 부당하다 함은 피해자와 합의하거나 고소가 취소된 경우와 같이 구속을 계속할 필요가 없는 경우를 말하며 그 판단은 심사당시를 기준으로 한다. 또한 청구대상 범죄도 제한이 없다.
② 청구는 서면(체포 또는 구속의 적부심사청구서)으로 하여야 한다.

3. 법원의 심사
(1) 심사법원
① 체포 · 구속적부심사의 관할법원은 체포 · 구속된 피의자를 수사하는 검사의 소속검찰청에 대응하는 지방법원을 말한다. 체포 · 구속적부심사는 지방법원 합의부 또는 단독판사가 관할한다.
② 체포영장이나 구속영장을 발부한 법관은 심문 · 조사 · 결정에 관여하지 못한다. 다만, 체포 · 구속영장을 발부한 법관 외에는 심문 · 조사 · 결정을 할 법관이 없는 경우에는 그러하지 아니한다(제214조의2 제12항). [18 경간부, 18 국가9급]*

(2) 간이기각결정 [20 국가9급, 18 변호사, 18 경간부, 18 국가9급, 16 경찰승진]*
법원은 ⊙ 청구권자 아닌 사람이 청구하거나 동일한 체포영장 또는 구속영장의 발부에 대하여 재청구한 때 ⓛ 공범이나 공동피의자의 순차청구가 수사 방해를 목적으로 하고 있음이 명백한 때에는 심문없이 청구를 기각할 수 있다(제214조의2 제3항). 간이기각결정에 대하여 항고하지 못한다(동조 제8항).

---

73) 개정 전 형소법은 청구권자를 체포'영장' 또는 구속'영장'에 의하여 체포 또는 구속된 피의자라고 규정하여 긴급체포 등 체포영장에 의하지 아니하고 체포된 피의자가 청구권자에 해당하는지의 논의가 있었다(판례는 긍정). 그러나 현행법은 청구권자에서 '영장'의 요건을 삭제하고 '체포 · 구속된 피의자'로 변경하였으므로 긴급체포 등 체포영장에 의하지 아니하고 체포된 피의자는 당연히 청구권자에 해당한다.

(3) 법원의 심문

1) 법원의 심문절차

① 청구를 받은 법원은 지체없이 청구인, 변호인, 검사 및 피의자를 구금하고 있는 관서의 장에게 심문기일과 장소를 통지하여야 하며(규칙 제104조 제1항), 청구서가 접수된 때부터 48시간 이내에 체포되거나 구속된 피의자를 심문하고 수사관계서류와 증거물을 조사한다(제214조의2 제4항). [16 경찰채용]*

② 체포되거나 구속된 피의자에게 변호인이 없는 때에는 제33조(국선변호인)의 규정을 준용한다(제214조의2 제10항). 이 경우 국선변호인의 출석은 절차의 개시요건이므로 법원이 심문 없이 청구를 기각결정을 하는 경우에도 동일하다. [18 변호사, 18 법원9급]*

2) 피의자의 출석과 의견진술

피의자의 출석은 절차개시요건이며 검사 · 변호인 · 청구인은 심문기일에 출석하여 의견을 진술할 수 있다(제214조의2 제9항). [18 법원9급]*

3) 조서의 작성

심문기일에 피의자를 심문하는 경우에는 법원사무관 등은 심문의 요지 등을 조서로 작성하여야 한다(제214조의2 제14항, 제201조의2 제6항). 체포 · 구속적부심사조서는 제315조 제3호에 의하여 당연히 증거능력이 인정된다.

(4) 체포 · 구속적부심사와 구속기간

법원이 수사관계서류와 증거물을 접수한 때부터 결정 후 검찰청에 반환될 때까지는 수사기관의 체포 또는 구속기간에 산입하지 아니한다(제214조의2 제13항).

4. 법원의 결정

(1) 법원의 결정 시한

적부심사청구에 대한 결정은 심문이 종료된 때로부터 24시간 이내에 하여야 한다(규칙 제106조).

(2) 기각결정과 석방결정

① 기각결정: 법원은 청구가 이유 없다고 인정한 경우에는 결정으로 청구를 기각한다(제214조의2 제4항).

② 석방결정: 법원은 청구가 이유 있다고 인정한 경우에는 결정으로 체포되거나 구속된 피의자의 석방을 명하여야 한다(제214조의2 제4항 본문). 이는 심사청구 후 피의자에 대하여 공소제기가 있는 경우에도 또한 같다(제214조의2 제4항 단서).[74] [23 변호사, 20 국가9급, 19 경찰채용, 18 변호사, 18 경간부, 18 국가9급, 16 경찰채용]* 석방결정은 그 결정서의 등본이 검찰청에 송달된 때에 효력을 발생한다(제42조).

(3) 불복의 가능성

간이기각결정, 기각결정과 석방결정에 대하여 항고하지 못한다(동조 제8항). [20 국가9급, 18 변호사, 18 경간부, 18 법원9급, 17 경찰채용, 16 경찰승진, 16 경찰채용, 16 국가9급]*

(4) 석방결정과 재체포 · 재구속 제한

체포 · 구속적부심사결정에 의하여 석방된 피의자가 ㉠ 도망하거나 ㉡ 범죄의 증거를 인멸하는 경우를 제외하고는 동일한 범죄사실에 관하여 재차 체포 또는 구속하지 못한다(제214조의3 제1항). [20 변호사, 20 경찰승진, 18 변호사, 18 경간부, 17 경찰채용, 16 경찰채용]*

---

74) 본규정이 명문화되기 전에 피의자가 구속적부심사청구를 한 후 검사가 법원의 결정이 있기 전에 기소하는 경우, 즉 이른바 '전격기소'의 경우 피의자는 형식적으로 피고인의 지위를 갖게 되는바 법원이 '청구를 기각'하여야 하고 석방결정을 할 수 없는지 문제가 되었다. 현행법은 이를 명문으로 해결하여 이른바 '전격기소'의 경우에도 석방결정을 할 수 있게 되었다.

5. 보증금납입조건부 피의자석방결정(피의자보석)

(1) 의의

① **개념**: 구속적부심사청구가 있는 경우 법원이 보증금의 납입을 조건으로 '구속된 피의자'를 석방시키는 제도를 말한다(제214조의2 제5항). 이를 피의자보석이라고 한다.

② **성질**: 피의자보석은 법원의 직권에 의하여 석방을 명할 수 있을 뿐이다. 즉, 직권·재량 보석이므로 피의자에게 보석청구권이 인정되지 않는다. 피고인보석이 피고인에게 보석청구권이 인정되고 제외사유가 없는 한 보석을 허가해야 하는 것과 구별된다.

(2) 피의자보석의 절차

① **구속적부심사의 청구**: 법원이 피의자보석을 하기 위해서는 구속된 피의자가 구속적부심사를 청구하여야 한다. 구속적부심사를 청구하지 않은 피의자에게 법원이 보석을 허가할 수 없다.

② **대상자**: 피의자보석은 '구속된' 피의자에게만 인정되며, '체포된' 피의자에게는 인정되지 않는다(판례). 구속적부심사청구 후 공소제기된 피고인도 보증금납입조건부 석방결정의 대상이 된다(제214조의2 제5항).

🔥 판례 | 체포된 피의자에 대한 보증금납입조건부 석방결정의 가부(불가)

형사소송법은 수사단계에서의 체포와 구속을 명백히 구별하고 있고 이에 따라 체포와 구속의 적부심사를 규정한 같은 법 제214조의2에서 체포와 구속을 서로 구별되는 개념으로 사용하고 있는 바, <u>제215조의2 제5항에 보증금 납입을 조건으로 한 석방의 대상자가 '구속된 피의자'라고 명시되어 있으므로 … 현행법상 체포된 피의자에 대하여는 보증금 납입을 조건으로 한 석방이 허용되지 않는다</u>[대결 1997.8.27. 97모21]. [20 경찰승진, 20 국가9급, 19 국가9급, 18 경간부, 18 국가9급, 16 변호사]*

---

③ **피의자보석의 제외사유**: 피의자가 ⑦ 범죄의 증거를 인멸할 염려가 있다고 믿을 만한 충분한 이유가 있는 때, ⑥ 피해자, 당해 사건의 재판에 필요한 사실을 알고 있다고 인정되는 사람 또는 그 친족의 생명·신체나 재산에 해를 가하거나 가할 염려가 있다고 믿을 만한 충분한 이유가 있는 때는 보석결정을 할 수 없다(제214조의2 제5항).

④ **보증금의 납입과 조건**: 피고인 보석과는 달리 피의자 보석은 반드시 보증금의 납입을 조건으로 하여야만 석방을 명할 수 있다. 보증금의 결정이나 집행절차에 관하여는 보석에 관한 규정이 준용된다(동조 제7항). 법원은 석방결정을 하는 경우에는 주거의 제한, 법원 또는 검사가 지정하는 일시·장소에 출석할 의무, 그 밖의 적당한 조건을 부가할 수 있다(동조 제6항).

⑤ **보석허가결정에 대한 불복**: 간이기각결정, 기각결정 또는 단순석방결정에 대해서는 항고할 수 없다(동조 제8항). 그러나 보증금납입조건부 피의자석방결정에 대해서는 보통항고가 허용된다(판례).

판례 | 보증금납입조건부 피의자석방결정에 대해서 항고할 수 있는지 여부(항고 가능)

형사소송법 제402조의 규정에 의하면, 법원의 결정에 대하여 불복이 있으면 항고를 할 수 있으나 다만 같은 법에 특별한 규정이 있는 경우에는 예외로 하도록 되어 있는바, 체포 또는 구속적부심사절차에서의 법원의 결정에 대한 항고의 허용 여부에 관하여 같은 법 [1] 제214조의2 제8항은 제3항과 제4항의 기각결정 및 석방결정에 대하여 항고하지 못하는 것으로 규정하고 있을 뿐이고 제5항에 의한 석방결정에 대하여 항고하지 못한다는 규정은 없을 뿐만 아니라, [2] 같은 법 제214조의2 제4항의 석방결정은 체포 또는 구속이 불법이거나 이를 계속할 사유가 없는 등 부적법한 경우에 피의자의 석방을 명하는 것임에 비하여, 같은 법 제214조의2 제5항의 석방결정은 구속의 적법을 전제로 하면서 그 단서에서 정한 제한사유가 없는 경우에 한하여 출석을 담보할 만한 보증금의 납입을 조건으로 하여 피의자의 석방을 명하는 것이어서 같은 법 제214조의2 제4항의 석방결정과 제5항의 석방결정은 원래 그 실질적인 취지와 내용을 달리 하는 것이고, [3] 또한 기소 후 보석결정에 대하여 항고가 인정되는 점에 비추어 그 보석결정과 성질 및 내용이 유사한 기소 전 보증금납입조건부 석방결정에 대하여도 항고할 수 있도록 하는 것이 균형에 맞는 측면도 있다 할 것이므로, 같은 법 제214조의2 제5항의 (보증금납입조건부)석방결정에 대하여는 피의자나 검사가 그 취소의 실익이 있는 한 같은 법 제402조에 의하여 항고할 수 있다[대결 1997.8.27. 97모21]. [23 변호사, 19 변호사, 19 국가9급]*

(3) 피의자 보석시 재체포·재구속 제한 – 후술하는 도표 참고

(4) 보증금의 몰수

① 임의적 몰수 – 판결확정 전에 재차 구속

법원은 피의자보석으로 석방된 자를 재차 구속하거나, 공소제기 후 동일한 범죄사실에 관하여 재차 구속할 경우에 직권 또는 검사의 청구에 의하여 결정으로 보증금의 전부 또는 일부를 몰수할 수 있다(제214조의4 제1항).

② 필요적 몰수 – 형 선고의 판결확정 후 집행소환불응, 도망

법원은 피의자보석에 의하여 석방된 자가 동일한 범죄사실에 관하여 형의 선고를 받아 그 판결이 확정된 후 집행하기 위한 소환을 받고 정당한 이유없이 출석하지 아니하거나 도망한 때에는 직권 또는 검사의 청구에 의하여 결정으로 보석금의 전부 또는 일부를 몰수하여야 한다(제214조의4 제2항).

▶ **석방된 피의자의 재체포·재구속 요건** [20 경찰승진, 18 경간부, 16 경찰채용]*

구분	재체포·재구속 요건
긴급체포되었다가 석방된 피의자를 체포하는 경우(제200조의4 제3항)	영장을 발부받을 것
구속되었다가 석방된 피의자를 재차 구속하는 경우(제208조 제1항)	다른 중요한 증거를 발견한 때
체포·구속적부심사에 의하여 석방된 피의자를 재차 체포·구속하는 경우(제214조의3 제1항)	도망하거나 범죄의 증거를 인멸하는 때
피의자보석으로 석방된 피의자를 재차 구속하는 경우 (제214조의3 제2항)	① 도망한 때 ② 도망하거나 범죄의 증거를 인멸할 염려가 있다고 믿을 만한 충분한 이유가 있는 때 ③ 출석요구를 받고 정당한 이유없이 출석하지 아니한 때 ④ 주거의 제한이나 그 밖에 법원이 정한 조건을 위반한 때

Ⅵ 보석

1. 의의

① 보석이란 보증금 납입 등을 조건으로 구속된 피고인을 석방하는 것을 말한다.
② 보석은 구속의 집행을 정지함에 그치고 구속영장의 효력을 존속시킨다는 점에서 구속영장을 실효시키는 구속의 취소와 구별된다.

2. 보석의 종류

(1) 청구보석 – 제외사유가 없는 한 필요적 보석

1) 의의

보석의 '청구가 있으면' 제외사유가 없는 한 법원은 보석을 허가하여야 한다(제95조). 즉, 보석은 필요적 보석이 원칙이다.

2) 필요적 보석의 제외사유

① 피고인이 사형·무기·장기 10년이 넘는 징역이나 금고에 해당하는 죄를 범한 때(제1호)
② 피고인이 누범에 해당하거나 상습범인 죄를 범한 때(제2호)
③ 피고인이 구속의 사유에 해당하는 때
  ㉠ 범죄의 증거를 인멸하거나 인멸할 염려가 있다고 믿을 만한 충분한 이유가 있는 때(제3호)
  ㉡ 도망하거나 도망할 염려가 있다고 믿을 만한 충분한 이유가 있는 때(제4호)
  ㉢ 주거가 분명하지 아니한 때(제5호)
④ 피고인이 피해자, 당해 사건의 재판에 필요한 사실을 알고 있다고 인정되는 자 또는 그 친족의 생명·신체·재산에 해를 가하거나 가할 염려가 있다고 믿을 만한 충분한 이유가 있는 때(제6호)

> **⚖️판례 | 다른 사건으로 집행유예기간 중에 있는 피고인에 대하여 보석을 허가하여야 하는지 여부(적극) – 제외사유에 해당하지 않는 한 허가하여야 함**
>
> 피고인이 집행유예의 기간 중에 있어 집행유예의 결격자라고 하여 보석을 허가할 수 없는 것은 아니고 형사소송법 제95조는 그 제1 내지 6호 이외의 경우에는 필요적으로 보석을 허가하여야 한다는 것이지, 여기에 해당하는 경우에는 보석을 허가하지 아니할 것을 규정한 것이 아니므로 집행유예기간 중에 있는 피고인의 보석을 허가한 것이 누범과 상습범에 대하여는 보석을 허가하지 아니할 수 있다는 형사소송법 제95조 제2호의 취지에 위배되어 위법이라고 할 수 없다[대결 1990.4.18.]. [19 경찰채용, 18 법원9급, 16 경찰승진]*

(2) 제외사유에 해당하는 경우 – 직권 또는 청구, 임의적 보석

필요적 보석의 제외사유에 해당하는 때에도 법원은 상당한 이유가 있을 때에는 '직권' 또는 보석청구권자의 '청구'에 의하여 결정으로 보석을 허가할 수 있다(제96조).75) [19 국가7급]* 임의적 보석의 예로서 병보석이 있다.

3. 보석의 청구

(1) 청구권자

피고인, 피고인의 변호인·법정대리인·배우자·직계친족·형제자매·가족·동거인 또는 고용주이다(제94조).
[18 국가9급, 17 경찰승진, 16 경찰승진]*

---

75) 결국 임의적 보석의 대상자에는 제한이 없다. 따라서 모든 구속된 피고인은 임의적 보석의 대상이 될 수 있다.

(2) 청구의 방법과 시기

보석의 청구는 서면에 의하여야 한다(규칙 제53조). 공소제기 후 재판확정 전까지는 심급을 불문하고 보석청구를 할 수 있으며, 상소기간에도 가능하다.

4. 법원의 심리

① 보석청구를 받은 법원은 지체없이 심리기일을 정하여 구속된 피고인을 심문하여야 한다(규칙 제54조의2 제1항).
② 재판장은 보석에 관한 결정을 하기 전에 검사의 의견을 물어야 한다(제97조 제1항). [17 법원9급]* 검사는 의견요청에 대하여 지체 없이 의견을 표명하여야 한다(제97조 제3항).

⚖️판례 | 검사의 의견청취절차를 거치지 아니한 법원의 보석허가결정의 효력(결정이 적정하면 취소불가)
– 의견청취절차는 법원의 보석에 관한 결정의 본질적 부분이 아님

검사의 의견청취의 절차는 보석에 관한 결정의 본질적 부분이 되는 것은 아니므로 설사 법원이 검사의 의견을 듣지 아니한 채 보석에 관한 결정을 하였다고 하더라도 그 결정이 적정한 이상 절차상의 하자만을 들어 그 결정을 취소할 수는 없다 [대결 1997.11.27. 97모88]. [19 경찰채용, 18 국가7급, 17 법원9급]*

판례해설 검사의 의견을 듣지 않은 것은 절차상의 하자이지만 그러한 사유만으로 결정을 취소할 필요가 없다는 취지이다.

---

5. 법원의 결정과 불복방법

(1) 결정의 기한

법원은 특별한 사정이 없는 한 보석청구를 받은 날로부터 7일 이내에 그에 관한 결정을 하여야 한다(규칙 제55조).

(2) 기각결정

보석청구가 이유 없을 때에는 보석청구 기각결정을 하여야 한다.

(3) 보석허가결정

① 보석의 조건: 법원은 보석청구가 이유 있을 때에는 보석허가결정을 하여야 하고, 필요하고 상당한 범위 안에서 다음 조건 중 하나 이상의 조건을 정하여야 한다(제98조).

> 〈선이행 조건〉
> 1. 법원이 지정하는 일시 · 장소에 출석하고 증거를 인멸하지 아니하겠다는 서약서를 제출할 것(제1호)
> 2. 법원이 정하는 보증금에 해당하는 금액을 납입할 것을 약속하는 약정서를 제출할 것(제2호)
> 3. 피고인 아닌 자가 작성한 출석보증서를 제출할 것(제5호)
> 4. 법원이 지정하는 방법으로 피해자의 권리 회복에 필요한 금전을 공탁하거나 그에 상당하는 담보를 제공할 것(제7호)
> 5. 피고인이나 법원이 지정하는 자가 보증금을 납입하거나 담보를 제공할 것(제8호)
>
> 〈후이행 조건〉
> 6. 법원이 지정하는 장소로 주거를 제한하고 주거를 변경할 필요가 있는 경우에는 법원의 허가를 받는 등 도주를 방지하기 위하여 행하는 조치를 받아들일 것(제3호)
> 7. 피해자, 당해 사건의 재판에 필요한 사실을 알고 있다고 인정되는 사람 또는 그 친족의 생명 · 신체 · 재산에 해를 가하는 행위를 하지 아니하고 주거, 직장 등 그 주변에 접근하지 아니할 것(제4호)
> 8. 법원의 허가 없이 외국으로 출국하지 아니할 것을 서약할 것(제6호)
> 9. 그 밖에 피고인의 출석을 보증하기 위하여 법원이 정하는 적당한 조건을 이행할 것(제9호)

② **보석조건 결정시 고려사항:** 법원은 보석조건을 정할 때 범죄의 성질 및 죄상, 증거의 증명력, 피고인의 전과 · 성격 · 환경 및 자산, 피해자에 대한 배상 등 범행 후의 정황에 관련된 사항을 고려하여야 한다(제99조 제1항). 법원은 피고인의 자금능력 또는 자산 정도로는 이행할 수 없는 조건을 정할 수 없다(동조 제2항).

③ **보석조건의 변경 및 이행유예:** 법원은 직권 또는 피고인 등의 신청에 따라 결정으로 피고인의 보석조건을 변경하거나 일정기간 동안 당해 조건의 이행을 유예할 수 있다(제102조 제1항).

④ **보석조건의 실효:** 구속영장의 효력이 소멸한 때에는 보석조건은 즉시 그 효력을 상실한다(제104조의2 제1항). [19 국가7급, 18 법원9급, 17 경찰승진, 16 경찰승진]* 보석이 취소된 경우에도 보석조건은 즉시 그 효력을 상실하지만, 제98조 제8호(보증금 납입)의 조건은 예외로 한다(동조 제2항). [18 국가7급]*

(4) 불복방법

보석청구기각결정과 보석허가결정에 대하여 피고인과 검사는 각각 보통항고 할 수 있다(제403조 제2항). [16 변호사]*

6. 보석의 집행

(1) 선이행 · 후석방 방식

제98조 제1호(서약서) · 제2호(보증금 약정서) · 제5호(제3자의 출석보증서) · 제7호(피해회복금 공탁) 및 제8호(보증금납입)의 조건은 이를 이행한 후가 아니면 보석허가결정을 집행하지 못한다(제100조 제1항 전단). [23 변호사]*

(2) 선석방 · 후이행 방식

제98조 제3호(법원조치 수인) · 제4호(피해자 등에게 해를 가하는 행위 금지) · 제6호(무단출국 금지) · 제9호(법원이 정하는 조건의 이행)의 보석허가결정 집행 후 이행하여야 할 조건이지만, 법원은 필요하다고 인정하는 때에는 그 이행 이후 보석허가결정을 집행하도록 정할 수 있다(제100조 제1항 후단).

(3) 보증금납입의 방법

법원은 보석청구자 이외의 자에게 보증금의 납입을 허가할 수 있다(제100조 제2항). 법원은 유가증권 또는 피고인 외의 자가 제출한 보증서로써 보증금에 갈음함을 허가할 수 있고, 이 보증서에는 보증금액을 언제든지 납입할 것을 기재하여야 한다(제3항 · 제4항).

7. 보석조건의 위반에 대한 제재

(1) 출석보증인에 대한 과태료

법원은 제98조 제5호의 조건을 정한 보석허가결정에 따라 석방된 피고인이 정당한 사유 없이 기일에 불출석하는 경우에는 결정으로 그 출석보증인에 대하여 500만원 이하의 과태료를 부과할 수 있다. 이러한 법원의 결정에 대하여는 즉시항고를 할 수 있다(제100조의2). [19 법원9급]*

(2) 피고인에 대한 제재

법원은 피고인이 정당한 사유 없이 보석조건을 위반한 경우에는 결정으로 피고인에 대하여 1천만원 이하의 과태료를 부과하거나 20일 이내의 감치에 처할 수 있다(제102조 제3항). [18 국가7급, 17 경찰승진]* 이러한 법원의 결정에 대하여는 즉시항고를 할 수 있다(제102조 제4항).

8. 보석의 취소와 실효

(1) 보석의 취소

① **취소사유와 절차**: 피고인이 ㉠ 도망한 때 ㉡ 도망하거나 범죄의 증거를 인멸할 염려가 있다고 믿을 만한 충분한 이유가 있는 때 ㉢ 소환을 받고 정당한 이유없이 출석하지 아니한 때 ㉣ 피해자, 당해 사건의 재판에 필요한 사실을 알고 있다고 인정되는 자 또는 그 친족의 생명·신체·재산에 해를 가하거나 가할 염려가 있다고 믿을 만한 충분한 이유가 있는 때 ㉤ 법원이 정한 조건을 위반한 때에는 법원은 직권 또는 검사의 청구에 의하여 결정으로 보석을 취소할 수 있다(제102조 제2항).

② **보석취소와 재구금**: 보석취소결정이 있는 때에는 검사는 그 취소결정등본에 의하여 피고인을 재구금(기존의 구속영장의 효력에 의하여 재구금)하여야 한다(규칙 제56조 제1항 본문). [18 법원9급]*

⚖ 판례 | 보석취소의 집행(피고인의 재구금) 개시의 요건 – 결정등본이 피고인에게 송달될 것을 요하지 않음

보석허가결정의 취소는 그 취소결정을 고지하거나 결정 법원에 대응하는 검찰청 검사에게 결정서를 교부 또는 송달함으로써 즉시 집행할 수 있는 것이고, 그 결정등본이 피고인에게 송달 또는 고지되어야 집행할 수 있는 것은 아니다[대결 1983.4.21. 83모19]. [19 경찰채용]*

⚖ 판례 | 고등법원이 한 보석취소결정에 집행정지의 효력을 인정할 수 있는지 여부(부정)

고등법원이 한 보석취소결정에 대하여는 집행정지의 효력을 인정할 수 없다. 그 이유는 다음과 같다.

제1심 법원이 한 보석취소결정에 대하여 불복이 있으면 보통항고를 할 수 있고 (형사소송법 제102조 제2항, 제402조, 제403조 제2항), 보통항고에는 재판의 집행을 정지하는 효력이 없다(형사소송법 제409조). 이는 결정과 동시에 집행력을 인정함으로써 석방되었던 피고인의 신병을 신속히 확보하려는 것으로, 당해 보석취소결정이 제1심 절차에서 이루어졌는지 항소심 절차에서 이루어졌는지 여부에 따라 그 취지가 달라진다고 볼 수 없다.

즉시항고는 법률관계나 재판절차의 조속한 안정을 위해 일정한 기간 내에서만 제기할 수 있는 항고로서, 즉시항고의 제기기간 내와 그 제기가 있는 때에 재판의 집행을 정지하는 효력이 있다(형사소송법 제410조). 그러나 보통항고의 경우에도 법원의 결정으로 집행정지가 가능한 점(형사소송법 제409조)을 고려하면, 집행정지의 효력이 즉시항고의 본질적인 속성에서 비롯된 것이라고 볼 수는 없다.

형사소송법 제415조는 "고등법원의 결정에 대하여는 재판에 영향을 미친 헌법·법률·명령 또는 규칙의 위반이 있음을 이유로 하는 때에 한하여 대법원에 즉시항고를 할 수 있다."라고 규정하고 있다. 이는 재항고이유를 제한함과 동시에 재항고 제기기간을 즉시항고 제기기간 내로 정함으로써 재항고심의 심리부담을 경감하고 항소심 재판절차의 조속한 안정을 위한 것으로, 형사소송법 제415조가 고등법원의 결정에 대한 재항고를 즉시항고로 규정하고 있다고 하여 당연히 즉시항고가 가지는 집행정지의 효력이 인정된다고 볼 수는 없다. 만약 고등법원의 결정에 대하여 일률적으로 집행정지의 효력을 인정하면, 보석허가, 구속집행정지 등 제1심 법원이 결정하였다면 신속한 집행이 이루어질 사안에서 고등법원이 결정하였다는 이유만으로 피고인을 신속히 석방하지 못하게 되는 등 부당한 결과가 발생하게 되고, 나아가 항소심 재판절차의 조속한 안정을 보장하고자 한 형사소송법 제415조의 입법목적을 달성할 수 없게 된다[대결 2020.10.29. 2020모633]. [23 변호사]*

---

(2) 보석의 실효사유

보석은 보석의 취소 또는 구속영장의 실효에 의하여 실효된다.

9. 보증금 등의 몰취와 환부

(1) 보증금 등의 몰취[76]

① 임의적 몰취 – 판결확정 전 보석취소

법원은 보석을 취소하는 때에는 직권 또는 검사의 청구에 따라 결정으로 보증금 또는 담보의 전부 또는 일부를 몰취할 수 있다(제103조 제1항). [19 국가7급, 18 국가9급]*

> **⚖️ 판례 | 보석보증금 몰수결정은 반드시 보석취소와 동시에 해야 하는지의 여부(소극)**
>
> 보석취소결정은 그 성질상 신속을 요하는 경우가 대부분임에 반하여, 보증금몰수결정에 있어서는 그 몰수의 요부(보석조건 위반 등 귀책사유의 유무) 및 몰수 금액의 범위 등에 관하여 신중히 검토하여야 할 필요성도 있는 점 등을 고려하여 보면, 보석보증금을 몰수하려면 반드시 보석취소와 동시에 하여야만 가능한 것이 아니라 보석취소 후에 별도로 보증금몰수결정을 할 수도 있다. 그리고 형사소송법 제104조가 구속 또는 보석을 취소하거나 구속영장의 효력이 소멸된 때에는 몰수하지 아니한 보증금을 청구한 날로부터 7일 이내에 환부하도록 규정되어 있다고 하여도, 이 규정의 해석상 보석취소 후에 보증금몰수를 하는 것이 불가능하게 되는 것도 아니다[대결(전) 2001.5.29. 2000모22]. [19 경찰채용, 19 법원9급, 16 변호사, 16 국가9급]*

② 필요적 몰취 – 형 선고의 판결확정 후 집행소환 불응, 도망

법원은 보증금의 납입 또는 담보제공을 조건으로 석방된 피고인이 동일한 범죄사실에 관하여 형의 선고를 받고 그 판결이 확정된 후 집행하기 위한 소환을 받고 정당한 사유 없이 출석하지 아니하거나 도망한 때에는 직권 또는 검사의 청구에 따라 결정으로 보증금 또는 담보의 전부 또는 일부를 몰취하여야 한다(제103조 제2항). [18 국가9급]*

(2) 보증금 등의 환부

구속 또는 보석을 취소하거나 구속영장의 효력이 소멸된 때에는 몰취하지 아니한 보증금 또는 담보를 청구한 날로부터 7일 이내에 환부하여야 한다(제104조). [16 경찰승진]*

Ⅶ 구속의 집행정지, 구속의 취소, 구속의 실효

1. 구속의 집행정지

(1) 의의

구속의 집행정지란 법원 또는 수사기관이 구속된 피고인·피의자의 구속의 집행을 정지시키는 제도를 말한다(제101조 제1항, 제209조). 구속의 집행정지의 경우에도 구속영장의 효력은 유지된다. [20 경찰채용]*

(2) 구속집행정지의 절차

1) 직권에 의한 절차

구속집행정지는 법원 또는 수사기관(검사 또는 사법경찰관)이 직권으로 행하며 피고인·피의자에게는 신청권이 없다.

2) 피고인에 대한 구속집행정지

① 법원은 상당한 이유가 있는 때(예 중병, 출산)에는 결정으로 구속된 피고인을 친족·보호단체 기타 적당한 자에게 부탁하거나 피고인의 주거를 제한하여 구속의 집행을 정지할 수 있다(제101조 제1항). 법원이 구속의 집행정지결정을 함에는 급속을 요하는 경우를 제외하고는 검사의 의견을 물어야 한다(제101조 제2항). [20 경찰채용]*

---

76) 피의자보석에서의 보증금의 몰수와 사실상 동일하다. 다만 피의자보석의 임의적 몰수 요건이 '석방된 자의 재구속'인데 반하여 보석의 임의적 몰취 요건은 '보석의 취소'라는 점에서 차이가 있을 뿐이다.

② 법원의 구속의 집행정지 결정에 대하여 검사는 보통항고의 방법으로 불복할 수 있다(제403조 제2항). [18 경찰
채용, 18 법원9급, 17 경찰승진]*

3) 피의자에 대한 구속집행정지

구속된 피의자에 대하여는 검사 또는 사법경찰관이 직권으로 구속의 집행을 정지할 수 있다(제209조, 제101조
제1항).

(3) 구속집행정지의 취소

① 피고인에 대한 취소: 법원은 제102조 제2항의 취소사유(보석의 취소사유와 동일함)가 있는 경우 직권 또는
검사의 청구에 따라 결정으로 피고인에 대한 구속의 집행정지를 취소할 수 있다(제102조 제2항 본문).

② 피의자에 대한 취소: 검사 또는 사법경찰관은 취소사유가 있을 때에는 피의자에 대한 구속의 집행정지를 취
소할 수 있다(제209조, 제102조 제1항 본문).

2. 구속의 취소

(1) 의의

구속의 취소란 법원 또는 수사기관이 구속의 사유가 없거나 소멸된 때에 직권 또는 청구에 의하여 구속된 피고
인 또는 피의자를 석방하는 것을 말한다(제93조, 제209조). [20 경찰채용]* 구속의 취소의 경우 구속영장의 효력은
상실된다. [20 경찰채용]*

(2) 구속취소의 사유

구속취소의 사유는 구속의 사유가 없거나 소멸된 때[77]이다(제93조, 제209조).

⚖ **판례 | 구속영장이 실효되었음에도 피고인이 계속 구금되어 있다면 구속취소를 할 수 있는지의 여부
(소극) – 구속취소는 구속영장의 효력이 존속하고 있음을 전제로 함**

형사소송법 제93조에 의한 <u>구속의 취소</u>는 구속영장에 의하여 구속된 피고인에 대하여 구속의 사유가 없거나 소멸된 때에
법원이 직권 또는 피고인 등의 청구에 의하여 결정으로 구속을 취소하는 것으로서, 그 결정에 의하여 구속영장이 실효되므
로, <u>구속영장의 효력이 존속하고 있음을 전제로 하는 것이고, 다른 사유로 이미 구속영장이 실효된 경우에는 피고인이 계속
구금되어 있더라도 위 규정에 의한 구속의 취소 결정을 할 수 없다</u>[대판 1999.9.7. 99도3454].

`판례해설` 피고인에 대하여 징역형이 확정되어 구속영장이 실효된 사례로서 구속영장이 실효된 이상 피고인이 구금되어 있더라도
구속의 취소 결정을 할 수 없다는 취지의 판례이다.

⚖ **판례 | 구속취소 사유에 해당하는 경우**

1. 피고인의 상고가 기각되더라도 제1심과 항소심 판결선고 전 구금일수만으로도 본형 형기(징역 6월) 전부에 산입되고도
남는 경우[대결 1990.9.13. 90모48]

2. 피고인에 대한 형이 그대로 확정된다고 하더라도 <u>잔여형기가 8일 이내이고 또한 피고인의 주거가 일정할 뿐 아니라 증거
인멸이나 도망의 염려도 없는 경우</u>[대결 1983.8.18. 83모42]

---

77) 증거인멸의 염려를 이유로 구속하였는데 충분한 증거를 확보하여 더 이상 구속의 필요성이 없어진 경우가 그 예이다.

(3) 구속취소의 절차

1) 피고인에 대한 구속취소

① 법원은 구속의 사유가 없거나 소멸된 때에는 직권 또는 검사 · 피고인 · 변호인과 피고인의 법정대리인 · 배우자 · 직계친족 · 형제자매의 청구에 의하여 결정으로 구속을 취소하여야 한다(제93조). [20 경찰승진, 20 경찰채용, 18 경찰승진]*

② 구속취소에 관한 결정을 함에는 재판장은 검사의 청구에 의하거나 급속을 요하는 경우 외에는 검사의 의견을 물어야 한다(제97조 제1항 · 제2항).

③ 법원의 구속취소결정에 대하여 검사는 즉시항고를 할 수 있다(동조 제4항).

2) 피의자에 대한 구속취소

검사 또는 사법경찰관은 구속의 사유가 없거나 소멸된 때에는 직권 또는 피의자 · 변호인과 피의자의 법정대리인 · 배우자 · 직계친족 · 형제자매의 청구에 의하여 구속을 취소하여야 한다(제209조, 제93조).

3. 구속의 실효

(1) 구속의 취소

구속이 취소되면 구속의 효력은 상실된다.

(2) 구속의 당연실효

1) 구속기간의 만료

구속기간이 만료되면 구속영장의 효력은 당연히 상실된다.

2) 구속영장의 실효

① 무죄 · 면소 · 형의 면제 · 형의 선고유예 · 형의 집행유예 · 공소기각 또는 벌금 · 과료를 과하는 판결이 '선고'된 때에는 구속영장은 효력을 잃는다(제331조).[78] [20 경찰승진, 19 경찰승진, 18 법원9급]* 판결선고와 동시에 바로 구속영장의 효력이 상실되므로 판결확정 전이라도 즉시 피고인을 석방시켜야 한다.

② 사형 또는 자유형(실형)의 판결이 '확정'된 때에도 구속영장의 효력은 상실된다. 사형 · 자유형 판결이 확정된 후에는 확정판결 자체의 효력에 의하여 구금이 개시되기 때문이다.

---

78) 관할위반판결과 공소기각결정은 구속영장의 실효사유에 해당하지 아니한다.

구분	체포구속적부심	피의자보석	피고인보석	구속 집행정지	구속취소
주체	법원	법원	법원	법원 · 검사 · 사경	법원 · 검사 · 사경
대상	피의자	피의자	피고인	피의자 · 피고인	피의자 · 피고인
절차	청구	직권	직권 · 청구	직권	직권 · 청구
청구권자	피/변/법 · 배 · 직 · 형 · 가 · 고 · 동	–	피/변/법 · 배 · 직 · 형 · 가 · 고 · 동	–	피/변/검/법 · 배 · 직 · 형
사유	체포 · 구속이 위법 부당한 때	법원의 재량	원칙 – 필요적 보석 예외 – 임의적 보석	상당한 이유가 있는 때	구속사유가 없거나 소멸한 때
검사의 의견청취	규정 없음	규정 없음	의견을 물어야 함 (예외 없음)	의견을 물어야 함 (예외 – 급속을 요하는 경우)	의견을 물어야 함 (예외 – 검사 청구 또는 급속을 요하는 경우)
보증금	불필요	반드시 필요	보증금 또는 기타 조건	불필요	불필요
영장의 효력	석방명령시 효력 상실	효력 상실	효력 지속	효력 지속	효력 상실
검사의 불복방법	불복불가	보통항고	보통항고	보통항고	즉시항고
재수감 요건	도망/인멸	도망/인멸/불출석/ 조건위반	도망/인멸/불출석/ 조건위반/ 해를 가할 염려	도망/인멸/불출석/ 조건위반/ 해를 가할 염려	① 피의자: 중요한 증거 발견 ② 피고인: 제한 없음
재수감시 영장 요부	재체포 · 재구속 (영장 요함)	재구속 (영장 요함)	보석취소 (영장 불요)	집행정지 취소 (영장 불요)	재구속 (영장 요함)

제3절 압수 · 수색 · 검증[79]

I 압수와 수색

1. 의의

(1) 압수

압수란 물건의 점유를 취득하는 강제처분을 말한다. 압수에는 압류 · 영치 · 제출명령의 세가지가 있다.

---

79) 형사소송법은 법원의 압수 · 수색 · 검증에 관하여 먼저 규정한 다음 이를 수사기관의 압수 · 수색 · 검증에 일부분을 준용하는 형식을 취하고 있다.

제2편

2024 해커스경찰 허정 형사법 3권 형사소송법

① **압류:** 강제력을 행사하여 유체물의 점유를 법원 또는 수사기관에 이전하는 강제처분을 말한다.

② **영치:** 소유자 등이 임의로 제출한 물건이나 유류한 물건을 점유하는 것을 말한다. 점유취득 과정에서 강제력을 행사하지는 않지만, 일단 영치된 물건은 소유자 등에게 반환하지 않고 법원 또는 수사기관이 강제적으로 계속 점유하므로 이는 강제처분에 해당한다.

③ **제출명령:** 일정한 물건의 제출을 명하는 법원의 강제처분을 말한다(제106조 제2항). 제출명령에 의하여 지정된 물건이 제출되었을 때에는 당연히 압수의 효력이 발생한다. 다만, 수사기관에 의한 강제수사에는 제출명령이 포함되지 않는다.[80]

(2) 수색

수색이란 압수할 물건이나 사람을 발견하기 위하여 행하는 강제처분을 말한다. 실무상 수색은 주로 압수와 함께 행하여지고 압수·수색영장이라는 단일영장이 발부되고 있다.

2. 압수·수색의 대상

(1) 압수의 대상

① 증거물 또는 몰수할 것으로 사료하는 물건이다(제106조 제1항, 제219조).

② 우체물의 압수: 우체물 또는 전기통신에 관한 것으로서 체신관서 기타 관련기관 등이 소지 또는 보관하는 물건이다(제107조 제1항, 제219조).

(2) 수색의 대상

수색의 대상은 피고인·피의자의 신체·물건 또는 주거 기타 장소이다(제109조 제1항, 제219조). 다만, 피고인·피의자 아닌 자에 대하여는 압수할 물건이 있음을 인정할 수 있는 경우에 한하여 수색할 수 있다(제109조 제2항, 제215조).

3. 압수·수색의 요건

(1) 압수·수색의 필요성

법원 또는 수사기관의 압수·수색은 그 필요성이 인정되어야 한다(제106조 제1항, 제109조 제1항, 제215조).

⚖ 판례 | 수사기관의 압수의 요건인 '범죄수사에 필요한 때'의 의미

[1] 형사소송법 제215조에 의하면 검사나 사법경찰관이 범죄수사에 필요한 때에는 영장에 의하여 압수를 할 수 있으나, 여기서 '범죄수사에 필요한 때'라 함은 단지 수사를 위해 필요할 뿐만 아니라 강제처분으로서 압수를 행하지 않으면 수사의 목적을 달성할 수 없는 경우를 말하고, 그 필요성이 인정되는 경우에도 무제한적으로 허용되는 것은 아니다. 따라서 압수물이 증거물 내지 몰수하여야 할 물건으로 보이는 것이라 하더라도, 범죄의 형태나 경중, 압수물의 증거가치 및 중요성, 증거인멸의 우려 유무, 압수로 인하여 피압수자가 받을 불이익의 정도 등 제반 사정을 종합적으로 고려하여 판단해야 한다. [17 경간부]*

[2] **(필요한 한도를 초과한 압수가 위법한 경우)** 검사가 피의자들의 폐수무단방류 혐의가 인정된다는 이유로 피의자들의 공장부지, 건물, 기계류 일체 및 폐수운반차량 7대에 대하여 한 압수처분은 수사상의 필요에서 행하는 압수의 본래의 취지를 넘는 것으로 상당성이 없을 뿐만 아니라 비례성의 원칙에 위배되어 위법하다[대결 2004.3.23. 2003모126]. [17 경간부]*

---

(2) 범죄혐의

① 수사기관은 피의자가 죄를 범하였다고 의심할 만한 정황이 있을 때에 압수·수색을 할 수 있다(제215조).

② 법원의 압수·수색의 경우에도 범죄혐의는 당연히 인정되어야 한다.

---

80) 영장주의 원칙상 수사기관은 제출명령을 할 수 없다는 것이 일반적인 입장이다.

(3) 해당사건과의 관계성

법원과 수사기관은 해당사건과 관계가 있다고 인정할 수 있는 것에 한정하여 압수 또는 수색할 수 있다(제106조 제1항, 제109조 제1항, 제215조). [17 국가9급]*

🔨 판례 | 압수 · 수색영장의 범죄 혐의사실과 관계있는 범죄'의 의미 및 범위

1. [1] 영장 발부의 사유로 된 범죄 혐의사실과 무관한 별개의 증거를 압수하였을 경우 이는 원칙적으로 유죄 인정의 증거로 사용할 수 없다. 그러나 압수 · 수색의 목적이 된 범죄나 이와 관련된 범죄의 경우에는 그 압수 · 수색의 결과를 유죄의 증거로 사용할 수 있다.
   [2] 압수 · 수색영장의 범죄 혐의사실과 관계있는 범죄라는 것은 압수 · 수색영장에 기재한 혐의사실과 객관적 관련성이 있고 압수 · 수색영장 대상자와 피의자 사이에 인적 관련성이 있는 범죄를 의미한다. 그중 혐의사실과의 객관적 관련성은 압수 · 수색영장에 기재된 혐의사실 자체 또는 그와 기본적 사실관계가 동일한 범행과 직접 관련되어 있는 경우는 물론 범행 동기와 경위, 범행 수단과 방법, 범행 시간과 장소 등을 증명하기 위한 간접증거나 정황증거 등으로 사용될 수 있는 경우에도 인정될 수 있다. 그 관련성은 압수 · 수색영장에 기재된 혐의사실의 내용과 수사의 대상, 수사 경위 등을 종합하여 구체적 · 개별적 연관관계가 있는 경우에만 인정되고, 혐의사실과 단순히 동종 또는 유사 범행이라는 사유만으로 관련성이 있다고 할 것은 아니다. 그리고 피의자와 사이의 인적 관련성은 압수 · 수색영장에 기재된 대상자의 공동정범이나 교사범 등 공범이나 간접정범은 물론 필요적 공범 등에 대한 피고사건에 대해서도 인정될 수 있다.
   [3] 압수 · 수색영장의 집행 과정에서 피압수자의 지위가 참고인에서 피의자로 전환될 수 있는 증거가 발견되었더라도 그 증거가 압수 · 수색영장에 기재된 범죄사실과 객관적으로 관련되어 있다면 이는 압수 · 수색영장의 집행 범위 내에 있다. 따라서 다시 공소외 1에 대하여 영장을 발부받고 헌법상 변호인의 조력을 받을 권리를 고지하거나 압수 · 수색과정에 참여할 의사를 확인해야 한다고 보기 어렵다[대판 2017.12.5. 2017도13458]. [23 경간부, 20 경찰채용, 19 경찰채용]*

2. 압수의 대상을 압수 · 수색영장의 범죄사실 자체와 직접적으로 연관된 물건에 한정할 것은 아니고, 압수 · 수색영장의 범죄사실과 기본적 사실관계가 동일한 범행 또는 동종 · 유사의 범행과 관련된다고 의심할 만한 상당한 이유가 있는 범위 내에서는 압수를 실시할 수 있다[대판 2018.10.12. 2018도6252]. [20 국가9급]*

3. [1] 헌법 제12조의 영장주의와 형사소송법 제199조 제1항 단서의 강제처분 법정주의는 수사기관의 증거수집뿐만 아니라 강제처분을 통하여 획득한 증거의 사용까지 아우르는 형사절차의 기본원칙이다. 따라서 수사기관은 영장 발부의 사유로 된 범죄 혐의사실과 관계가 없는 증거를 압수할 수 없고, 별도의 영장을 발부받지 아니하고서는 압수물 또는 압수한 정보를 그 압수의 근거가 된 압수 · 수색영장 혐의사실과 관계가 없는 범죄의 유죄 증거로 사용할 수 없다.
   [사실관계] 현역 군인인 피고인이 방산업체 관계자의 부탁을 받고 군사기밀 사항을 메모지에 옮겨 적은 후 이를 전달하여 누설한 행위와 관련하여 군사기밀보호법 위반죄(예비적 죄명 군형법상 군기누설죄)로 기소되었음. 원심은 이 사건에 증거로 제출된 위 메모지가 누설 상대방의 다른 군사기밀 탐지 · 수집 혐의에 관하여 발부된 압수수색영장으로 압수한 것인데, 영장 혐의사실과 사이에 관련성이 인정되지 아니하여 위법수집증거에 해당하고, 군검사가 제출한 그 밖의 증거는 위법수집증거에 기초하여 획득한 2차 증거로서 최초 증거수집단계에서의 위법과 인과관계가 희석되거나 단절된다고 보기 어렵다는 이유로 피고인에게 무죄를 선고함. 대법원은 압수수색영장 기재 혐의사실과의 관련성에 관한 종전 법리를 재확인하고, 관련성에 의한 제한은 증거 수집뿐만 아니라 **압수된 증거의 사용에도 적용된다는 법리를 선언**하면서, 이러한 법리에 따라 메모지 및 그 파생증거의 증거능력을 부정한 원심의 판단을 수긍하여 군검사의 상고를 기각함[대판 2023.6.1. 2018도18866].

🔨 판례 | 해당사건과의 관련성을 인정할 수 없음에도 압수한 압수물(= 위수증, 증거능력 부정)

1. 영장 발부의 사유로 된 범죄 혐의사실과 관련된 증거가 아니라면 적법한 압수 · 수색이 아니므로 영장 발부의 사유로 된 범죄 혐의사실과 무관한 별개의 증거를 압수하였을 경우 이는 원칙적으로 유죄 인정의 증거로 사용할 수 없다[대판 2018.4.26. 2018도2624]. [20 변호사]*

2. **(피의자 甲의 공직선거법 위반 범행을 영장 범죄사실로 하여 발부받은 압수 · 수색영장의 집행 과정에서 乙, 丙의 공직선거법 위반 혐의사실에 관한 乙, 丙 사이의 대화가 녹음된 녹음파일을 압수한 경우)** <u>수사기관이 피의자 甲의 공직선거법 위반 범행을 영장 범죄사실로 하여 발부받은 압수 · 수색영장의 집행 과정에서 乙, 丙 사이의 대화가 녹음된 녹음파일을 압수하여 乙, 丙의 공직선거법 위반 혐의사실을 발견한 사안에서, 압수 · 수색영장에 기재된 '피의자'인 甲이 녹음파일에 의하여 의심되는 혐의사실과 무관한 이상, 수사기관이 별도의 압수 · 수색영장을 발부받지 아니한 채 압수한 녹음파일은 형사소송법 제219조에 의하여 수사기관의 압수에 준용되는 형사소송법 제106조 제1항이 규정하는 '피고사건' 내지 같은 법 제215조 제1항이 규정하는 '해당 사건'과 '관계가 있다고 인정할 수 있는 것'에 해당하지 않으며, 이와 같은 압수에는 헌법 제12조 제1항 후문, 제3항 본문이 규정하는 영장주의를 위반한 절차적 위법이 있으므로, 녹음파일은 형사소송법 제308조의2에서 정한 '적법한 절차에 따르지 아니하고 수집한 증거'로서 증거로 쓸 수 없고, 그 절차적 위법은 헌법상 영장주의 내지 적법절차의 실질적 내용을 침해하는 중대한 위법에 해당하여 예외적으로 증거능력을 인정할 수도 없다고 한 사례</u>[대판 2014.1.16. 2013도7101]. [20 변호사, 20 경찰채용, 17 법원9급, 17 경간부, 16 경찰채용]*

3. 압수영장의 발부 사유가 된 혐의사실이 <u>"피고인 甲은 2014년 5월에서 6월 사이 피고인 乙의 선거사무소에서 전화홍보원들에게 선거운동과 관련하여 금품을 제공하였다."</u>는 것임에도 불구하고 그 영장을 통하여 압수한 증거물이 '<u>2012년 8월에서 2013년 11월 사이 피고인 甲, 乙, 丙 등이 대전미래경제연구포럼을 설립 · 운영하고 회비를 조성한 것과 관련하여 유사기관 설치와 사전선거운동으로 인한 공직선거법위반, 정치자금법위반의 혐의'와 관련이 있는 것이라면 압수영장으로 압수한 증거물은 압수영장 발부의 사유가 된 범죄 혐의사실과 관련이 없으므로 이들은 유죄 인정의 증거로 사용할 수 없다</u>[대판 2017.11.14. 2017도3449].

(4) 정보저장매체의 압수 · 수색의 특칙

법원 또는 수사기관은 압수의 목적물이 컴퓨터용디스크 그 밖에 이와 비슷한 정보저장매체인 경우에는 기억된 정보의 범위를 정하여 출력하거나 복제하여 제출받아야 한다. 다만, 범위를 정하여 출력 또는 복제하는 방법이 불가능하거나 압수의 목적을 달성하기에 현저히 곤란하다고 인정되는 때에는 정보저장매체 등을 압수할 수 있다(제106조 제3항, 제219조). [16 경찰승진]*

⚖ 판례 | 정보저장매체 자체를 외부로 반출하기 위한 요건 – 반출허용이 영장에 기재되어 있어야 하고 실제로 허용요건을 구비하여야 함

전자정보에 대한 압수 · 수색영장을 집행할 때에는 원칙적으로 영장 발부의 사유인 혐의사실과 관련된 부분만을 문서 출력물로 수집하거나 수사기관이 휴대한 저장매체에 해당 파일을 복사하는 방식으로 이루어져야 하고, 집행현장 사정상 위와 같은 방식에 의한 집행이 불가능하거나 현저히 곤란한 부득이한 사정이 존재하더라도 <u>저장매체 자체를 직접 혹은 하드카피나 이미징 등 형태로 수사기관 사무실 등 외부로 반출하여 해당 파일을 압수 · 수색할 수 있도록 영장에 기재되어 있고 실제 그와 같은 사정이 발생한 때에 한하여 위 방법이 예외적으로 허용될 수 있다</u>[대결 2011.5.26. 2009모1190].

⚖ 판례 | 전자정보에 대한 압수 · 수색이 허용되는 경우

<u>피의자의 이메일 계정에 대한 접근권한에 갈음하여 발부받은 압수 · 수색영장에 따라 원격지의 저장매체에 적법하게 접속하여 내려받거나 현출된 전자정보를 대상으로 하여 범죄 혐의사실과 관련된 부분에 대하여 압수 · 수색하는 것은, 압수 · 수색영장의 집행을 원활하고 적정하게 행하기 위하여 필요한 최소한도의 범위 내에서 이루어지며 그 수단과 목적에 비추어 사회통념상 타당하다고 인정되는 대물적 강제처분 행위로서 허용되며, 형사소송법 제120조 제1항에서 정한 압수 · 수색영장의 집행에 필요한 처분에 해당한다. 그리고 이러한 법리는 원격지의 저장매체가 국외에 있는 경우라 하더라도 그 사정만으로 달리 볼 것은 아니다</u>[대판 2017.11.29. 2017도9747 ; 대판 2021.7.29. 2020도14654].

[판결이유] 형사소송법 제109조 제1항, 제114조 제1항에서 영장에 수색할 장소를 특정하도록 한 취지와 정보통신망으로 연결되어 있는 한 정보처리장치 또는 저장매체 간 이전, 복제가 용이한 전자정보의 특성 등에 비추어 보면, 수색장소에 있는 정보처리장치를 이용하여 정보통신망으로 연결된 원격지의 저장매체에 접속하는 것이 위와 같은 형사소송법의 규정에 위반하여 압수·수색영장에서 허용한 집행의 장소적 범위를 확대하는 것이라고 볼 수 없다. 수색행위는 정보통신망을 통해 원격지의 저장매체에서 수색장소에 있는 정보처리장치로 내려받거나 현출된 전자정보에 대하여 위 정보처리장치를 이용하여 이루어지고, 압수행위는 위 정보처리장치에 존재하는 전자정보를 대상으로 그 범위를 정하여 이를 출력 또는 복제하는 방법으로 이루어지므로, 수색에서 압수에 이르는 일련의 과정이 모두 압수·수색영장에 기재된 장소에서 행해지기 때문이다. [19 변호사, 19 경찰채용, 19 법원9급, 18 경찰채용]*

▶**비교판례** **(허용되지 않는 경우)** [1] 압수할 전자정보가 저장된 저장매체로서 압수·수색영장에 기재된 수색장소에 있는 컴퓨터, 하드디스크, 휴대전화와 같은 컴퓨터 등 정보처리장치와 수색장소에 있지는 않으나 컴퓨터 등 정보처리장치와 정보통신망으로 연결된 원격지의 서버 등 저장매체(이하 '원격지 서버'라 한다)는 소재지, 관리자, 저장 공간의 용량 측면에서 서로 구별된다. 수사기관이 압수·수색영장에 적힌 '수색할 장소'에 있는 컴퓨터 등 정보처리장치에 저장된 전자정보 외에 원격지 서버에 저장된 전자정보를 압수·수색하기 위해서는 압수·수색영장에 적힌 '압수할 물건'에 별도로 원격지 서버 저장 전자정보가 특정되어 있어야 한다. 압수·수색영장에 적힌 '압수할 물건'에 컴퓨터 등 정보처리장치 저장 전자정보만 기재되어 있다면 컴퓨터 등 정보처리장치를 이용하여 원격지 서버 저장 전자정보를 압수할 수는 없다.
[2] 이 사건 압수·수색영장에 적힌 '압수할 물건'에는 '여성의 신체를 몰래 촬영한 것으로 판단되는 사진, 동영상 파일이 저장된 컴퓨터 하드디스크 및 외부저장매체가', '수색할 장소'에는 피고인의 주거지가 기재되어 있다. 이 사건 압수·수색영장에 적힌 '압수할 물건'에 원격지 서버 저장 전자정보가 기재되어 있지 않은 이상 이 사건 압수·수색영장에 적힌 '압수할 물건'은 피고인의 주거지에 있는 컴퓨터 하드디스크 및 외부저장매체에 저장된 전자정보에 한정된다. 그럼에도 경찰은 이 사건 휴대전화가 구글계정에 로그인되어 있는 상태를 이용하여 원격지 서버에 해당하는 구글클라우드에 접속하여 구글클라우드에서 발견한 불법촬영물을 압수하였다. 결국 경찰의 압수는 이 사건 압수·수색영장에서 허용한 압수의 범위를 넘어선 것으로 적법절차 및 영장주의의 원칙에 반하여 위법하다.
[3] 따라서 이 사건 압수·수색영장으로 수집한 불법촬영물은 증거능력이 없는 위법수집증거에 해당하고, 이 사건 압수·수색영장의 집행 경위를 밝힌 압수조서 등이나 위법수집증거를 제시하여 수집된 관련자들의 진술 등도 위법수집증거에 기한 2차적 증거에 해당하여 증거능력이 없다[대판 2022.6.30. 2022도1452]. [23 경간부, 23 변호사]*

▶**비교판례** 제1차 압수·수색영장에 적힌 '압수할 물건'에는 하드디스크 저장 전자정보(일부 기각 부분 제외)가 포함되어 있는 반면, 클라우드 저장 전자정보는 제외되어 있다. 제1차 압수·수색영장에 적힌 '압수할 물건'에 클라우드 저장 전자정보가 기재되어 있지 않은 이상 제1차 압수·수색영장에 적힌 '압수할 물건'은 서울 본사 인사 담당 부서나 피의자 공소외 1, 공소외 2, 공소외 6, 공소외 5, 공소외 7의 근무 자리나 차량에 있는 하드디스크 저장 전자정보(일부 기각 부분 제외)에 한정된다. 법원이 제1차 압수·수색영장을 발부하면서 검찰이 청구한 클라우드 저장 전자정보 부분을 기각하였음이 명백하므로 클라우드에 대한 수색도 허용되지 않는다. 따라서 재항고인은 제1차 압수·수색영장을 집행하면서 클라우드에 해당하는 VDI 서버를 수색하여서는 안 된다. 더욱이 재항고인은 준항고인의 직원들로부터 VDI에 대한 설명을 들어 팀룸 폴더가 VDI 서버에 존재한다는 것을 충분히 알았을 것이다. 그런데도 재항고인은 VDI에 접속된 업무용 컴퓨터를 통해 가상 데스크톱의 팀룸 폴더에서 파일을 탐색하여 내용을 확인하고 보존조치를 하였다. 결국 이 사건 수색 등 처분은 영장에서 허용한 수색의 범위를 넘어선 것으로 적법절차와 영장주의 원칙에 반하여 위법하다. 나아가 재항고인은 이 사건 수색 등 처분으로 알게 된 이메일 내용 등을 추가로 압수·수색할 필요를 인정할 수 있는 자료로 삼아 제2차 압수·수색영장을 발부받은 다음 가상 데스크톱의 팀룸 폴더를 압수·수색하여 이 사건 압수 처분을 하였다. 이는 위법한 이 사건 수색 등 처분에 따라 알게 된 사정을 토대로 한 것으로 위법하고, 이 사건 압수 처분이 적법하다는 전제에서 한 이 사건 거부 처분 역시 위법하다[대결 2022.6.30. 2020모735].

▶**비교판례** 피의자가 휴대전화를 임의제출하면서 휴대전화에 저장된 전자정보가 아닌 클라우드 등 제3자가 관리하는 원격지에 저장되어 있는 전자정보를 수사기관에 제출한다는 의사로 수사기관에게 클라우드 등에 접속하기 위한 아이디와 비밀번호를 임의로 제공하였다면 위 클라우드 등에 저장된 전자정보를 임의제출하는 것으로 볼 수 있다[대판 2021.7.29. 2020도14654].

⚖ **판례 | 수사기관이 하드카피나 이미징 등 형태(복제본)에 담긴 전자정보를 탐색하여 혐의사실과 관련된 정보를 선별하여 출력하거나 다른 저장매체에 저장하는 등으로 압수를 완료한 경우, 혐의사실과 관련 없는 전자정보(무관정보)를 삭제·폐기하여야 하는지 여부(적극)**

수사기관은 복제본에 담긴 전자정보를 탐색하여 혐의사실과 관련된 정보(이하 '유관정보'라 한다)를 선별하여 출력하거나 다른 저장매체에 저장하는 등으로 압수를 완료하면 혐의사실과 관련 없는 전자정보(이하 '무관정보'라 한다)를 삭제·폐기하여야 한다. 수사기관이 새로운 범죄 혐의의 수사를 위하여 무관정보가 남아있는 복제본을 열람하는 것은 압수·수색영장으로 압수되지 않은 전자정보를 영장 없이 수색하는 것과 다르지 않다. 따라서 복제본은 더 이상 수사기관의 탐색, 복제 또는 출력 대상이 될 수 없으며, 수사기관은 새로운 범죄 혐의의 수사를 위하여 필요한 경우에도 유관정보만을 출력하거나 복제한 기존 압수·수색의 결과물을 열람할 수 있을 뿐이다[대판 2023.6.1. 2018도19782].81)

4. 압수 · 수색의 제한

(1) 군사상 비밀을 요하는 장소

군사상 비밀을 요하는 장소는 그 책임자의 승낙 없이는 압수·수색할 수 없다. 이 경우 책임자는 국가의 중대한 이익을 해하는 경우를 제외하고는 승낙을 거부하지 못한다(제110조, 제219조).

(2) 공무상 비밀로 신고된 물건

공무원 또는 공무원이었던 자가 소지 또는 보관하는 물건에 관하여는 본인 또는 그 해당 공무소가 직무상의 비밀에 관한 것임을 신고한 때에는 그 소속 공무소 또는 당해 감독관공서의 승낙 없이는 압수하지 못한다. [17 국가9급]*
다만, 소속 공무소 또는 당해 감독관공서는 국가의 중대한 이익을 해하는 경우를 제외하고는 승낙을 거부하지 못한다(제111조, 제219조).

(3) 업무상 위탁받은 타인의 비밀에 관한 물건

변호사·변리사 등이 그 업무상 위탁을 받아 소지 또는 보관하는 물건으로 타인의 비밀에 관한 것은 압수를 거부할 수 있다. 다만, 그 타인의 승낙이 있거나 중대한 공익상 필요가 있는 때에는 예외로 한다(제112조, 제219조 참조).

5. 압수 · 수색의 절차

(1) 영장의 발부

1) 영장의 발부의 절차

① 법원의 압수 · 수색

법원의 공판정 내에서의 압수·수색은 영장이 필요 없으나(사후영장도 불필요), 공판정 외에서의 압수·수색은 영장을 요한다(제113조).

② 수사기관의 압수 · 수색

검사는 지방법원판사에게 청구하여 발부받은 영장에 의하여 압수·수색을 할 수 있다(제215조 제1항). 사법경찰관은 검사에게 신청하고 검사의 청구로 지방법원판사가 발부한 영장에 의하여 압수·수색을 할 수 있다(동조 제2항).

⚖ 판례 | 사법경찰관이 형사소송법 제215조 제2항을 위반하여 영장없이 물건을 압수한 직후 피고인으로부터 작성받은 그 압수물에 대한 '임의제출동의서'의 증거능력 유무(원칙적 소극)

형사소송법 제215조 제2항은 "사법경찰관이 범죄수사에 필요한 때에는 검사에게 신청하여 검사의 청구로 지방법원판사가 발부한 영장에 의하여 압수, 수색 또는 검증을 할 수 있다."고 규정하고 있는바, 사법경찰관이 위 규정을 위반하여 영장없이 물건을 압수한 경우 그 압수물은 물론 이를 기초로 하여 획득한 2차적 증거 역시 유죄 인정의 증거로 사용할 수 없는 것이고, 이와 같은 법리는 헌법과 형사소송법이 선언한 영장주의의 중요성에 비추어 볼 때 <u>위법한 압수가 있은 직후에 피고인으로부터 작성받은 그 압수물에 대한 임의제출동의서도 특별한 사정이 없는 한 마찬가지라고 할 것이다</u>[대판 2010.7.22. 2009도14376]. [20 법원9급, 19 경찰승진, 18 법원9급, 16 국가7급, 16 경간부]*

---

81) 선행 사건의 전자정보 압수·수색 과정에서 생성한 이미징 사본을 선행 사건의 판결 확정 이후 그 공범에 대한 범죄혐의 수사를 위해 새로 탐색·출력한 것이 위법한지 여부가 문제된 사건

⚖ 판례 | 지방법원판사의 압수영장 발부재판에 대하여 불복할 수 있는지의 여부(소극)

지방법원판사가 한 압수영장발부의 재판에 대하여는 준항고로 불복할 수 없고 나아가 형사소송법 제402조, 제403조에서 규정하는 항고는 법원이 한 결정을 그 대상으로 하는 것이므로 법원의 결정이 아닌 지방법원판사가 한 압수영장발부의 재판에 대하여 그와 같은 항고의 방법으로도 불복할 수 없다[대결 1997.9.29. 97모66]. [18 경찰채용, 16 변호사]*

2) 일반영장의 금지

압수·수색의 대상물은 특정되어야 하며 이것이 특정되지 않고 막연히 '피고사건과 관계 있는 모든 물건'과 같은 방식의 일반영장(一般令狀)은 무효이다. 또한 별건 압수·수색도 금지된다.

⚖ 판례 | 압수·수색영장의 유효기간이 남아있는 경우 다시 압수·수색을 할 수 있는지 여부(소극)

[1] 형사소송법 제215조에 의한 압수·수색영장은 수사기관의 압수·수색에 대한 허가장으로서 거기에 기재되는 유효기간은 집행에 착수할 수 있는 종기를 의미하는 것일 뿐이므로, 수사기관이 압수·수색영장을 제시하고 집행에 착수하여 압수·수색을 실시하고 그 집행을 종료하였다면 이미 그 영장은 목적을 달성하여 효력이 상실되는 것이고, 동일한 장소 또는 목적물에 대하여 다시 압수·수색할 필요가 있는 경우라면 그 필요성을 소명하여 법원으로부터 새로운 압수·수색영장을 발부 받아야 하는 것이지, 앞서 발부 받은 압수·수색영장의 유효기간이 남아있다고 하여 이를 제시하고 다시 압수·수색을 할 수는 없다[대결 1999.12.1. 99모161]. [23 경간부, 19 변호사, 19 경찰승진, 19 경간부, 18 경찰승진, 18 경찰채용, 17 변호사, 17 국가7급, 17 국가9급, 17 경찰승진, 16 변호사, 16 경찰승진]*

[2] 경찰은 2019.3.5. 피의자가 '공소외인'으로, 혐의사실이 대마 광고 및 대마 매매로, 압수할 물건이 '피의자가 소지, 소유, 보관하고 있는 휴대전화에 저장된 마약류 취급 관련자료(출력, 복사, 복제 이미징이 불가능시 저장매체 압수) 등'으로, 유효기간이 '2019.3.31.'로 된 압수·수색·검증영장(이하 '이 사건 영장'이라 한다)을 발부받아 2019.3.7. 이 사건 영장에 기하여 공소외인으로부터 휴대전화 3대 등을 압수하였다(저자 주: 집행 종료로 영장효력 상실). 공소외인은 2019.3.21. 대마 광고에 의한 「마약류 관리에 관한 법률」(이하 '마약류관리법'이라 한다) 위반(대마)죄 등으로, 2019.4.26. 대마 매매에 의한 마약류관리법 위반(대마)죄 등으로 각 공소제기되었다.

한편 경찰은 2019.4.8. 공소외인의 휴대전화 메신저에서 대마 구입 희망의사를 밝히는 피고인의 메시지(이하 '이 사건 메시지'라 한다)를 확인한 후 공소외인 행세를 하면서 메신저를 통해 메시지(이하 이 사건 메시지와 함께 통틀어 '이 사건 메시지 등'이라 한다)를 주고받는 방법으로 위장수사를 진행하여, 2019.4.10. 피고인을 현행범으로 체포하고 피고인의 휴대전화를 비롯한 피고인의 소지품 등을 영장 없이 압수한 다음, 2019.4.12. 법원으로부터 사후 압수·수색·검증영장을 발부받았다. 그러나 피고인이 이 사건 메시지를 보낸 2019.4.8.경까지 경찰이 이 사건 영장의 집행을 계속하고 있었다고 볼 만한 아무런 자료가 없고, 오히려 공소외인이 대마광고에 의한 마약류관리법 위반(대마)죄 등으로 2019.3.21. 공소제기된 점에 비추어 보면 경찰은 늦어도 2019.3.21. 무렵에는 이 사건 영장의 집행을 종료한 것으로 보인다. 따라서 경찰은 2019.4.8. 이후로 이 사건 메시지 등의 정보를 취득하기 위하여 이 사건 영장을 다시 집행할 수 없다. 또한 공소외인이 경찰에 자신의 성명과 주민등록번호를 무통장 송금 명의자용으로 활용함에 동의한 사실이 있다는 취지의 수사보고만 제출되었을 뿐 공소외인이 자신의 휴대전화 메신저 계정까지 별건 수사에 사용하여도 좋다고 동의한 사정은 보이지 않는다. 따라서 경찰은 공소외인의 휴대전화 메신저에 접속하여 이 사건 메시지 등을 송·수신할 수 없다. 경찰이 위법하게 취득한 이 사건 메시지 등을 기초로 피고인을 현행범으로 체포한 이상, 피고인에 대한 현행범 체포와 그에 따른 피고인 소지품 등의 압수는 위법하므로, 법원으로부터 사후 압수·수색·검증영장을 발부받았더라도 피고인을 현행범으로 체포하면서 수집한 증거는 위법하게 수집한 증거로서 증거능력이 없다[대판 2023.3.16. 2020도5336].82)

---

82) 원심은 경찰이 공소외인의 휴대전화 메신저 계정에서 피고인이 보낸 메시지 정보를 취득한 후 위장수사를 진행하여 피고인을 현행범으로 체포하고 증거를 수집하였으나, 메시지 정보의 취득은 영장 집행 종료 후의 위법한 재집행이고 휴대전화 메신저 계정을 이용할 정당한 접근권한도 없으므로, 위와 같은 경위로 수집한 증거는 위법수집증거에 해당하여 증거능력이 없다는 취지로 판단하였다.

3) 영장의 기재사항

① 압수·수색영장에는 피고인(피의자)의 성명·죄명·압수할 물건·수색할 장소·신체·물건·영장 발부 연월일·영장의 유효기간과 그 기간이 지나면 집행에 착수할 수 없으며 영장을 반환하여야 한다는 취지 등을 기재하고 재판장이나 수명법관(지방법원판사)이 서명날인하여야 한다. 다만, 압수·수색할 물건이 전기통신에 관한 것인 경우에는 작성기간을 기재하여야 한다(제114조 제1항, 제219조).

② 압수·수색영장의 유효기간은 7일로 한다. 다만, 법원 또는 법관이 상당하다고 인정하는 때에는 7일을 넘는 기간을 정할 수 있다(규칙 제178조).

(2) 영장의 집행

1) 집행기관

압수·수색영장은 검사의 지휘에 의하여 사법경찰관리가 집행한다. 다만, 필요한 경우에는 재판장은 법원사무관 등에게 그 집행을 명할 수 있다(제219조, 제115조 제1항).

2) 집행방법

① 압수·수색영장은 처분을 받는 자에게 '반드시' 사전에 제시하여야 하고 처분을 받는 자가 피의자나 피고인인 경우에는 그 사본을 교부하여야 한다. 다만, 처분을 받는 자가 현장에 없는 등 영장의 제시나 그 사본의 교부가 현실적으로 불가능한 경우 또는 처분을 받는 자가 영장의 제시나 사본의 교부를 거부한 때에는 예외로 한다(제118조, 제219조).[83] 따라서 체포·구속영장의 집행시 인정되는 긴급집행은 압수·수색영장의 집행에서는 인정되지 않는다.

② 압수·수색영장의 집행 중에는 타인의 출입을 금지할 수 있다. 이러한 조치에 위배한 자에게는 퇴거하게 하거나 집행종료시까지 간수자를 붙일 수 있다(제119조, 제219조). [19 경찰승진]*

---

83) 2022.2.3. 공포·시행된 개정 형사소송법은 피의자와 피고인의 방어권을 실질적으로 보장하기 위하여 영장제시 외 영장의 사본을 교부하도록 개정되었다.

⚖️판례 | 압수·수색영장의 제시 방법

1. **(제시의 정도 – 내용을 충분히 알 수 있도록 제시)** 압수·수색영장을 집행하는 수사기관은 피압수자로 하여금 법관이 발부한 영장에 의한 압수·수색이라는 사실을 확인함과 동시에 형사소송법이 압수·수색영장에 필요적으로 기재하도록 정한 사항이나 그와 일체를 이루는 사항을 충분히 알 수 있도록 압수·수색영장을 제시하여야 한다[대판 2017.9.21. 2015도12400]. [20 경간부, 19 변호사, 19 경찰채용]*

   동지판례 사법경찰관이 피압수자인 乙(보은군수 甲의 비서실장)에게 압수·수색영장을 제시하면서 표지에 해당하는 첫 페이지와 乙의 혐의사실이 기재된 부분만을 보여주고, 영장의 내용 중 압수·수색·검증할 물건, 압수·수색·검증할 장소, 압수·수색·검증을 필요로 하는 사유, 압수 대상 및 방법의 제한 등 필요적 기재 사항 및 그와 일체를 이루는 부분을 확인하지 못하게 한 것은 적법한 압수·수색영장의 제시라고 볼 수 없어, 이에 따라 압수된 동향보고 서류와 乙의 휴대전화는 적법한 절차에 따라 수집된 증거라고 보기 어렵다[대판 2017.9.21. 2015도12400]. [19 경찰채용]*

   동지판례 수사기관이 압수처분 당시 재항고인으로부터 영장 내용의 구체적인 확인을 요구받았음에도 압수·수색영장의 내용을 보여주지 않았던 것으로 보이므로 형사소송법 제219조, 제118조에 따른 적법한 압수·수색영장의 제시라고 인정하기 어렵다는 이유로, 압수처분 당시 수사기관이 법령에서 정한 취지에 따라 재항고인에게 압수·수색영장을 제시하였는지 여부를 판단하지 아니한 채 변호인이 조사에 참여할 당시 영장을 확인하였다는 사정을 들어 압수처분이 위법하지 않다고 본 원심결정은 잘못이 있다고 한 사례[대결 2020.4.16. 2019모3526]. [23 경간부]*

2. **(원본을 제시해야 함 – 팩스로 영장 사본을 송신한 것은 위법)** 수사기관이 이메일에 대한 압수수색영장을 집행할 당시 피압수자인 네이버 주식회사에 팩스로 영장 사본을 송신했을 뿐 그 원본을 제시하지 않았고, 압수조서와 압수물 목록을 작성하여 피압수·수색 당사자에게 교부하였다고 볼 수 없는 경우, 이러한 방법으로 압수된 이메일은 위법수집증거로 원칙적으로 유죄의 증거로 삼을 수 없다[대판 2017.9.7. 2015도10648]. [19 변호사]*

3. **(압수·수색을 당하는 사람이 여러 명일 경우에는 그 사람들 모두에게 개별적으로 영장을 제시해야 함)** 압수·수색영장은 처분을 받는 자에게 반드시 제시하여야 하는바, 현장에서 압수·수색을 당하는 사람이 여러 명일 경우에는 그 사람들 모두에게 개별적으로 영장을 제시해야 하는 것이 원칙이고, 수사기관이 압수·수색에 착수하면서 그 장소의 관리책임자에게 영장을 제시하였다고 하더라도 물건을 소지하고 있는 다른 사람으로부터 이를 압수하고자 하는 때에는 그 사람에게 따로 영장을 제시하여야 한다[대판 2009.3.12. 2008도763]. [23 경간부, 20 경찰승진, 20 경간부, 19 경찰채용, 18 경찰승진, 18 경간부, 18 경찰채용, 17 변호사, 17 경찰승진, 17 국가9급, 16 국가7급, 16 국가9급, 16 경찰채용]*

⚖️판례 | 압수·수색영장을 제시하지 않은 것이 위법하지 않은 경우(= 영장제시가 불가능한 경우)

형사소송법 제219조가 준용하는 제118조는 '압수·수색영장은 처분을 받는 자에게 반드시 제시하여야 한다'고 규정하고 있으나, 이는 영장제시가 현실적으로 가능한 상황을 전제로 한 규정으로 보아야 하고, 피처분자가 현장에 없거나 현장에서 그를 발견할 수 없는 경우 등 영장제시가 현실적으로 불가능한 경우에는 영장을 제시하지 아니한 채 압수·수색을 하더라도 위법하다고 볼 수 없다[대판(전) 2015.1.22. 2014도10978]. [19 변호사, 19 경찰승진, 18 경찰승진, 18 경간부, 18 경찰채용, 17 변호사, 17 경찰승진, 17 국가9급, 16 변호사, 16 경찰승진, 16 경간부]*

기출지문 압수·수색영장의 피처분자가 현장에 없거나 현장에서 그를 발견할 수 없는 등 영장제시가 현실적으로 불가능한 경우라도 영장을 제시하지 아니한 채 압수·수색을 하면 위법하다. (×)

⚖️판례 | 사후영장을 발부받아야 하는 경우 그 영장을 제시해야 하는지의 여부(소극)

압수·수색영장의 제시에 관한 형사소송법 제118조는 사후에 영장을 받아야 하는 경우에 관한 형사소송법 제216조 등에 대하여는 적용되지 아니한다[대판 2014.9.4. 2014도3263].

3) 압수·수색과 참여

① 당사자의 참여와 통지

검사·피의자·피고인·변호인은 압수·수색영장의 집행에 참여할 수 있다(제121조, 제219조). 압수·수색영장을 집행함에는 미리 집행의 일시와 장소를 이들에게 통지하여야 한다. 다만, 당사자가 참여하지 아니한다는 의사를 명시한 때 또는 급속을 요하는 때에는 예외로 한다(제122조, 제219조).

⚖ 판례 | 압수·수색영장의 집행시 변호인의 참여권이 변호인에게 주어진 고유권인지 여부(적극)

형사소송법 제219조, 제121조가 규정한 변호인의 참여권은 피압수자의 보호를 위하여 변호인에게 주어진 고유권이다. 따라서 설령 피압수자가 수사기관에 압수·수색영장의 집행에 참여하지 않는다는 의사를 명시하였다고 하더라도, 특별한 사정이 없는 한 그 변호인에게는 형사소송법 제219조, 제122조에 따라 미리 집행의 일시와 장소를 통지하는 등으로 압수·수색영장의 집행에 참여할 기회를 별도로 보장하여야 한다[대판 2020.11.26. 2020도10729]. [23 변호사]*

⚖ 판례 | 정보저장매체에 대한 압수·수색영장 집행과 참여권 보장의 필요 여부

1. **(참여권을 보장하지 않아도 위법하지 않은 경우)** [1] 형사소송법 제219조, 제121조에 의하면, 수사기관이 압수·수색영장을 집행할 때 피의자 또는 변호인은 그 집행에 참여할 수 있다. 압수의 목적물이 컴퓨터용디스크 그 밖에 이와 비슷한 정보저장매체인 경우에는 영장 발부의 사유로 된 범죄 혐의사실과 관련 있는 정보의 범위를 정하여 출력하거나 복제하여 이를 제출받아야 하고, 피의자나 변호인에게 참여의 기회를 보장하여야 한다. 만약 그러한 조치를 취하지 않았다면 영장주의 원칙과 적법절차를 준수하지 않은 것이다.
   [2] **(참여의 기회를 더 이상 보장할 필요가 없는 경우)** 수사기관이 정보저장매체에 기억된 정보 중에서 키워드 또는 확장자 검색 등을 통해 범죄 혐의사실과 관련 있는 정보를 선별한 다음 정보저장매체와 동일하게 비트열 방식으로 복제하여 생성한 파일(이하 '이미지 파일'이라 한다)을 제출받아 압수하였다면 이로써 압수의 목적물에 대한 압수·수색 절차는 종료된 것이므로, 수사기관이 수사기관 사무실에서 위와 같이 압수된 이미지 파일을 탐색·복제·출력하는 과정에서도 피의자 등에게 참여의 기회를 보장하여야 하는 것은 아니다[대판 2018.2.8. 2017도13263]. [23 경간부]*
2. **(참여권을 보장하지 않아 위법한 경우)** 수사기관이 준항고인을 피의자로 하여 발부받은 압수·수색영장에 기하여 인터넷 서비스업체인 갑 주식회사를 상대로 갑 회사의 본사 서버에 저장되어 있는 준항고인의 전자정보인 카카오톡 대화내용 등에 대하여 압수·수색을 실시하였는데, 준항고인은 수사기관이 압수·수색 과정에서 참여권을 보장하지 않는 등의 위법이 있다는 이유로 압수·수색의 취소를 청구한 사안에서, 압수·수색에서 나타난 위법이 압수·수색절차 전체를 위법하게 할 정도로 중대하다고 보아 압수·수색을 취소한 원심의 결론을 수긍한 사례[대결 2022.5.31. 2016모587].

⚖ 판례 | 정보저장매체에 대한 압수·수색영장 집행의 적법성 인정요건[84]

[1] 수사기관의 전자정보에 대한 압수·수색은 <u>원칙적으로 영장 발부의 사유로 된 범죄 혐의사실과 관련된 부분만을 문서 출력물로 수집하거나 수사기관이 휴대한 저장매체에 해당 파일을 복제하는 방식으로 이루어져야 하고</u>, 저장매체 자체를 직접 반출하거나 그 저장매체에 들어 있는 전자파일 전부를 하드카피나 이미징 등 형태(이하 '복제본')로 수사기관 사무실 등 외부로 반출하는 방식으로 압수·수색하는 것은 현장의 사정이나 전자정보의 대량성으로 인하여 관련 정보 획득에 긴 시간이 소요되거나 전문 인력에 의한 기술적 조치가 필요한 경우 등 범위를 정하여 출력 또는 복제하는 방법이 불가능하거나 압수의 목적을 달성하기에 현저히 곤란하다고 인정되는 때에 한하여 <u>예외적으로 허용될 수 있을 뿐이다.</u>
<u>그러한 예외적인 경우의 문서출력 또는 파일복제의 대상 역시 저장매체 소재지에서의 압수·수색과 마찬가지로 혐의사실과 관련된 부분으로 한정되어야 한다. 따라서 수사기관 사무실 등으로 반출된 저장매체 또는 복제본에서 혐의사실 관련성에 대한 구분 없이 임의로 저장된 전자정보를 문서로 출력하거나 파일로 복제하는 행위는 원칙적으로 영장주의 원칙에 반하는 위법한 압수가 된다.</u>

---

84) 다소 장문의 판례이지만 정보저장매체의 압수수색에 관한 거의 모든 쟁점이 들어가 있는 판례이므로 숙지해 두어야 한다.

[2] 저장매체에 대한 압수 · 수색 과정에서 범위를 정하여 출력 또는 복제하는 방법이 불가능하거나 압수의 목적을 달성하기에 현저히 곤란한 예외적인 사정이 인정되어 전자정보가 담긴 저장매체 또는 하드카피나 이미징 등 형태(이하 '복제본'이라 한다)를 수사기관 사무실 등으로 옮겨 복제 · 탐색 · 출력하는 경우에도, 그와 같은 일련의 과정에서 형사소송법 제219조, 제121조에서 규정하는 피압수 · 수색 당사자(이하 '피압수자'라 한다)나 변호인에게 참여의 기회를 보장하고 혐의사실과 무관한 전자정보의 임의적인 복제 등을 막기 위한 적절한 조치를 취하는 등 영장주의 원칙과 적법절차를 준수하여야 한다.

[3] 준항고인이 전체 압수 · 수색 과정을 단계적 · 개별적으로 구분하여 각 단계의 개별 처분의 취소를 구하더라도 준항고법원은 특별한 사정이 없는 한 구분된 개별 처분의 위법이나 취소 여부를 판단할 것이 아니라 당해 압수 · 수색 과정 전체를 하나의 절차로 파악하여 그 과정에서 나타난 위법이 압수 · 수색 절차 전체를 위법하게 할 정도로 중대한지 여부에 따라 전체적으로 압수 · 수색 처분을 취소할 것인지를 가려야 한다. 여기서 위법의 중대성은 위반한 절차조항의 취지, 전체과정 중에서 위반행위가 발생한 과정의 중요도, 위반사항에 의한 법익침해 가능성의 경중 등을 종합하여 판단하여야 한다.

[4] 전자정보에 대한 압수 · 수색이 종료되기 전에 혐의사실과 관련된 전자정보를 적법하게 탐색하는 과정에서 별도의 범죄혐의와 관련된 전자정보를 우연히 발견한 경우라면, 수사기관은 더 이상의 추가 탐색을 중단하고 법원에서 별도의 범죄혐의에 대한 압수 · 수색영장을 발부받은 경우에 한하여 그러한 정보에 대하여도 적법하게 압수 · 수색을 할 수 있다.

나아가 이러한 경우에도 특별한 사정이 없는 한 피압수자에게 형사소송법 제219조, 제121조, 제129조에 따라 참여권을 보장하고 압수한 전자정보 목록을 교부하는 등 피압수자의 이익을 보호하기 위한 적절한 조치가 이루어져야 한다[대결(전) 2015.7.16, 2011모1839.].

🔨판례 | 압수 · 수색영장 집행시 통지의 예외 요건인 '급속을 요하는 때'의 의미

'급속을 요하는 때'라고 함은 압수 · 수색영장 집행 사실을 미리 알려주면 증거물을 은닉할 염려 등이 있어 압수 · 수색의 실효를 거두기 어려울 경우라고 해석함이 옳고, 그와 같이 합리적인 해석이 가능하므로 형사소송법 제122조 단서가 명확성의 원칙 등에 반하여 위헌이라고 볼 수 없다[대판 2012.10.11, 2012도7455.]. [22 경찰채용, 17 변호사, 17 국가7급]*

② 법원(수사기관) 측의 참여

법원이 압수 · 수색을 할 때에는 법원사무관등을 참여하게 하여야 하고, 법원사무관등 또는 사법경찰관리가 압수 · 수색영장에 의하여 압수 · 수색을 할 때에는 다른 법원사무관등 또는 사법경찰관리를 참여하게 하여야 한다(규칙 제60조).

검사가 압수 · 수색을 함에는 검찰청수사관 또는 서기관이나 서기를 참여하게 하여야 하고, 사법경찰관이 압수 · 수색을 함에는 사법경찰관리를 참여하게 하여야 한다(규칙 제110조, 법 제243조).

③ 책임자, 주거주 등의 참여

공무소, 군사용 항공기 또는 선박 · 차량 안에서 압수 · 수색영장을 집행하려면 그 책임자에게 참여할 것을 통지하여야 한다(제123조 제1항, 제219조). 타인의 주거 · 간수자 있는 가옥 · 건조물 · 항공기 또는 선박 · 차량 안에서 압수 · 수색영장을 집행함에는 주거주, 간수자 또는 이에 준하는 사람을 참여하게 하여야 한다(제123조 제2항, 제219조). 주거주 등을 참여하게 하지 못할 때에는 이웃 사람 또는 지방공공단체의 직원을 참여하게 하여야 한다(제123조 제3항, 제219조).

④ 성년의 여자의 참여

여자의 신체에 대하여 수색할 때에는 성년의 여자를 참여하게 하여야 한다(제124조, 제219조).

4) 야간집행의 제한

① 원칙

일출전, 일몰후에는 압수 · 수색영장에 야간집행을 할 수 있는 기재가 없으면 그 영장을 집행하기 위하여 타인의 주거 · 간수자 있는 가옥 · 건조물 · 항공기 · 선차 내에 들어가지 못한다(제125조, 제219조).

② 예외

압수·수색영장에 야간집행을 할 수 있는 기재가 없더라도 ⊙ 도박 기타 풍속을 해하는 행위에 상용된다고 인정하는 장소 ⓒ 여관, 음식점 기타 야간에 공중이 출입할 수 있는 장소(단, 공개한 시간 내에 한한다)는 이러한 제한없이 압수·수색을 할 수 있다(제126조, 제219조). [20 국가9급]*

(3) 집행 후의 조치(압수조서의 작성, 압수목록 작성 교부)

압수·수색에 관하여는 조서를 작성하여야 한다(제49조). 압수한 경우에는 목록을 작성하여 소유자·소지자·보관자 기타 이에 준하는 자에게 교부하여야 한다(제129조, 제219조). 수색한 경우에 증거물 또는 몰수할 물건이 없는 때에는 그 취지의 증명서를 교부하여야 한다(제128조, 제219조).

⚖ 판례 | 압수목록 작성·교부의 방법 및 시기

1. **(교부의 시기 – 압수 직후 현장에서 바로 작성하여 교부)** [1] 압수물 목록은 피압수자 등이 압수물에 대한 환부·가환부신청을 하거나 압수처분에 대한 준항고를 하는 등 권리 행사 절차를 밟는 가장 기초적인 자료가 되므로 이러한 권리 행사에 지장이 없도록 압수 직후 현장에서 바로 작성하여 교부해야 하는 것이 원칙이다. [16 변호사]*
   [2] **(5개월이나 지난 뒤에 압수물 목록을 교부는 위법)** 작성월일을 누락한 채 일부 사실에 부합하지 않는 내용으로 작성하여 압수·수색이 종료된 지 5개월이나 지난 뒤에 압수물 목록을 교부한 행위는 형사소송법이 정한 바에 따른 압수물 목록 작성교부에 해당하지 않는다[대판 2009.3.12. 2008도763].

2. **(교부의 방법 – 제한 없음)** 압수된 정보의 상세목록에는 정보의 파일 명세가 특정되어 있어야 하고, 수사기관은 이를 출력한 서면을 교부하거나 전자파일 형태로 복사해 주거나 이메일을 전송하는 등의 방식으로도 할 수 있다[대판 2018.2.8. 2017도13263]. [23 경간부, 23 변호사, 20 경찰승진, 18 경찰채용, 18 국가7급]* ※ 압색영장의 제시의 경우 원본을 제시하여야 하는 것과 구별하여야 한다.

3. **(목록기재 방법 – 개별 파일 명세 특정을 요함)** [1] 법원은 압수·수색영장의 집행에 관하여 범죄 혐의사실과 관련 있는 전자정보의 탐색·복제·출력이 완료된 때에는 지체 없이 영장 기재 범죄 혐의사실과 관련이 없는 나머지 전자정보에 대해 삭제·폐기 또는 피압수자 등에게 반환할 것을 정할 수 있다. [22 경찰채용]* 수사기관이 범죄 혐의사실과 관련 있는 정보를 선별하여 압수한 후에도 그와 관련이 없는 나머지 정보를 삭제·폐기·반환하지 아니한 채 그대로 보관하고 있다면 범죄 혐의사실과 관련이 없는 부분에 대하여는 압수의 대상이 되는 전자정보의 범위를 넘어서는 전자정보를 영장 없이 압수·수색하여 취득한 것이어서 위법하고, 사후에 법원으로부터 압수·수색영장이 발부되었다거나 피고인이나 변호인이 이를 증거로 함에 동의하였다고 하여 그 위법성이 치유된다고 볼 수 없다. [22 경찰채용]*
   [2] 수사기관이 압수·수색영장에 기재된 범죄 혐의사실과의 관련성에 대한 구분 없이 임의로 전체의 전자정보를 복제·출력하여 이를 보관하여 두고, 그와 같이 선별되지 않은 전자정보에 대해 구체적인 개별 파일 명세를 특정하여 상세목록을 작성하지 않고 '….zip'과 같이 그 내용을 파악할 수 없도록 되어 있는 포괄적인 압축파일만을 기재한 후 이를 전자정보 상세목록이라고 하면서 피압수자 등에게 교부함으로써 범죄 혐의사실과 관련성 없는 정보에 대한 삭제·폐기·반환 등의 조치도 취하지 아니하였다면, 영장 기재 범죄 혐의사실과의 관련성 유무와 상관없이 수사기관이 임의로 전자정보를 복제·출력하여 취득한 "정보 전체"에 대해 그 압수는 위법한 것으로 취소되어야 한다고 봄이 타당하고, 사후에 법원으로부터 그와 같이 수사기관이 취득하여 보관하고 있는 전자정보 자체에 대해 다시 압수·수색영장이 발부되었다고 하여 달리 볼 수 없다[대결 2022.1.14. 2021모1586].

4. 형사소송법 제106조, 제218조, 제219조, 형사소송규칙 제62조, 제109조, 구 범죄수사규칙 제119조 등 관련규정들에 의하면, 사법경찰관이 임의제출된 증거물을 압수한 경우 압수경위 등을 구체적으로 기재한 압수조서를 작성하도록 하고 있다. 이는 사법경찰관으로 하여금 압수절차의 경위를 기록하도록 함으로써 사후적으로 압수절차의 적법성을 심사·통제하기 위한 것이다. 구 범죄수사규칙 제119조 제3항에 따라 피의자신문조서 등에 압수의 취지를 기재하여 압수조서를 갈음할 수 있도록 하더라도, 압수절차의 적법성 심사·통제 기능에 차이가 없으므로, 위와 같은 사정만으로 이 사건 동영상에 관한 압수가 형사소송법이 정한 압수절차를 지키지 않은 것이어서 위법하다는 취지의 원심 판단에는 압수절차의 적법성에 관한 법리를 오해하여 판결에 영향을 미친 잘못이 있다[대판 2023.6.1. 2020도2550].

---

6. 압수 · 수색 · 검증과 영장주의의 예외

(1) 체포 · 구속 목적 피의자 수색

1) 의의

검사 또는 사법경찰관은 제200조의2(영장에 의한 체포) · 제200조의3(긴급체포) · 제201조(구속) 또는 제212조 (현행범인의 체포)의 규정에 의하여 피의자를 체포 · 구속하는 경우에 필요한 때에는 영장없이 타인의 주거나 타인이 간수하는 가옥, 건조물, 항공기, 선차 내에서 피의자를 수색할 수 있다. 다만, 제200조의2 또는 제201 조에 따라 피의자를 체포 또는 구속하는 경우의 피의자 수색은 미리 수색영장을 발부받기 어려운 긴급한 사정 이 있는 때에 한정한다(제216조 제1항 제1호).[85] [22 경찰채용. 20 경찰채용. 18 경찰승진. 17 법원9급. 16 변호사]*

2) 적용범위

수색의 범위는 피의자의 주거는 물론 제3자의 주거도 포함한다.

3) 수색의 주체

수색은 검사 또는 사법경찰관만 할 수 있고, 현행범인은 누구나 체포할 수 있으나 일반인은 현행범인의 체포를 위하여 타인의 주거를 수색할 수 없다.

4) 사후영장의 요부

사후영장을 발부받을 필요가 없다.

(2) 체포 · 구속 현장에서의 압수 · 수색 · 검증

1) 의의

검사 또는 사법경찰관은 피의자를 체포[86] 또는 구속하는 경우에 필요한 때에는 영장없이 체포현장에서 압수 · 수색 · 검증을 할 수 있다(제216조 제1항 제2호). [22 경찰채용. 19 경찰승진. 18 국가9급. 17 국가9급. 17 법원9급. 16 변호사. 16 경찰승진]*

2) 체포현장의 의미

'체포현장'의 의미와 관련하여 체포행위에 시간적 · 장소적으로 근접해 있으면 되고 체포 전후를 묻지 않는다(시 간적 · 장소적 접착설, 다수설).

3) 압수수색의 대상과 장소

대상은 무기나 흉기와 같은 물건, 체포의 원인이 된 당해 사건의 증거물 등에 한정된다. 따라서 별건의 증거를 발견한 경우에는 임의제출을 받거나 영장을 발부받아 압수하여야 한다. 장소는 피의자의 신체 및 그의 직접 지 배하에 있는 곳으로 한정된다.

4) 사후영장의 요부

검사 또는 사법경찰관은 압수한 물건을 계속 압수할 필요가 있는 경우에는 지체 없이 압수수색영장을 청구하여 야 한다. 이 경우 영장의 청구는 체포한 때부터 48시간 이내에 하여야 한다(제217조 제2항). 검사 또는 사법경 찰관은 청구한 압수수색영장을 발부받지 못한 때에는 압수한 물건을 즉시 반환하여야 한다(동조 제3항). [18 국가9 급. 17 국가9급. 17 법원9급]*

---

85) 피고인을 구속하기 위한 수색은 제137조에 의하여 허용된다.
　　제137조: 검사, 사법경찰관리 또는 법원사무관등이 구속영장을 집행할 경우에 필요한 때에는 미리 수색영장을 발부받기 어려운 긴급한 사 정이 있는 경우에 한정하여 타인의 주거, 간수자있는 가옥, 건조물, 항공기, 선차 내에 들어가 피고인을 수색할 수 있다(밑줄 부분이 2019 년 개정시에 추가된 내용이다).
86) 피의자의 체포는 체포영장에 의한 체포, 긴급체포, 현행범인의 체포를 불문한다.

(3) 긴급체포된 자가 소유·소지 또는 보관하는 물건에 대한 압수·수색·검증

1) 의의

검사 또는 사법경찰관은 긴급체포된 자가 소유·소지 또는 보관하는 물건에 대하여 긴급히 압수할 필요가 있는 경우에는 체포한 때부터 24시간 이내에 한하여 영장 없이 압수·수색 또는 검증을 할 수 있다(제217조 제1항). [20 경간부, 20 경찰채용, 19 경찰채용, 19 경찰승진, 19 경간부, 18 경찰승진, 18 경간부, 17 경찰승진, 17 법원9급, 16 경찰채용]* 가족 등 제3자에 대한 증거의 은닉 등을 방지하기 위하여 인정된 규정이다.

2) 대상과 장소

① 대상

긴급체포된 자[87]가 소유·소지 또는 보관하는 물건으로서 긴급체포의 사유가 된 당해 범죄사실과 관련되었거나 관련되었다고 의심되는 증거물이나 몰수물 등이다.

② 장소

---

87) 현실로 긴급체포된 자여야 한다.

[2] 경찰관들이 저녁 8시경 도로에서 위장거래자와 만나서 마약류 거래를 하고 있는 피고인을 긴급체포하면서 현장에서 메트암페타민(증거1)을 압수하고, 저녁 8시 24분경 체포 현장에서 약 2km 떨어진 피고인의 주거지에서 메트암페타민 약 4.82g (증거2)을 추가로 찾아내어 이를 압수한 다음 법원으로부터 사후 압수·수색영장을 발부받은 경우, 피고인에 대한 긴급체포 사유, 압수·수색의 시각과 경위, 사후 영장의 발부 내역 등에 비추어 피고인의 주거지에서 긴급 압수한 메트암페타민 4.82g 은 긴급체포의 사유가 된 범죄사실 수사에 필요한 범위 내의 것으로서 적법하게 압수되었다고 할 것이다[대판 2017.9.12. 2017도10309].

판례해설 증거1은 긴급체포 현장에서 영장없이 압수한 물건이지만 형사소송법 제216조 제1항 제2호에 의한 영장주의 예외가 인정되며 또한 사후에 압수수색영장을 발부받았으므로 적법한 압수물에 해당한다. 증거2는 긴급체포된 자가 소유·소지 또는 보관하는 물건으로서 영장없이 압수하였더라도 형사소송법 제217조 제1항(24시간 이내 압수)과 제2항(사후영장발부)의 요건은 구비하였다. 다만, 제216조의 경우와는 달리 제217조에 의한 압수의 경우에는 요급처분이 허용(야간집행제한 규정의 적용이 배제)된다는 명문의 규정이 없지만 사후영장발부에 의하여 적법성이 인정된다는 것이 판례의 취지이다.

3) 사후영장의 요부

검사 또는 사법경찰관은 압수한 물건을 계속 압수할 필요가 있는 경우에는 지체 없이 압수수색영장을 청구하여야 한다. 이 경우 영장의 청구는 체포한 때부터 48시간 이내에 하여야 한다(제217조 제2항). 검사 또는 사법경찰관은 청구한 압수수색영장을 발부받지 못한 때에는 압수한 물건을 즉시 반환하여야 한다(동조 제3항). [20 경찰채용, 19 경간부, 19 경찰채용, 18 변호사, 18 경찰승진, 18 경간부, 17 경찰승진, 17 법원9급]*

(4) 범죄장소에서의 긴급압수·수색·검증

1) 의의

범행 중 또는 범행 직후의 범죄장소에서 긴급을 요하여 판사의 영장을 받을 수 없는 때에는 영장없이 압수·수색·검증을 할 수 있다(제216조 제3항). [20 변호사, 19 국가9급, 17 경찰승진, 17 법원9급, 16 경찰채용]*

2) 취지

범죄장소에서의 증거물의 은닉과 산일을 방지하기 위한 것이다.

3) 요건

범행 중 또는 범행 직후의 범죄장소이면 족하며, 피의자의 체포나 구속을 전제로 하지 않으며 또한 피의자가 현장에 있거나 체포되었을 것을 전제로 하지 않는다.

판례 | 피의자의 체포나 구속을 요하지 않는다는 판례

주취운전이라는 범죄행위로 당해 음주운전자를 구속·체포하지 아니한 경우에도 필요하다면 그 차량열쇠는 범행 중 또는 범행 직후의 범죄장소에서의 압수로서 형사소송법 제216조 제3항에 의하여 영장 없이 이를 압수할 수 있다[대판 1998.5.8. 97다54482]. [19 경찰승진, 16 경간부]*

판례 | 제216조 제3항의 요건 중 어느 하나라도 갖추지 못한 경우의 압수·수색(위법)에 대하여 사후영장을 발부받으면 위법성이 치유되는지 여부(소극)

범행 중 또는 범행 직후의 범죄 장소에서 긴급을 요하여 법원 판사의 영장을 받을 수 없는 때에는 영장 없이 압수·수색 또는 검증을 할 수 있으나, 사후에 지체없이 영장을 받아야 한다(형사소송법 제216조 제3항). 형사소송법 제216조 제3항의 요건 중 어느 하나라도 갖추지 못한 경우에 그러한 압수·수색 또는 검증은 위법하며, 이에 대하여 사후에 법원으로부터 영장을 발부받았다고 하여 그 위법성이 치유되지 아니한다[대판 2017.11.29. 2014도16080]. [19 경찰채용]*

4) 사후영장의 요부

사후에 지체없이 압수·수색·검증영장을 발부받아야 한다(제216조 제3항). [20 변호사, 19 국가9급, 17 경찰승진, 17 법원9급, 16 경찰채용]*

⚖️ 판례 | 음주운전의 사고현장으로부터 곧바로 후송된 병원 응급실을 범죄장소에 준하는 장소로 볼 수 있는지 여부(적극)

1. [1] 음주운전 중 교통사고를 야기한 후 피의자가 의식불명 상태에 빠져 있는 등으로 호흡조사에 의한 음주측정이 불가능하고 혈액 채취에 대한 동의를 받을 수도 없을 뿐만 아니라 법원으로부터 혈액채취에 대한 감정처분허가장이나 사전 압수영장을 발부받을 시간적 여유도 없는 긴급한 상황이 생길 경우 [2] 피의자의 신체 내지 의복류에 주취로 인한 냄새가 강하게 나는 등 형사소송법 제211조 제2항 제3호가 정하는 범죄의 증적이 현저한 준현행범인으로서의 요건이 갖추어져 있고 교통사고 발생 시각으로부터 사회통념상 범행 직후라고 볼 수 있는 시간 내라면 [3] 피의자의 생명·신체를 구조하기 위하여 사고현장으로부터 곧바로 후송된 병원 응급실 등의 장소는 형사소송법 제216조 제3항의 범죄장소에 준한다 할 것이므로, 검사 또는 사법경찰관은 피의자의 혈중알콜농도등 증거의 수집을 위하여 의료법상 의료인의 자격이 있는 자로 하여금 의료용 기구로 의학적인 방법에 따라 필요최소한의 한도 내에서 피의자의 혈액을 채취하게 한 후 그 혈액을 영장 없이 압수할 수 있다. 다만, 이 경우 사후에 지체 없이 강제채혈에 의한 압수의 사유 등을 기재한 영장청구서에 의하여 법원으로부터 압수영장을 받아야 한다[대판 2012.11.15, 2011도15258]. [23 변호사, 18 변호사, 18 경찰채용, 17 국가9급, 16 변호사]*

2. 사법경찰관사무취급이 행한 검증이 사건발생 후 범행장소에서 긴급을 요하여 판사의 영장없이 시행된 것이라면 이는 형사소송법 제216조 제3항에 의한 검증이라 할 것임에도 불구하고 기록상 사후영장을 받은 흔적이 없다면 이러한 검증조서는 유죄의 증거로 할 수 없다[대판 1984.3.13, 83도3006]. [18 경찰채용]*

기출지문
1. 음주운전 중 교통사고를 야기한 직후 병원 응급실로 후송된 의식불명 피의자에 대하여 수사기관이 그의 혈액을 채취하여 이를 취득하기 위해서는 반드시 사전영장 또는 감정처분허가장을 발부받아야 한다. (×)
2. 음주운전 혐의가 있는 피의자가 교통사고를 야기한 후 의식불명의 상태로 병원 응급실에 후송되었고 피의자의 신체와 의복에서 술 냄새 등이 현저하더라도 병원 응급실을 범죄 장소에 준한다고 볼 수 없으므로 영장없이 채혈할 수 없다. (×)

---

(5) 피고인에 대한 구속현장에서의 압수·수색·검증

① 검사 또는 사법경찰관이 피고인에 대한 구속영장의 집행의 경우에 필요한 때에는 그 집행현장에서 영장없이 압수·수색·검증을 할 수 있다(제216조 제2항, 제216조 제1항 제1호).

② 피고인에 대한 구속영장을 집행하는 검사 또는 사법경찰관은 집행기관으로서 활동하는 것이지만 집행현장에서의 압수·수색·검증은 수사기관의 수사에 속하는 처분이므로 그 결과를 법관에게 보고하거나 압수물을 제출할 필요가 없다.

(6) 임의제출물 또는 유류물의 압수

1) 의의

검사 또는 사법경찰관은 피의자 기타인이 유류한 물건이나 소유자·소지자·보관자가 임의로 제출한 물건을 영장없이 압수할 수 있다(제218조).88) [20 경찰승진, 17 경찰승진, 16 경찰승진]*

---

88) 법원도 소유자·소지자·보관자가 임의로 제출한 물건 또는 유류한 물건을 영장없이 압수할 수 있다(제108조).

⚖️판례 | 소유자, 소지자 또는 보관자가 아닌 피해자로부터 제출받은 물건을 영장없이 압수한 경우 (= 증거능력 부정)

형사소송법 규정에 위반하여 <u>소유자, 소지자 또는 보관자가 아닌 자로부터 제출받은 물건을 영장없이 압수한 경우 그 압수물 및 압수물을 찍은 사진은 이를 유죄 인정의 증거로 사용할 수 없는 것이고, 피고인이나 변호인이 이를 증거로 함에 동의하였다고 하더라도 달리 볼 것은 아니다[대판 2010.1.28. 2009도10092].</u> [22 경간부, 20 변호사, 20 경간부, 20 경찰채용, 19 경찰승진, 18 변호사, 18 경찰채용, 17 경찰승진, 17 경간부, 17 국가9급, 16 경찰승진, 16 경찰채용]*

판례해설 충청남도 금산경찰서 소속 사법경찰관이 피고인 소유의 쇠파이프를 피고인의 주거지 앞 마당에서 발견하였으면서도 그 소유자, 소지자 또는 보관자가 아닌 피해자로부터 임의로 제출받는 형식으로 위 쇠파이프를 압수하였고, 그 후 압수물의 사진을 찍은 사건이다.

2) 법적 성격과 예외인정 취지

일단 영치된 이상 제출자가 임의로 취거할 수 없다는 점에서 강제처분으로 인정되고 있으나, 점유취득과정이 임의적이므로 영장 없이 압수할 수 있도록 한 것이다.

3) 대상

증거물 또는 몰수물에 제한되지 않으며, 소지자 또는 보관자는 반드시 권한에 기한 소지자 또는 보관자임을 요하지 않는다. 또한 소지자 또는 보관자가 임의로 제출한 경우 소유권자의 동의가 있어야 하는 것도 아니다.

⚖️판례 | 경찰관이 간호사로부터 진료 목적으로 채혈된 피고인의 혈액 중 일부를 임의로 제출받아 압수한 것이 적법절차에 위반되는지의 여부(피고인 또는 피고인의 가족의 동의가 없었어도 위법 X)

의료인이 진료 목적으로 채혈한 환자의 혈액을 수사기관에 임의로 제출하였다면 그 혈액의 증거사용에 대하여도 환자의 사생활의 비밀 기타 인격적 법익이 침해되는 등의 특별한 사정이 없는 한 반드시 그 환자의 동의를 받아야 하는 것이 아니고, 따라서 <u>경찰관이 간호사로부터 진료 목적으로 이미 채혈되어 있던 피고인의 혈액 중 일부를 주취운전 여부에 대한 감정을 목적으로 임의로 제출받아 이를 압수한 경우</u>, 당시 간호사가 위 혈액의 소지자 겸 보관자인 병원 또는 담당의사를 대리하여 혈액을 경찰관에게 임의로 제출할 수 있는 권한이 없었다고 볼 특별한 사정이 없는 이상, <u>그 압수절차가 피고인 또는 피고인의 가족의 동의 및 영장 없이 행하여졌다고 하더라도 이에 적법절차를 위반한 위법이 있다고 할 수 없다[대판 1999.9.3. 98도968].</u> [19 경찰승진, 18 경찰채용]*

동지판례 i) 교도관이 재소자가 맡긴 비망록을 수사기관에 임의로 제출하였다면 그 비망록의 증거사용에 대하여도 재소자의 사생활의 비밀 기타 인격적 법익이 침해되는 등의 특별한 사정이 없는 한 반드시 그 재소자의 동의를 받아야 하는 것은 아니고 따라서 <u>검사가 교도관으로부터 보관하고 있던 피고인의 비망록을 뇌물수수 등의 증거자료로 임의로 제출받아 이를 압수한 경우 그 압수절차가 피고인의 승낙 및 영장 없이 행하여졌다고 하더라도 이에 적법절차를 위반한 위법이 있다고 할 수 없다[대판 2008.5.15. 2008도1097].</u> [22 경간부, 18 경간부, 18 경찰채용, 18 국가7급, 17 변호사]* ii) 세관공무원이 통관검사를 위하여 직무상 소지하거나 보관하는 물품을 수사기관에 임의로 제출한 경우에는 비록 소유자의 동의를 받지 않았다고 하더라도 수사기관이 강제로 점유를 취득하지 않은 이상 해당 물품을 압수하였다고 할 수 없다[대판 2017.7.18. 2014도8719].

4) 사후영장의 요부

사후영장을 발부받을 필요가 없다.

⚖️판례 | 체포현장이나 범죄장소에서의 임의제출물을 압수의 경우 사후영장 필요 여부(불요)

현행범 체포현장이나 범죄장소(범죄현장)에서도 소지자 등이 임의로 제출하는 물건은 형사소송법 제218조에 의하여 영장 없이 압수할 수 있고, 이 경우에는 검사나 사법경찰관이 사후에 영장을 받을 필요가 없다[대판 2020.4.9. 2019도17142; 대판 2019.11.14. 2019도13290].* [23 변호사, 22 경간부, 20 국가9급, 19 변호사, 19 경찰채용, 19 국가9급, 18 경찰채용, 17 국가9급]*

5) 정보저장매체에 대한 임의제출물의 압수

⚖️ 판례 | 임의제출물이 정보저장매체인 경우 압수가 적법하기 위한 요건(매우 중요)

[1] 전자정보에 대한 수사기관의 압수·수색은 사생활의 비밀과 자유, 정보에 대한 자기결정권, 재산권 등을 침해할 우려가 크므로 포괄적으로 이루어져서는 안 되고, 비례의 원칙에 따라 수사의 목적상 필요한 최소한의 범위 내에서 이루어져야 한다. 수사기관의 전자정보에 대한 압수·수색은 원칙적으로 영장 발부의 사유로 된 범죄혐의사실과 관련된 부분만을 문서 출력물로 수집하거나 수사기관이 휴대한 정보저장매체에 해당 파일을 복제하는 방식으로 이루어져야 하고, 정보저장매체 자체를 직접 반출하거나 저장매체에 들어 있는 전자파일 전부를 하드카피나 이미징 등 형태(이하 '복제본'이라 한다)로 수사기관 사무실 등 외부로 반출하는 방식으로 압수·수색하는 것은 현장의 사정이나 전자정보의 대량성으로 인하여 관련 정보 획득에 긴 시간이 소요되거나 전문 인력에 의한 기술적 조치가 필요한 경우 등 범위를 정하여 출력 또는 복제하는 방법이 불가능하거나 압수의 목적을 달성하기에 현저히 곤란하다고 인정되는 때에 한하여 예외적으로 허용될 수 있을 뿐이다. 위와 같은 법리는 정보저장매체에 해당하는 임의제출물의 압수(형사소송법 제218조)에도 마찬가지로 적용된다. 임의제출물의 압수는 압수물에 대한 수사기관의 점유 취득이 제출자의 의사에 따라 이루어진다는 점에서 차이가 있을 뿐 범죄혐의를 전제로 한 수사 목적이나 압수의 효력은 영장에 의한 경우와 동일하기 때문이다. 따라서 수사기관은 특정 범죄혐의와 관련하여 전자정보가 수록된 정보저장매체를 임의제출받아 그 안에 저장된 전자정보를 압수하는 경우 ⅰ) 그 동기가 된 범죄혐의사실과 관련된 전자정보의 출력물 등을 임의제출받아 압수하는 것이 원칙이다. 다만 현장의 사정이나 전자정보의 대량성과 탐색의 어려움 등의 이유로 ⅱ) 범위를 정하여 출력 또는 복제하는 방법이 불가능하거나 압수의 목적을 달성하기에 현저히 곤란하다고 인정되는 때에 한하여 예외적으로 정보저장매체 자체나 복제본을 임의제출받아 압수할 수 있다.

[2] 수사기관이 제출자의 의사를 쉽게 확인할 수 있음에도 이를 확인하지 않은 채 특정 범죄혐의사실과 관련된 전자정보와 그렇지 않은 전자정보가 혼재된 정보저장매체를 임의제출받은 경우, 그 정보저장매체에 저장된 전자정보 전부가 임의제출되어 압수된 것으로 취급할 수는 없다. 전자정보를 압수하고자 하는 수사기관이 정보저장매체와 거기에 저장된 전자정보를 임의제출의 방식으로 압수할 때, 제출자의 구체적인 제출 범위에 관한 의사를 제대로 확인하지 않는 등의 사유로 인해 임의제출자의 의사에 따른 전자정보 압수의 대상과 범위가 명확하지 않거나 이를 알 수 없는 경우에는 임의제출에 따른 압수의 동기가 된 범죄혐의사실과 관련되고 이를 증명할 수 있는 최소한의 가치가 있는 전자정보에 한하여 압수의 대상이 된다. 이때 범죄혐의사실과 관련된 전자정보에는 범죄혐의사실 그 자체 또는 그와 기본적 사실관계가 동일한 범행과 직접 관련되어 있는 것은 물론 범행 동기와 경위, 범행 수단과 방법, 범행 시간과 장소 등을 증명하기 위한 간접증거나 정황증거 등으로 사용될 수 있는 것도 포함될 수 있다. 다만 그 관련성은 임의제출에 따른 압수의 동기가 된 범죄혐의사실의 내용과 수사의 대상, 수사의 경위, 임의제출의 과정 등을 종합하여 구체적·개별적 연관관계가 있는 경우에만 인정되고, 범죄혐의사실과 단순히 동종 또는 유사 범행이라는 사유만으로 관련성이 있다고 할 것은 아니다. 범죄혐의사실과 관련된 전자정보인지를 판단할 때는 범죄혐의사실의 내용과 성격, 임의제출의 과정 등을 토대로 구체적·개별적 연관관계를 살펴볼 필요가 있다. 특히 카메라의 기능과 정보저장매체의 기능을 함께 갖춘 휴대전화인 스마트폰을 이용한 불법촬영 범죄와 같이 범죄의 속성상 해당 범행의 상습성이 의심되거나 성적 기호 내지 경향성의 발현에 따른 일련의 범행의 일환으로 이루어진 것으로 의심되고, 범행의 직접증거가 스마트폰 안에 이미지 파일이나 동영상 파일의 형태로 남아 있을 개연성이 있는 경우에는 그 안에 저장되어 있는 같은 유형의 전자정보에서 그와 관련한 유력한 간접증거나 정황증거가 발견될 가능성이 높다는 점에서 이러한 간접증거나 정황증거는 범죄혐의사실과 구체적·개별적 연관관계를 인정할 수 있다. 이처럼 범죄의 대상이 된 피해자의 인격권을 현저히 침해하는 성격의 전자정보를 담고 있는 불법촬영물은 범죄행위로 인해 생성된 것으로서 몰수의 대상이기도 하므로 임의제출된 휴대전화에서 해당 전자정보를 신속히 압수·수색하여 불법촬영물의 유통 가능성을 적시에 차단함으로써 피해자를 보호할 필요성이 크다. 나아가 이와 같은 경우에는 간접증거나 정황증거이면서 몰수의 대상이자 압수·수색의 대상인 전자정보의 유형이 이미지 파일 내지 동영상 파일 등으로 비교적 명확하게 특정되어 그와 무관한 사적 전자정보 전반의 압수·수색으로 이어질 가능성이 적어 상대적으로 폭넓게 관련성을 인정할 여지가 많다는 점에서도 그러하다. 피의자가 소유·관리하는 정보저장매체를 피의자 아닌 피해자 등 제3자가 임의제출하는 경우에는, 그 임의제출 및 그에 따른 수사기관의 압수가 적법하더라도 임의제출의 동기가 된 범죄혐의사실과 구체적·개별적 연관관계가 있는 전자정보에 한하여 압수의 대상이 되는 것으로 더욱 제한적으로 해석하여야 한다. 피의자 개인이 소유·관리하는 정보저장매체에는 그의 사생활의 비밀과 자유, 정보에 대한 자기결정권 등 인격적 법익에 관한 모든 것이 저장되어 있어 제한 없이 압수·수색이 허용될 경우 피의자의 인격적 법익이 현저히 침해될 우려가 있기 때문이다. [22 경찰채용]*

[3] 압수의 대상이 되는 전자정보와 그렇지 않은 전자정보가 혼재된 정보저장매체나 그 복제본을 임의제출받은 수사기관이 그 정보저장매체 등을 수사기관 사무실 등으로 옮겨 이를 탐색·복제·출력하는 경우, 그와 같은 일련의 과정에서 형사소송법 제219조, 제121조에서 규정하는 ⅰ) 피압수·수색 당사자(이하 '피압수자'라 한다)나 그 변호인에게 참여의 기회를 보장하고 ⅱ) 압수된 전자정보의 파일 명세가 특정된 압수목록을 작성·교부하여야 하며 범죄혐의사실과 무관한 전자정보의 임의적인 복제 등을 막기 위한 적절한 조치를 취하는 등 영장주의 원칙과 적법절차를 준수하여야 한다. 만약 그러한 조치가 취해지지 않았다면 피압수자 측이 참여하지 아니한다는 의사를 명시적으로 표시하였거나 임의제출의 취지와 경과 또는 그 절차 위반행위가 이루어진 과정의 성질과 내용 등에 비추어 피압수자 측에 절차 참여를 보장한 취지가 실질적으로 침해되었다고 볼 수 없을 정도에 해당한다는 등의 특별한 사정이 없는 이상 압수·수색이 적법하다고 평가할 수 없고, 비록 수사기관이 정보저장매체 또는 복제본에서 범죄혐의사실과 관련된 전자정보만을 복제·출력하였다 하더라도 달리 볼 것은 아니다. 나아가 피해자 등 제3자가 피의자의 소유·관리에 속하는 정보저장매체를 영장에 의하지 않고 임의제출한 경우에는 실질적 피압수자인 피의자가 수사기관으로 하여금 그 전자정보 전부를 무제한 탐색하는 데 동의한 것으로 보기 어려울 뿐만 아니라 피의자 스스로 임의제출한 경우 피의자의 참여권 등이 보장되어야 하는 것과 견주어 보더라도 특별한 사정이 없는 한 형사소송법 제219조, 제121조, 제129조에 따라 ⅰ) "피의자"에게 참여권을 보장하고 ⅱ) 압수한 전자정보 목록을 교부하는 등 "피의자"의 절차적 권리를 보장하기 위한 적절한 조치가 이루어져야 한다. [23 변호사, 22 경찰채용]*

[4] 임의제출된 정보저장매체에서 압수의 대상이 되는 전자정보의 범위를 초과하여 수사기관이 임의로 전자정보를 탐색·복제·출력하는 것은 원칙적으로 위법한 압수·수색에 해당하므로 허용될 수 없다. 만약 전자정보에 대한 압수·수색이 종료되기 전에 범죄혐의사실과 관련된 전자정보를 적법하게 탐색하는 과정에서 별도의 범죄혐의와 관련된 전자정보를 우연히 발견한 경우라면, 수사기관은 더 이상의 추가 탐색을 중단하고 법원으로부터 별도의 범죄혐의에 대한 압수·수색영장을 발부받은 경우에 한하여 그러한 정보에 대하여도 적법하게 압수·수색을 할 수 있다. 따라서 임의제출된 정보저장매체에서 압수의 대상이 되는 전자정보의 범위를 넘어서는 전자정보에 대해 수사기관이 영장 없이 압수·수색하여 취득한 증거는 위법수집증거에 해당하고, 사후에 법원으로부터 영장이 발부되었다거나 피고인이나 변호인이 이를 증거로 함에 동의하였다고 하여 그 위법성이 치유되는 것도 아니다. [22 경찰채용]*

[5] 甲은 경찰에 피고인의 휴대전화를 증거물로 제출할 당시 그 안에 수록된 전자정보의 제출 범위를 명확히 밝히지 않았고, 담당 경찰관들도 제출자로부터 그에 관한 확인절차를 거치지 않은 이상 휴대전화에 담긴 전자정보의 제출 범위에 관한 제출자의 의사가 명확하지 않거나 이를 알 수 없는 경우에 해당하므로, 휴대전화에 담긴 전자정보 중 임의제출을 통해 적법하게 압수된 범위는 임의제출 및 압수의 동기가 된 피고인의 2014년 범행 자체와 구체적·개별적 연관관계가 있는 전자정보로 제한적으로 해석하는 것이 타당하고, 이에 비추어 볼 때 범죄발생 시점 사이에 상당한 간격이 있고 피해자 및 범행에 이용한 휴대전화도 전혀 다른 피고인의 2013년 범행에 관한 동영상은 임의제출에 따른 압수의 동기가 된 범죄혐의사실(2014년 범행)과 구체적·개별적 연관관계 있는 전자정보로 보기 어려워 수사기관이 사전영장 없이 이를 취득한 이상 증거능력이 없고, 사후에 압수·수색영장을 받아 압수절차가 진행되었더라도 달리 볼 수 없다는 이유로, 피고인의 2013년 범행을 무죄로 판단한 원심의 결론이 정당하다고 한 사례[대판(전) 2021.11.18. 2016도348]. [22 경찰채용]*

동지판례 압수의 대상이 되는 전자정보와 그렇지 않은 전자정보가 혼재된 정보저장매체나 그 복제본을 압수·수색한 수사기관이 정보저장매체 등을 수사기관 사무실 등으로 옮겨 이를 탐색·복제·출력하는 경우, 그와 같은 일련의 과정에서 형사소송법 제219조, 제121조에서 규정하는 피압수·수색 당사자(이하 '피압수자'라 한다)나 변호인에게 참여의 기회를 보장하고 압수된 전자정보의 파일 명세가 특정된 압수목록을 작성·교부하여야 하며 범죄혐의사실과 무관한 전자정보의 임의적인 복제 등을 막기 위한 적절한 조치를 취하는 등 영장주의 원칙과 적법절차를 준수하여야 한다. 만약 그러한 조치가 취해지지 않았다면 피압수자 측이 참여하지 아니한다는 의사를 명시적으로 표시하였거나 절차 위반행위가 이루어진 과정의 성질과 내용 등에 비추어 피압수자 측에 절차 참여를 보장한 취지가 실질적으로 침해되었다고 볼 수 없을 정도에 해당한다는 등의 특별한 사정이 없는 이상 압수·수색이 적법하다고 평가할 수 없고, 비록 수사기관이 정보저장매체 또는 복제본에서 범죄혐의사실과 관련된 전자정보만을 복제·출력하였다 하더라도 달리 볼 것은 아니다.

따라서 수사기관이 피압수자 측에 참여의 기회를 보장하거나 압수한 전자정보 목록을 교부하지 않는 등 영장주의 원칙과 적법절차를 준수하지 않은 위법한 압수·수색 과정을 통하여 취득한 증거는 위법수집증거에 해당하고, 사후에 법원으로부터 영장이 발부되었다거나 피고인이나 변호인이 이를 증거로 함에 동의하였다고 하여 위법성이 치유되는 것도 아니다[대판 2022.7.28. 2022도2960]. [22 경찰채용]*

비교판례 1. **[사실관계]** 경찰은 2015.6.7. 피해자 공소외인 남자친구의 신고를 받고 현장에 출동하여 피고인으로부터 이 사건 휴대전화를 임의제출받아 이를 영장 없이 압수하였다. 당시 작성된 압수조서(임의제출)의 압수경위란에는 '① 경찰이 2015.6.7. 09:48경 '△△휴게소에서 여자친구를 몰래 도촬하여 성추행을 당했다'는 112신고를 받고 현장에 출동하여 촬영사진을 확인하기 위해 피고인이 소지하고 있던 이 사건 휴대전화를 임의제출받아 확인한바, 피해자 공소외인의 다리 부위 사진과 불특정 다수의 특정 신체부위 사진이 여러 장 확인되어 법관의 영장 없이 피고인에게 휴대전화를 임의제출받아 압수한 것임'이라고 기재되어 있다. 경찰은 같은 날 13:15 피고인에 대한 1회 피의자신문을 진행하면서 피고인의 면전에서 이 사건 휴대전화를 탐색하여 발견된 피해자 공소외인의 영상 및 불특정 다수 여성의 영상을 제시하였다. 피고인은 피해자 공소외인의 영상을 포함한 영상들을 몰래 촬영하였음을 자백하였다. 경찰은 같은 날 이 사건 휴대전화에 저장된 ② 2013.9.경부터 2015.6.7.까지 촬영된 여성 사진 2,091장을 출력하여 '피의자 핸드폰에 저장된 여성 사진 분석'이라는 내사보고 형식으로 수사기록에 편철하였는데, 거기에 2015년 범행에 관한 사진 2장 및 2014년 범행에 관한 사진 5장(이하 '이 사건 사진'이라 한다)도 포함되었다. 경찰은 같은 날 16:45 피고인에 대한 2회 피의자신문에서, 다시 피고인에게 출력된 위 2,000여 장의 여성 사진을 제시하면서 그중 2014년 범행에 관한 영상의 촬영경위를 질문하였고, 피고인은 서울 강남구 ○○동에 있는 안마시술소에서 여종업원인 피해자 성명불상자의 나체를 몰래 촬영한 것이라고 자백하였다.

판례해설 피고인이 이 사건 휴대전화를 임의제출할 당시 2015년 범행에 관한 영상에 대하여만 제출 의사를 밝혔는지, 아니면 2014년 범행에 관한 영상을 포함하여 제출 의사를 밝혔는지 명확하지 않다. 따라서 임의제출에 따른 압수의 동기가 된 범죄혐의사실인 2015년 범행에 관한 영상과 관련되고 이를 증명할 수 있는 최소한의 가치가 있는 전자정보에 한하여 압수의 대상(저자 주: 원칙)이 된다. 그런데 2014년 범행에 관한 영상을 비롯한 이 사건 휴대전화에서 발견된 약 2,000개의 영상은 2년여에 걸쳐 지속적으로 카메라의 기능과 정보저장매체의 기능을 함께 갖춘 이 사건 휴대전화로 촬영된 것으로, 범죄의 속성상 해당 범행의 상습성이 의심되거나 피고인의 성적 기호 내지 경향성의 발현에 따른 일련의 범행의 일환으로 이루어진 것으로 의심되어, 2015년 범행의 동기와 경위, 범행 수단과 방법 등을 증명하기 위한 간접증거나 정황증거 등으로 사용될 수 있어 2015년 범죄혐의사실과 구체적·개별적 연관관계를 인정할 수 있다. 결국 2014년 범행에 관한 영상은 임의제출에 따른 압수의 동기가 된 2015년 범죄혐의사실과 관련성이 인정될 수 있다.
경찰은 1차 피의자신문 시 이 사건 휴대전화를 피고인과 함께 탐색하는 과정에서 2014년 범행에 관한 영상을 발견하였으므로, 피고인은 이 사건 휴대전화의 탐색 과정에 참여하였다고 볼 수 있다. 경찰은 같은 날 곧바로 진행된 2회 피의자신문에서 이 사건 사진을 피고인에게 제시하였고, 5장에 불과한 이 사건 사진은 모두 동일한 일시, 장소에서 촬영된 2014년 범행에 관한 영상을 출력한 것임을 육안으로 쉽게 알 수 있다. 따라서 비록 피고인에게 전자정보의 파일 명세가 특정된 압수목록이 작성·교부되지 않았더라도 절차 위반행위가 이루어진 과정의 성질과 내용 등에 비추어 피고인의 절차상 권리가 실질적으로 침해되었다고 보기도 어렵다. 그러므로 2014년 범행에 관한 영상은 그 증거능력이 인정된다[대판 2022.1.13. 2016도9596].

비교판례 2. **[사실관계]** 경기북부지방경찰청 소속 경찰관은 의정부 지하철 역사 주변에서 카메라 등을 이용한 불법 촬영자를 검거하기 위하여 근무하던 중, 2018.4.25. 16:00경 순번 48번 범행 사실을 적발하고 피고인이 소지하고 있던 이 사건 휴대전화를 임의제출받아 영장 없이 압수하고, 위 지하철 역사 내에 위치한 지하철경찰대 사무실로 피고인과 임의동행하였다. 순번 48번 범행 당시 작성된 압수조서 상에는 "본 압수처분은, 피고인이 에스컬레이터를 올라가는 불상의 피해자의 특정부위를 촬영하는 것을 검문한 바, 오른손에 들고 있던 이 사건 휴대전화를 임의로 제출하여 본건의 증거물로 확보코져 별지 압수 목록과 같이 임의로 압수하다."라고 기재되어 있다. 경찰은 같은 날 위 검거 30분이 경과한 16:37~21:35경 같은 역 지하철 경찰대 사무실에서 피고인에 대한 피의자신문을 진행하면서 피고인의 면전에서 이 사건 휴대전화를 탐색하여 그 안에 저장되어 있는 성적 수치심을 유발할 수 있는 타인의 신체 부위를 몰래 촬영한 것으로 의심되는 동영상 321건을 발견하였다. 피고인은 불법촬영사실을 인정하면서 2018.2.15.부터 2018.4.25.까지 버스정류장, 지하철역사, 횡단보도 등에서 촬영된 순번 1~47번 범행의 각 일시·장소를 특정하고 범죄일람표를 직접 수기로 작성하여 경찰관에게 교부하였다. 이에 경찰은 위 범죄일람표, 위 각 범행에 관한 동영상을 복사한 시디(CD) 및 이를 캡처한 사진을 기록에 첨부하였고, 검사는 위 범죄일람표를 공소장에 별지로 첨부하는 한편, 위 시디 및 사진과 함께 증거로 제출하였다.

판례해설 피고인이 이 사건 휴대전화를 임의제출할 당시 그 안에 저장된 전자정보의 제출 범위를 명확히 밝히지 않았으므로, 임의제출에 따른 압수의 동기가 된 범죄혐의사실과 관련되고 이를 증명할 수 있는 최소한의 가치가 있는 전자정보에 한하여 압수의 대상이 된다. 순번 1~47번 범행은 범죄의 속성상 해당 범행의 상습성이 의심되거나 피고인의 성적 기호 내지 경향성의 발현에 따른 일련의 범행의 일환으로 이루어진 것으로 의심되어, 순번 48번 범행의 동기와 경위, 범행 수단과 방법 등을 증명하기 위한 간접증거나 정황증거 등으로 사용될 수 있어 순번 48번 범죄혐의사실과 구체적·개별적 연관관계를 인정할 수 있다. 결국 순번 1~47번 범행에 관한 동영상은 임의제출에 따른 압수의 동기가 된 순번 48번 범죄혐의사실과 관련성이 있는 증거로서 관련성이 인정될 수 있다. 또한 경찰관은 피의자 신문 당시 임의제출받은 이 사건 휴대전화를 피고인과 함께 탐색하는 과정에서 발견된 순번 1~47번 범행에 관한 동영상을 피고인의 참여 아래 추출·복사하였고, 피고인은 직접 위 순번 1~47 범행에 관한 동영상을 토대로 '범죄일람표' 목록을 작성하였음을 알 수 있다. 따라서 피고인이 이 사건 휴대전화의 탐색과정에 참여하였다고 보아야 하고, 순번 1~47번 범행에 관한 동영상을 특정하여 범죄일람표 목록을 작성·제출함으로써 실질적으로 피고인에게 전자정보 상세목록이 교부된 것과 다름이 없다고 볼 수 있다. 그러므로 수사기관이 위 휴대전화에 담긴 내용을 조사하는 과정에서 순번 1~47번 범행의 동영상을 확인하고 이를 복제한 시디는 임의제출에 의해 적법하게 압수된 전자정보로서 그 증거능력이 인정된다[대판 2021.11.25. 2019도6730]. [23 변호사]*

비교판례 [사실관계] 임의제출된 이 사건 각 위장형 카메라 및 그 메모리카드에 저장된 전자정보처럼 오직 불법촬영을 목적으로 방실 내 나체나 성행위 모습을 촬영할 수 있는 벽 등에 은밀히 설치되고, 촬영대상 목표물의 동작이 감지될 때에만 카메라가 작동하여 촬영이 이루어지는 등, 그 설치 목적과 장소, 방법, 기능, 작동원리상 소유자의 사생활의 비밀 기타 인격적 법익의 관점에서 그 소지 · 보관자의 임의제출에 따른 적법한 압수의 대상이 되는 전자정보와 구별되는 별도의 보호 가치 있는 전자정보의 혼재 가능성을 상정하기 어려운 경우에는 위 소지 · 보관자의 임의제출에 따른 통상의 압수절차 외에 별도의 조치가 따로 요구된다고 보기는 어렵다. 따라서 피고인 내지 변호인에게 참여의 기회를 보장하지 않고 전자정보 압수목록을 작성 · 교부하지 않았다는 점만으로 곧바로 증거능력을 부정할 것은 아니다.

판례해설 대법원 2021.11.18. 선고 2016도348 전원합의체 판결의 경우와 달리 수사기관이 임의제출받은 정보저장매체가 그 기능과 속성상 임의제출에 따른 적법한 압수의 대상이 되는 전자정보와 그렇지 않은 전자정보가 혼재될 여지가 거의 없어 사실상 대부분 압수의 대상이 되는 전자정보만이 저장되어 있는 경우에는 소지 · 보관자의 임의제출에 따른 통상의 압수절차 외에 피압수자에게 참여의 기회를 보장하지 않고 전자정보 압수목록을 작성 · 교부하지 않았다는 점만으로 곧바로 증거능력을 부정할 것은 아니다 [대판 2021.11.25., 2019도7342]. [23 경간부, 23 변호사]*

비교판례 [사실관계] 피고인이 2018.6.경 샌디스크 엘엘씨가 상표등록을 한 'SanDisk'와 동일한 문양의 가짜 상표가 부착되어 있는 메모리카드 12,000개를 중국 불상자에게 인도하기 위하여 소지하였다는 상표법 위반으로 기소되었음.

판례해설 대법원은 휴대전화에 저장된 전자정보의 증거능력에 관하여 ① 특별사법경찰관은 휴대전화의 압수 과정에서 압수조서 및 전자정보 상세목록을 작성 · 교부하지는 않았지만, 그에 갈음하여 압수의 취지가 상세히 기재된 수사보고의 일종인 조사보고를 작성하였는바, 적법절차의 실질적인 내용을 침해하였다고 보기는 어렵고, ② 구 「특별사법경찰관리 집무규칙(2021.1.1. 법무부령 제995호로 폐지되기 전의 것)」 제4조는 내부적 보고의무 규정에 불과하므로, 특별사법경찰관리가 위 보고의무를 이행하지 않았다고 하여 적법절차의 실질적인 내용을 침해하는 경우에 해당하지 않아 증거능력을 인정함.

또한 대법원은 메모리카드의 증거능력에 관하여 ① 피고인은 유체물인 이 사건 메모리카드 압수 당시 메모리카드를 소지하고 있지 않았고, 당초 자신은 아무런 관련이 없다고 진술한 점, ② 특별사법경찰관은 메모리카드 보관자인 세관측에 이 사건 영장을 제시하면서 메모리카드를 압수하였고, 압수조서를 작성하였으며, 세관측에 압수목록을 교부한 점을 감안하면 피고인은 압수 집행과정에서 절차 참여를 보장받아야 하는 사람에 해당한다고 단정할 수 없거나, 압수 집행과정에서 피고인에 대한 절차 참여를 보장한 취지가 실질적으로 침해되었다고 보기 어려워 증거능력을 인정함. 이에 대법원은 이 사건 휴대전화 및 메모리카드에 관한 증거들의 증거능력을 부정하고 무죄를 선고한 원심판결을 파기 · 환송함 [대판 2023.6.1., 2020도12157].

📖 판례 | 피의자의 소유 · 관리에 속하는 정보저장매체의 의미

[1] '피의자의 소유 · 관리에 속하는 정보저장매체'란, 피의자가 압수 · 수색 당시 또는 이와 시간적으로 근접한 시기까지 해당 정보저장매체를 현실적으로 지배 · 관리하면서 그 정보저장매체 내 전자정보 전반에 관한 전속적인 관리처분권을 보유 · 행사하고, 달리 이를 자신의 의사에 따라 제3자에게 양도하거나 포기하지 아니한 경우로써, 피의자를 그 정보저장매체에 저장된 전자정보에 대하여 실질적인 피압수자로 평가할 수 있는 경우를 말하는 것이다. 이에 해당하는지 여부는 민사법상 권리의 귀속에 따른 법률적 · 사후적 판단이 아니라 압수 · 수색 당시 외형적 · 객관적으로 인식 가능한 사실상의 상태를 기준으로 판단하여야 한다. 이러한 정보저장매체의 외형적 · 객관적 지배 · 관리 등 상태와 별도로 단지 피의자나 그 밖의 제3자가 과거 그 정보저장매체의 이용 내지 개별 전자정보의 생성 · 이용 등에 관여한 사실이 있다거나 그 과정에서 생성된 전자정보에 의해 식별되는 정보주체에 해당한다는 사정만으로 그들을 실질적으로 압수 · 수색을 받는 당사자로 취급하여야 하는 것은 아니다. [23 경간부, 23 변호사]*

[2] 수사기관의 압수 · 수색은 법관이 발부한 압수 · 수색영장에 의하여야 하는 것이 원칙이고, 영장의 원본은 처분을 받는 자에게 반드시 제시되어야 하므로(저자 주: 형사소송법 제118, 219조), 금융계좌추적용 압수 · 수색영장의 집행에 있어서도 수사기관이 금융기관으로부터 금융거래자료를 수신하기에 앞서 금융기관에 영장 원본을 사전에 제시하지 않았다면 원칙적으로 적법한 집행 방법이라고 볼 수는 없다. 다만 수사기관이 금융기관에 금융실명거래 및 비밀보장에 관한 법률(이하 '금융실명법'이라 한다) 제4조 제2항에 따라서 금융거래정보에 대하여 영장 사본을 첨부하여 그 제공을 요구한 결과 금융기관으로부터 ⅰ) 회신받은 금융거래자료가 해당 영장의 집행 대상과 범위에 포함되어 있고, 이러한 모사전송 내지 전자적 송수신 방식의 금융거래정보 제공요구 및 자료 회신의 ⅱ) 전 과정이 해당 금융기관의 자발적 협조의사에 따른 것이며, ⅲ) 그 자료 중 범죄혐의사실과 관련된 금융거래를 선별하는 절차를 거친 후 최종적으로 영장 원본을 제시하고 위와 같이 선별된 금융거래자료에 대한 압수절차가 집행된 경우로서, 그 과정이 금융실명법에서 정한 방식에 따라 이루어지고 달리 적법절차와 영장주의 원칙을 잠탈하기 위한 의도에서 이루어진 것이라고 볼 만한 사정이 없어, 이러한 일련의 과정을 전체적으로 '하나의 영장에 기하여 적시에 원본을 제시하고 이를 토대로 압수 · 수색하는 것'으로 평가할 수 있는 경우에 한하여, 예외적으로 영장의 적법한 집행 방법에 해당한다고 볼 수 있다 [대판 2022.1.27., 2021도11170].

(7) 요급처분

제216조의 규정에 의하여 영장에 의하지 않는 강제처분을 하는 경우에 급속을 요하는 때에는 영장의 집행과 책임자의 참여(제123조 제2항), 야간집행의 제한(제125조)의 규정에 의함을 요하지 아니한다. 그러나 제217조(긴급체포된 자의 소유물 대한 압수·수색·검증) 및 제218조(임의제출물 등의 압수)에 의하는 경우에는 이러한 예외를 허용하는 규정이 없다.

⚖ 판례 | 야간집행임에도 제217조에 따른 적법한 압수로 인정된 경우(주의)

[1] 서울지방경찰서 소속 경찰관들은 2016.10.5. 20:00 경기 광주시 (주소 1 생략) 앞 도로에서 위장거래자와 만나서 마약류 거래를 하고 있는 피고인을 긴급체포한 뒤 현장에서 피고인이 위장거래자에게 건네준 메트암페타민 약 9.50g이 들어 있는 비닐팩 1개(증제1호)를 압수하였다.

[2] 위 경찰관들은 같은 날 20:24경 영장 없이 체포현장에서 약 2km 떨어진 경기 광주시 (주소 2 생략)에 있는 피고인의 주거지에 대한 수색을 실시해서 작은 방 서랍장 등에서 메트암페타민 약 4.82g이 들어 있는 비닐팩 1개(증제2호) 등을 추가로 찾아내어 이를 압수하였다.

[3] 이후 사법경찰관은 압수한 위 메트암페타민 약 4.82g이 들어 있는 비닐팩 1개(증제2호)에 대하여 감정의뢰 등 계속 압수의 필요성을 이유로 검사에게 사후 압수수색영장 청구를 신청하였고, 검사의 청구로 서울중앙지방법원 영장전담판사로부터 2016.10.7. 사후 압수수색영장을 발부받았다.

위와 같은 피고인에 대한 긴급체포 사유, 압수·수색의 시각과 경위, 사후 영장의 발부 내역 등에 비추어 보면, 수사기관이 피고인의 주거지에서 긴급 압수한 메트암페타민 4.82g은 긴급체포의 사유가 된 범죄사실 수사에 필요한 범위 내의 것으로서 형사소송법 제217조에 따라 적법하게 압수되었다고 할 것이다[대판 2017.9.12. 2017도10309].

▶ **압수·수색·검증과 영장주의의 예외**

구분	사후영장 필요 여부	요급처분 허용 여부(제220조)
체포·구속 목적의 피의자 수색 (제216조 제1항 제1호)	불요	급속을 요하는 경우 아래 규정 배제(요급처분 허용) ① 책임자참여(제123조 제2항) ② 야간집행 제한(제125조)
체포·구속현장에서의 압수 등 (제216조 제1항 제2호)	압수계속 필요시 지체없이(늦어도 체포시부터 48시간 이내) 청구하여 사후영장 발부받아야 함(제217조 제2항)	
피고인 구속영장 집행시 압수 등 (제216조 제2항)	불요	
범행 중 범행직후 범죄장소에서 압수 등 (제216조 제3항)	지체없이 사후영장 발부받아야 함	
긴급체포된 자에 대한 압수 등 (제217조 제1항)	① 긴급체포후 24시간 이내 영장없이 압수 등 허용 ② 압수계속 필요시 지체없이(늦어도 긴급체포시부터 48시간 이내) 청구하여 사후영장 발부받아야 함(동조 제2항)	요급처분을 허용하는 명문규정이 없음
임의제출물 등에 대한 압수 (제218조)	불요	

7. 압수물의 처리

(1) 압수물의 보관과 폐기

1) 자청보관

압수물은 압수한 기관, 즉 법원 또는 수사기관의 청사로 운반하여 보관하는 것이 원칙이다.

2) 위탁보관

운반 또는 보관에 불편한 압수물에 관하여는 간수자를 두거나 소유자 또는 적당한 자의 승낙을 얻어 보관하게 할 수 있다(제130조 제1항, 제219조). [17 경찰승진]* 사법경찰관이 위탁보관을 하기 위해서는 미리 검사의 지휘를 받아야 한다(제219조 단서).[89]

3) 폐기처분

① 위험발생의 염려가 있는 압수물은 폐기할 수 있다(제130조 제2항, 제219조). [18 경찰승진]*

② 법령상 생산·제조·소지·소유 또는 유통이 금지된 압수물로서 부패의 염려가 있거나 보관하기 어려운 압수물은 소유자 등 권한 있는 자의 동의를 받아 폐기할 수 있다(제130조 제3항, 제219조).

> ### ⚖ 판례 | 금지된 압수물을 폐기하기 위한 요건(반드시 권한 있는 자의 동의 필요)
>
> 형사소송법은 "법령상 생산·제조·소지·소유 또는 유통이 금지된 압수물로서 부패의 염려가 있거나 보관하기 어려운 압수물은 소유자 등 권한 있는 자의 동의를 받아 폐기할 수 있다."라고 규정하고 있다(제130조 제3항). 따라서 부패의 염려가 있거나 보관하기 어려운 압수물이라 하더라도 법령상 생산·제조·소지·소유 또는 유통이 금지되어 있고, 권한 있는 자의 동의를 받지 못하는 한 이를 폐기할 수 없고, 만약 그러한 요건이 갖추어지지 않았음에도 폐기하였다면 이는 위법하다 [대판 2022.1.14. 2019다282197].

4) 대가보관

① 몰수하여야 할 압수물로서 멸실·파손·부패 또는 현저한 가치 감소의 염려가 있거나 보관하기 어려운 압수물은 매각하여 대가를 보관할 수 있다(제132조 제1항, 제219조). [17 경찰승진]*

② 환부하여야 할 압수물 중 환부를 받을 자가 누구인지 알 수 없거나 그 소재가 불명한 경우로서 그 압수물의 멸실·파손·부패 또는 현저한 가치 감소의 염려가 있거나 보관하기 어려운 압수물은 매각하여 대가를 보관할 수 있다(제132조 제2항, 제219조).

(2) 압수물의 환부와 가환부

1) 의의

① 환부: 압수물을 종국적으로 소유자 등에게 반환하는 것을 말한다.

② 가환부: 압수의 효력을 존속시키면서 압수물을 소유자 등에게 잠정적으로 반환하는 것을 말한다.

> ### ⚖ 판례 | 환부의 의의와 환부의 상대방(압수당시의 소지인)
>
> 압수물의 환부는 환부를 받는 자에게 환부된 물건에 대한 소유권 기타 실체법상의 권리를 부여하거나 그러한 권리를 확정하는 것이 아니라 단지 압수를 해제하여 압수 이전의 상태로 환원시키는 것뿐으로서 이는 실체법상의 권리와 관계없이 압수 당시의 소지인에 대하여 행하는 것이므로 실체법인 민법(사법)상 권리의 유무나 변동이 압수물의 환부를 받을 자의 절차법 인 형사소송법(공법)상 지위에 어떠한 영향을 미친다고는 할 수 없다[대결(전) 1996.8.16. 94모51].

---

89) 폐기처분, 대가보관의 경우에도 마찬가지이다.

2) 법원의 환부와 가환부

① **법원의 환부**: 압수를 계속할 필요가 없다고 인정되는 압수물은 피고사건 종결 전이라도 결정으로 환부하여야 한다(제133조 제1항 본문). [20 경찰채용, 17 경찰승진, 17 법원9급]* 따라서 압수를 계속할 필요가 있는 증거에 공할 압수물이나 몰수의 대상이 되는 압수물은 환부의 대상이 되지 못한다. 환부는 법원이 직권에 의하여 결정한다. 환부를 할 때에는 미리 검사·피해자·피고인·변호인에게 통지해야 한다(제135조).90) [22 경간부]*

⚖ 판례 │ 피고인 등에 대한 통지없이 한 가환부 결정(위법)

법원이 압수물의 가환부결정을 함에는 미리 검사 피해자 피고인 또는 변호인에 통지를 한 연후에 하도록 형사소송법 제135조에 규정하고 있는바, 이는 그들로 하여금 압수물의 가환부에 대한 의견을 진술할 기회를 주기 위한 조치라 할 것이므로, <u>피고인에게 의견을 진술할 기회를 부여하지 아니한 채 가환부결정을 하였음은 위 법조에 위배하여 위법하다 아니할 수 없다</u> [대결 1980.2.5. 80모3].

---

② **법원의 가환부**: ㉠ 증거에만 공할 목적으로 압수한 물건으로서 그 소유자 또는 소지자가 계속 사용하여야 할 물건은 사진촬영 기타 원형보존의 조치를 취하고 신속히 가환부하여야 한다(제133조 제2항). ㉡ 증거에 공할 압수물은 소유자·소지자·보관자·제출인의 청구에 의하여 법원의 결정에 의하여 가환부할 수 있다(제133조 제1항 후단).

⚖ 판례 │ 제133조 제1항 후단의 '증거에 공할 압수물' 중 가환부의 대상적격(= 임의적 몰수물)

[1] 형사소송법 제133조 제1항 후단이, 제2항의 '증거에만 공할' 목적으로 압수할 물건과는 따로이 '증거에 공할' 압수물에 대하여 법원의 재량에 의하여 가환부할 수 있도록 규정한 것을 보면 '증거에 공할 압수물'에는 증거물로서의 성격과 몰수할 것으로 사료되는 물건으로서의 성격을 가진 압수물이 포함되어 있다고 해석함이 상당하다. [20 경찰채용, 19 경찰승진, 18 경찰채용, 17 법원9급]*

[2] 몰수할 것이라고 사료되어 압수한 물건 중 법률의 특별한 규정에 의하여 <u>필요적으로 몰수할 것에 해당하거나 누구의 소유도 허용되지 아니하여 몰수할 것에 해당하는 물건에 대한 압수</u>는 몰수재판의 집행을 보전하기 위하여 한 것이라는 의미도 포함된 것이므로 그와 같은 <u>압수 물건은 가환부의 대상이 되지 않지만</u>, 그 밖의 형법 제48조에 해당하는 물건에 대하여는 이를 몰수할 것인지는 법원의 재량에 맡겨진 것이므로 특별한 사정이 없다면 수소법원이 피고 본안사건에 관한 종국판결에 앞서 이를 <u>가환부함에 법률상의 지장이 없는 것</u>으로 보아야 한다[대결 1998.4.16. 97모25]. [19 경간부, 18 경찰승진, 17 법원9급]*

동지판례 이 사건 약속어음은 범죄행위로 인하여 생긴 위조문서로서 아무도 이를 소유하는 것이 허용되지 않는 물건임이 분명하므로 몰수의 대상이 되고 환부나 가환부를 할 수 없다[대결 1984.7.24. 84모43].

⚖ 판례 │ 제133조 제2항의 증거에만 공할 목적으로 압수된 것이 아닌 경우(= 몰수의 대상이기도 한 물건)

물건이 피고인에게 대한 관세법 위반 피고사건의 몰수대상이 된다면 그 물건에 대한 본건 압수는 몰수의 집행을 보전하기 위하여 한 것이라는 의미도 포함된 것이라 할 것이며 따라서 이 압수물건은 형사소송법 제133조 제2항 소정의 증거에만 공할 목적으로 압수된 것이 아니라 할 것이므로 위의 규정이 정한바 가환부 대상이 될 수 없는 것이다[대결 1966.1.28. 65모21].

---

90) 이러한 통지절차는 법원의 가환부, 수사기관의 환부와 가환부, 압수장물의 피해자 환부의 경우도 마찬가지이다(제135조).

3) 수사기관의 환부와 가환부

검사 또는 사법경찰관은 사본을 확보한 경우 등 압수를 계속할 필요가 없다고 인정되는 압수물 및 증거에 사용할 압수물에 대하여 공소제기 전이라도 소유자·소지자·보관자 또는 제출인의 청구가 있는 때에는 환부 또는 가환부하여야 한다(제218조의2 제1항·제4항). [22 경찰채용, 22 경간부, 19 경찰승진, 18 경찰채용]* 사법경찰관이 환부 또는 가환부를 하기 위해서는 미리 검사의 지휘를 받아야 한다(제218조의2 제4항 단서). 소유자 등의 환부 또는 가환부 청구에 대해 검사가 이를 거부하는 경우, 신청인은 해당 검사의 소속 검찰청에 대응한 법원에 압수물의 환부 또는 가환부 결정을 청구할 수 있다(제218조의2 제2항). [22 경간부]*

⚖ 판례 | 가환부해 주어야 하는 경우

[1] 검사는 증거에 사용할 압수물에 대하여 가환부의 청구가 있는 경우 가환부를 거부할 수 있는 특별한 사정이 없는 한 형사소송법 제218조의2 제1항에 의하여 가환부에 응하여야 한다. [2] 인천세관 특별사법경찰관이 甲 등이 밀수출하기 위해 부산에서 선적하려다 미수에 그친 자동차를 압수하였는데, 자동차가 乙의 소유로서 렌트차량으로 이용되고 있었고 乙과 밀수출범죄 사이에 아무런 관련성도 없다면 乙의 가환부 청구를 거부할 수 있는 특별한 사정이 있는 경우라고 보기 어려워 검사는 이를 乙에게 가환부해 주어야 한다[대결 2017.9.29. 2017모236]. [20 경찰채용, 18 국가7급]*

⚖ 판례 | 피압수자가 압수물에 대한 소유권을 포기하거나 환부청구권을 포기한 경우 피압수자의 압수물환부청구권이 소멸하는지의 여부(소극)

피압수자 등 환부를 받을 자가 압수 후 그 소유권을 포기하는 등에 의하여 실체법상의 권리를 상실하더라도 그 때문에 압수물을 환부하여야 하는 수사기관의 의무에 어떠한 영향을 미칠 수 없고 또한 수사기관에 대하여 형사소송법상의 환부청구권을 포기한다는 의사표시를 하더라도 그 효력이 없어 그에 의하여 수사기관의 필요적 환부의무가 면제된다고 볼 수는 없으므로 압수물의 소유권이나 그 환부청구권을 포기하는 의사표시로 인하여 위 환부의무에 대응하는 압수물에 대한 환부청구권이 소멸하는 것은 아니다[대결(전) 1996.8.16. 94모51; 대판 2022.1.14. 2019다282197]. [20 국가7급, 17 변호사, 17 법원9급, 16 경간부, 16 경찰채용]*

⚖ 판례 | 압수를 계속할 필요가 없는 경우

외국산 물품을 관세장물의 혐의가 있다고 보아 압수하였다 하더라도 그것이 언제, 누구에 의하여 관세포탈된 물건인지 알 수 없어 기소중지처분을 한 경우에는 그 압수물은 관세장물이라고 단정할 수 없어 이를 국고에 귀속시킬 수 없을 뿐만 아니라 압수를 더 이상 계속할 필요도 없다[대결(전) 1996.8.16. 94모51]. [20 경찰채용]*

동지판례 세관이 외국산시계를 관세장물의 혐의가 있다고 하여 압수하였던 것을 검사가 그것이 관세포탈품인지를 확인할 수 없어 그 사건을 기소중지처분을 한 경우[대결 1988.12.14. 88모55]. [18 경찰승진]*

▶ 압수물의 환부와 가환부

주체		대상	청구의 요부	재량·의무
법원	환부	압수를 계속할 필요가 없다고 인정되는 압수물	청구불요	의무
	가환부	① 증거에만 공할 목적으로 압수한 물건 ② 증거에 공할 압수물	① 청구불요 ② 청구필요	① 의무 ② 재량
수사기관	환부·가환부	① 사본을 확보한 경우 등 압수를 계속할 필요가 없다고 인정되는 압수물 ② 증거에 사용할 압수물	①② 청구필요	의무

4) 환부와 가환부의 효력

① **환부의 효력:** 환부의 경우 압수는 그 효력을 상실한다. 그러나 압수물의 환부는 압수의 효력을 해제하여 압수 이전의 상태로 환원시키는 효력만 있을 뿐이므로 환부를 받은 자에게 소유권 기타 실체법상 권리를 확인하거나 창설하는 효력은 없다. 압수한 서류 또는 물품에 대하여 법원의 몰수의 선고가 없는 때에는 압수를 해제한 것으로 간주한다(제332조). [16 경찰승진]*

🔥 판례 | 압수해제된 물건을 다시 압수할 수 있는 경우

범인으로부터 압수한 물품에 대하여 몰수의 선고가 없어 그 압수가 해제된 것으로 간주된다고 하더라도 <u>공범자에 대한 범죄수사를 위하여 여전히 그 물품의 압수가 필요하다거나 공범자에 대한 재판에서 그 물품이 몰수될 가능성이 있다면 검사는 그 압수해제된 물품을 다시 압수할 수도 있다</u>[대결 1997.1.9. 96모34]. [20 국가7급]*

판례해설 압수가 해제된 후에도 압수가 필요하면 다시 압수할 수 있다는 취지의 판례이다.

---

② **가환부의 효력:** 가환부의 경우 압수의 효력은 그대로 유지된다. 따라서 가환부를 받은 자는 보관의무를 지며, 법원 또는 수사기관의 요구가 있으면 이를 제출할 의무가 있다[대결 1994.8.18. 94모42]. [19 경간부]* 가환부한 장물에 대하여 별단의 선고가 없는 때에는 환부의 선고가 있는 것으로 간주한다(제333조 제3항).

(3) 압수장물의 피해자 환부

① **종국재판 전의 피해자 환부:** 압수한 장물은 피해자에게 환부할 이유가 명백한 때에는 피고사건 또는 피의사건 종결 전이라도 법원 결정 또는 수사기관의 처분으로 피해자에게 환부할 수 있다(제134조, 제219조). [22 경간부, 20 경간부, 17 경찰승진, 17 국가7급]* 수사기관이 장물을 처분하였을 때에는 그 대가로 취득한 것을 피해자에게 교부하여야 한다(제219조, 제333조 제2항).

② **종국재판시의 피해자 환부:** 압수한 장물로서 피해자에게 환부할 이유가 명백한 것은 판결로써 피해자에게 환부하는 선고를 하여야 한다(제333조 제1항). [18 경찰채용, 16 경찰승진]* 장물을 처분하였을 때에는 판결로써 그 대가로 취득한 것을 피해자에게 교부하는 선고를 하여야 한다(동조 제2항). 가환부한 장물에 대하여 별단의 선고가 없는 때에는 환부의 선고가 있는 것으로 간주한다(동조 제3항). [19 경찰승진]* 압수장물의 피해자 환부는 이해관계인이 민사소송절차에 의하여 그 권리를 주장함에 영향을 미치지 아니한다(동조 제4항). [20 경간부, 16 경찰승진]*

🔥 판례 | 압수장물의 피해자 환부의 요건인 '환부할 이유가 명백한 때'에 해당하지 않는 경우

형사소송법 제134조 소정의 '환부할 이유가 명백한 때'라 함은 사법상 <u>피해자가 그 압수된 물건의 인도를 청구할 수 있는 권리가 있음이 명백한 경우를 의미하고 위 인도청구권에 관하여 사실상, 법률상 다소라도 의문이 있는 경우에는 환부할 명백한 이유가 있는 경우라고는 할 수 없다</u>[대결 1984.7.16. 84모38].

🔥 판례 | 장물의 처분대가의 교부와 관련한 판례

장물을 처분하여 그 대가로 취득한 압수물은 몰수할 것이 아니라 <u>피해자에게 교부하여야 할 것이다</u>[대판 1969.1.21. 68도1672].

---

(4) 압수처분에 대한 불복방법

1) 법원의 결정에 대한 불복(항고)

법원의 압수나 압수물의 환부에 관한 결정에 대해서는 보통항고로 불복할 수 있다(제403조 제2항).

2) 재판장 또는 수명법관의 재판에 대한 불복(준항고)

재판장 또는 수명법관의 압수 또는 압수물의 환부에 관한 재판에 불복이 있으면 그 법관 소속의 법원에 준항고로 불복할 수 있다(제416조 제1항).

3) 수사기관의 처분에 대한 불복(준항고)

검사 또는 사법경찰관의 압수 또는 압수물의 환부에 관한 처분에 대하여 불복이 있으면 그 직무집행지의 관할법원 또는 검사의 소속검찰청에 대응하는 법원에 준항고로 불복할 수 있다(제417조).

Ⅱ 수사상 검증

1. 의의

(1) 개념

수사상의 검증이란 사람 · 장소 · 물건의 성질 · 형상을 오관(五官)[91]의 작용에 의하여 인식하는 수사기관의 강제처분을 말한다. 수사상의 검증은 영장에 의함을 원칙으로 한다.[92]

(2) 구별개념

실황조사	실황조사는 수사실무상 행하여지는 것으로서 수사상의 검증과 실질적으로 동일한 기능을 가지고 있으나 임의수사로서 영장을 요하지 않는다.
법원(판사)의 검증	수소법원이 증거조사로서 행하는 검증(제139조)과 증거보전을 위하여 수임판사가 행하는 검증(제184조)이 있으며 영장을 요하지 아니한다.
승낙검증	승낙검증은 임의수사에 해당한다.

2. 검증의 대상과 내용

① 검증의 대상: 오관의 작용에 의하여 인식가능한 것이면 모두 검증의 대상이 된다.
② 검증의 내용: 검증을 함에는 신체의 검사 · 사체의 해부 · 분묘의 발굴 · 물건의 파괴 기타 필요한 처분을 할 수 있다(제219조, 제140조).

3. 검증의 절차

수사상의 검증에는 원칙적으로 영장주의가 적용되며, 검증영장의 청구절차 등은 압수 · 수색에 관한 규정이 준용된다(제219조).

4. 신체검사

(1) 의의

신체검사는 신체 자체를 검사의 대상으로 하며 원칙적으로 검증으로서의 성질을 갖는다(예 피의자의 지문을 채취, 신체의 문신 확인). 그러나 혈액검사나 X선 촬영 등 전문적 지식과 경험을 요하는 신체검사는 감정에 해당한다. 신체검사는 신체외부와 착의에서 증거물을 찾는 신체수색과 구별된다.

(2) 절차

신체검사는 검증영장에 의하여야 하나, 체포 · 구속현장이나 긴급체포시에는 영장없이 신체검사를 할 수 있다(제216조, 제217조). 체포 · 구속된 피의자의 지문 또는 족형의 채취, 신장측정도 영장없이 할 수 있다.

---

91) 시각, 청각, 후각, 미각, 촉각의 다섯 가지 감각기관을 말한다.
92) 이하에서는 수사기관의 검증을 설명하고 증거조사의 일종으로 행하여지는 법원의 검증은 증거조사에서 후술하기로 한다.

(3) 방법

신체의 검사에 관하여는 검사를 받는 사람의 성별, 나이, 건강상태, 그 밖의 사정을 고려하여 그 사람의 건강과 명예를 해하지 아니하도록 주의하여야 한다(제141조 제1항). 피고인 아닌 사람의 신체검사는 증거가 될 만한 흔적을 확인할 수 있는 현저한 사유가 있는 경우에만 할 수 있다(동조 제2항). 여자의 신체를 검사하는 경우에는 의사나 성년의 여자를 참여하게 하여야 한다(동조 제3항).

5. 체내신체검사

(1) 의의

체내신체검사란 신체의 내부에 대한 수사기관의 강제처분을 말한다.

(2) 체내수색

구강내 · 질내 · 항문내 등 신체내부에 대한 수색은 신체검사의 성질도 가지고 있으므로 압수 · 수색영장 이외에 검증영장에 의하여야 한다.

(3) 연하물의 강제배출

① 연하물(嚥下物)의 강체배출이라 함은 입으로 삼킨 물건을 구토제 등을 사용하여 강제로 배출하게 하는 것을 말한다.

② 미국의 판례는 양심에 대한 충격이며 적정절차의 위반이라고 판시한 바 있다(인격권 기준설). 그러나 연하물에 대한 압수의 필요성이 현저하고, 압수대상의 존재가 명백하고, 피검사자의 건강을 침해하지 않는 범위에서는 허용된다고 보아야 한다(다수설).

③ 강제처분에 필요한 영장의 종류에 대하여는 견해가 나뉘어져 있다.93)

6. 강제채혈94)

> **⚖️ 판례 | 수사기관이 피의자의 동의 없이 혈액을 취득 · 보관하는 방법**
>
> 수사기관이 범죄 증거를 수집할 목적으로 피의자의 동의 없이 피의자의 혈액을 취득 · 보관하는 행위는 법원으로부터 감정처분허가장을 받아 형사소송법 제221조의4 제1항, 제173조 제1항에 의한 '감정에 필요한 처분'으로도 할 수 있지만, 형사소송법 제219조, 제106조 제1항에 정한 압수의 방법으로도 할 수 있고, 압수의 방법에 의하는 경우 혈액의 취득을 위하여 피의자의 신체로부터 혈액을 채취하는 행위는 그 혈액의 압수를 위한 것으로서 형사소송법 제219조, 제120조 제1항에 정한 '압수영장의 집행에 있어 필요한 처분'에 해당한다[대판 2012.11.15. 2011도15258]. [18 경찰채용, 18 국가9급]*
>
> **관련판례** [1] 수사기관이 범죄 증거를 수집할 목적으로 피의자의 동의 없이 피의자의 소변을 채취하는 것은 법원으로부터 감정허가장을 받아 형사소송법 제221조의4 제1항, 제173조 제1항에서 정한 '감정에 필요한 처분'으로 할 수 있지만(피의자를 병원 등에 유치할 필요가 있는 경우에는 형사소송법 제221조의3에 따라 법원으로부터 감정유치장을 받아야 한다), 형사소송법 제219조, 제106조 제1항, 제109조에 따른 압수 · 수색의 방법으로도 할 수 있다. 이러한 압수 · 수색의 경우에도 수사기관은 원칙적으로 형사소송법 제215조에 따라 판사로부터 압수 · 수색영장을 적법하게 발부받아 집행해야 한다.
> 압수 · 수색의 방법으로 소변을 채취하는 경우 압수대상물인 피의자의 소변을 확보하기 위한 수사기관의 노력에도 불구하고, 피의자가 인근 병원 응급실 등 소변 채취에 적합한 장소로 이동하는 것에 동의하지 않거나 저항하는 등 임의동행을 기대할 수 없는 사정이 있는 때에는 수사기관으로서는 소변 채취에 적합한 장소로 피의자를 데려가기 위해서 필요 최소한의 유형력을 행사하는 것이 허용된다. [23 변호사]*

---

93) 압수 · 수색영장설, 압수 · 수색영장과 검증영장설, 압수 · 수색영장과 감정허가장설이 있다.
94) 강제채혈시에 필요한 영장에 대하여도 견해가 나뉘어져 있으나 판례를 정리해 두는 것으로 족하다고 본다.

[2] 피고인이 메트암페타민(일명 '필로폰')을 투약하였다는 마약류 관리에 관한 법률 위반(향정) 혐의에 관하여, 피고인의 소변(30cc), 모발(약 80수), 마약류 불법사용 도구 등에 대한 압수·수색·검증영장을 발부받은 다음 경찰관이 피고인의 주거지를 수색하여 사용 흔적이 있는 주사기 4개를 압수하고, 위 영장에 따라 3시간가량 소변과 모발을 제출하도록 설득하였음에도 피고인이 계속 거부하면 서 자해를 하자 이를 제압하고 수갑과 포승을 채운 뒤 강제로 병원 응급실로 데리고 가 응급구조사로 하여금 피고인의 신체에서 소변(30cc)을 채취하도록 하여 이를 압수한 사안에서, 피고인의 소변에 대한 압수영장 집행이 적법하다고 본 사례[대판 2018.7.12.
2018도6219].

🔖 판례 | 호흡측정 결과에 오류가 있다고 인정되는 경우 경찰관이 음주운전 혐의를 밝히기 위하여 자발적인 동의에 의한 혈액채취에 의한 음주측정이 위법한지 여부(소극)

[1] 구 도로교통법(2014.12.30. 법률 제12917호로 개정되기 전의 것, 이하 같다) 제44조 제2항, 제3항, 제148조의2 제1항 제2호의 입법연혁과 내용 등에 비추어 보면, 구 도로교통법 제44조 제2항, 제3항은 음주운전 혐의가 있는 운전자에게 수사를 위한 호흡측정에도 응할 것을 간접적으로 강제하는 한편 혈액채취 등의 방법에 의한 재측정을 통하여 호흡측정의 오류로 인한 불이익을 구제받을 수 있는 기회를 보장하는 데 취지가 있으므로, 이 규정들이 음주운전에 대한 수사방법으로서의 혈액채취에 의한 측정의 방법을 운전자가 호흡측정 결과에 불복하는 경우에만 한정하여 허용하려는 취지의 규정이라고 해석할 수는 없다.
[2] 음주운전에 대한 수사 과정에서 음주운전 혐의가 있는 운전자에 대하여 구 도로교통법(2014.12.30. 법률 제12917호로 개정되기 전의 것) 제44조 제2항에 따른 호흡측정이 이루어진 경우에는 그에 따라 과학적이고 중립적인 호흡측정 수치가 도출된 이상 다시 음주측정을 할 필요성은 사라졌으므로 운전자의 불복이 없는 한 다시 음주측정을 하는 것은 원칙적으로 허용되지 아니한다. 그러나 운전자의 태도와 외관, 운전 행태 등에서 드러나는 주취 정도, 운전자가 마신 술의 종류와 양, 운전자가 사고를 야기하였다면 경위와 피해 정도, 목격자들의 진술 등 호흡측정 당시의 구체적 상황에 비추어 호흡측정기의 오작동 등으로 인하여 호흡측정 결과에 오류가 있다고 인정할 만한 객관적이고 합리적인 사정이 있는 경우라면 그러한 호흡측정 수치를 얻은 것만으로는 수사의 목적을 달성하였다고 할 수 없어 추가로 음주측정을 할 필요성이 있으므로, 경찰관이 음주운전 혐의를 제대로 밝히기 위하여 운전자의 자발적인 동의를 얻어 혈액채취에 의한 측정의 방법으로 다시 음주측정을 하는 것을 위법하다고 볼 수는 없다. 이 경우 운전자가 일단 호흡측정에 응한 이상 재차 음주측정에 응할 의무까지 당연히 있다고 할 수는 없으므로, 운전자의 혈액채취에 대한 동의의 임의성을 담보하기 위하여는 경찰관이 미리 운전자에게 혈액채취를 거부할 수 있음을 알려주었거나 운전자가 언제든지 자유로이 혈액채취에 응하지 아니할 수 있었음이 인정되는 등 운전자의 자발적인 의사에 의하여 혈액채취가 이루어졌다는 것이 객관적인 사정에 의하여 명백한 경우에 한하여 혈액채취에 의한 측정의 적법성이 인정된다[대판 2015.7.9.
2014도16051].

관련판례 [1] 도로교통법 제41조 제2항, 제3항의 해석상, 운전자의 신체 이상 등의 사유로 호흡측정기에 의한 측정이 불가능 내지 심히 곤란하거나 운전자가 처음부터 호흡측정기에 의한 측정의 방법을 불신하면서 혈액채취에 의한 측정을 요구하는 경우 등에는 호흡측정기에 의한 측정의 절차를 생략하고 바로 혈액채취에 의한 측정으로 나아가야 할 것이고, 이와 같은 경우라면 호흡측정기에 의한 측정에 불응한 행위를 음주측정불응으로 볼 수 없다.
[2] 특별한 이유 없이 호흡측정기에 의한 측정에 불응하는 운전자에게 경찰공무원이 혈액채취에 의한 측정방법이 있음을 고지하고 그 선택 여부를 물어야 할 의무가 있다고는 할 수 없다[대판 2002.10.25.
2002도4220]. [18 경찰채용]*

Ⅲ 수사상의 감정처분

(1) 의의
감정인이 감정에 관하여 필요한 때에 판사의 허가를 얻어 신체검사, 사체해부 등의 강제처분을 하는 것을 말한다.

(2) 절차

1) 허가의 청구
감정의 위촉을 받은 자는 감정처분을 하기 위하여 판사의 허가를 얻어야 한다(제221조의4 제1항). 판사에 대한 허가청구는 검사가 하여야 한다(동조 제2항). 판사는 청구가 상당하다고 인정할 때에는 허가장을 발부하여야 한다(동조 제3항).

2) 감정처분

① 판사로부터 감정처분허가장을 받은 검사는 이를 감정인에게 교부하고, 이를 교부받은 감정인은 처분을 받은 자에게 이를 제시한 후 처분을 행하여야 한다(제221조의4 제4항, 제173조 제3항).

② 감정인은 타인의 주거·간수자 있는 가옥·건조물·항공기·선차 내에 들어 갈 수 있고, 신체의 검사·사체의 해부·분묘의 발굴·물건의 파괴를 할 수 있다(제221조의4 제1항, 제173조 제1항). 감정인은 처분을 받는 자에게 감정처분허가장을 제시하여야 한다(제221조의4 제1항, 제173조 제3항). 검증의 신체검사에 관한 규정 및 시각의 제한 규정이 준용된다(제221조의4 제2항, 제173조 제5항, 제141조, 제143조).

제4절 수사상의 증거보전과 증인신문

Ⅰ 수사상의 증거보전

1. 의의와 인정취지

(1) 의의

수사상의 증거보전이란 공판정에서 정상적인 증거조사를 할 때까지 기다려서는 그 증거의 사용이 불가능하거나 현저히 곤란하게 될 염려가 있는 경우에 청구권자의 청구에 의하여 판사가 미리 증거를 조사하고 그 결과를 보전하여 두는 제도를 말한다.

(2) 인정취지

증거보전절차는 검사도 이용이 가능하나 특히 강제처분권이 없는 피의자·피고인에게 유리한 증거를 수집·보전할 수 있는 기회를 보장한다는 점에서 의미가 크다.

2. 증거보전의 요건

(1) 증거보전의 필요성

증거보전은 미리 증거를 보전하지 아니하면 그 증거를 사용하기 곤란한 사정, 즉 '증거보전의 필요성'이 있을 때에 할 수 있다(제184조 제1항). [19 국가9급, 18 변호사]* '증거를 사용 곤란'에는 공판정에서 해당 증거의 증거조사가 곤란한 경우(예 증거물의 멸실·분산, 증인의 사망임박·질병·해외이주)뿐만 아니라 증명력의 변화가 예상되는 경우(예 진술의 변경가능성이 있는 경우)도 포함된다.

(2) 청구시기

증거보전은 제1회 공판기일 전에 한하여 이를 청구할 수 있다(제184조 제1항). [20 경찰승진, 19 경찰승진, 19 경간부, 19 국가9급, 18 변호사, 18 경찰승진, 18 경찰채용, 17 경찰승진, 16 경찰승진, 16 경간부, 16 경찰채용]* 수사단계는 물론 공소제기 후라도 제1회 공판기일 전이면 가능하다. 제1회 공판기일 후에는 수소법원이 직접 증거조사를 할 수 있으므로 증거보전의 필요가 없다. 모두절차가 종료한 후에는 수소법원의 증거조사가 가능하므로 결국 제1회 공판기일 전이란 모두절차가 끝난 때까지를 의미한다.

3. 증거보전의 절차

(1) 증거보전의 청구

1) 청구권자

① 청구권자는 검사 · 피의자 · 피고인 · 변호인이다(제184조 제1항). [20 경찰승진, 20 경간부, 19 경찰승진, 18 경찰채용, 17 경찰승진, 16 경찰승진, 16 경간부, 16 경찰채용]*

② 변호인의 청구권은 피의자 · 피고인의 명시한 의사에 반해서 행사할 수 있는 독립대리권이다.

> **⚖️판례 | 증거보전의 청구권자에 해당하지 않는 경우(피고인 또는 피의자가 형사입건 되기 전인 경우)**
>
> 형사소송법 184조에 의한 증거보전은 피고인 또는 피의자가 형사입건도 되기 전에 청구할 수는 없다[대판 1979.6.12. 79도792]. [19 경찰승진, 16 경간부]*

2) 청구의 방식

증거보전의 청구는 관할 지방법원판사에게 하여야 하며(규칙 제91조 제1항), 서면으로 사유를 소명하여야 한다 (제184조 제3항). [20 경찰승진, 19 경찰승진, 19 경간부, 17 경찰승진, 16 경찰승진, 16 경찰채용]*

3) 청구의 내용

증거보전으로 청구할 수 있는 것은 압수 · 수색 · 검증 · 증인신문 · 감정이다(제184조 제1항). [20 경찰승진, 19 경찰승진, 19 경간부, 18 경찰승진, 18 경찰채용, 17 경찰승진]*

> **⚖️판례 | 증거보전절차에서 피고인신문 또는 피의자신문을 청구할 수 있는지의 여부(소극)**
>
> 피의자신문 또는 피고인신문에 해당하는 사항을 증거보전의 방법으로 청구할 수 없다[대판 1979.6.12. 79도792]. [20 경간부, 19 경간부, 18 경찰승진, 16 경간부]*

> **⚖️판례 | 수사단계에서 검사가 증거보전을 위하여 필요적 공범관계에 있는 공동피고인을 증인으로 신문할 수 있는지의 여부(적극)**
>
> 공동피고인과 피고인이 뇌물을 주고받은 사이로 필요적 공범관계에 있다고 하더라도 검사는 수사단계에서 피고인에 대한 증거를 미리 보전하기 위하여 필요한 경우에는 판사에게 (필요적 공범관계에 있는) 공동피고인을 증인으로 신문할 것을 청구할 수 있다[대판 1988.11.8. 86도1646]. [20 경간부, 19 경찰승진, 18 변호사, 18 경찰채용, 17 변호사, 17 국가7급, 17 경찰채용, 16 경찰승진, 16 경간부]*
>
> **판례해설** 공판절차에서 변론이 분리되지 않은 공범인 공동피고인들의 경우를 제외하고, 공범자들 상호간에 증인적격이 인정된다는 대법원의 기본입장을 고려하면 위 판례의 결론은 당연하다.
>
> **관련판례** (공범인 경우 소송절차분리 후 증인적격 인정) 공범인 공동피고인은 당해 소송절차에서는 피고인의 지위에 있어 다른 공동피고인에 대한 공소사실에 관하여 증인이 될 수 없으나, 소송절차가 분리되어 피고인의 지위에서 벗어나게 되면 다른 공동피고인에 대한 공소사실에 관하여 증인이 될 수 있다[대판 2012.12.13. 2010도10028]. [23 변호사, 22 경간부]*
>
> **기출지문** 공무원인 甲은 건설회사 대표 乙에게 자신이 속한 부서가 관장하는 관급공사를 수주할 수 있게 해주겠다고 약속하고, 그 대가로 乙로부터 돈을 받았다. 검사는 수사단계에서 甲에 대한 증거를 미리 보전하기 위하여 필요한 경우라도 甲과 乙은 필요적 공범이므로 판사에게 乙을 증인으로 신문할 것을 청구할 수 없다. (×)

⚖ 판례 | ※참고※ 공범인 공동피고인의 증인적격 유무(= 소송절차가 분리되면 인정)95)

1. [1] 공범인 공동피고인은 당해 소송절차에서는 피고인의 지위에 있으므로 다른 공동피고인에 대한 공소사실에 관하여 증인이 될 수 없으나, 소송절차가 분리되어 피고인의 지위에서 벗어나게 되면 다른 공동피고인에 대한 공소사실에 관하여 증인이 될 수 있다.
   [2] 게임장의 종업원이 그 운영자와 함께 게임산업진흥에 관한 법률 위반죄의 공범으로 기소되어 공동피고인으로 재판을 받던 중, 운영자에 대한 공소사실에 관한 증인으로 증언한 내용과 관련하여 위증죄로 기소된 사안에서, 소송절차가 분리되지 않은 이상 위 종업원은 증인적격이 없어 위증죄가 성립하지 않는다고 한 시례[대판 2008.6.26, 2008도3300]. [22 경간무, 19, 17, 16, 14, 13, 12 변시]*

2. 피고인의 지위에 있는 공동피고인은 다른 공동피고인에 대한 공소사실에 관하여 증인이 될 수 없으나, 소송절차가 분리되어 피고인의 지위를 벗어나게 되면 다른 공동피고인에 대한 공소사실에 관하여 증인이 될 수 있고 이는 대향범인 공동피고인의 경우에도 다르지 않다[대판 2012.3.29, 2009도11249]. [18, 16 변시]*

3. 소송절차가 분리된 공범인 공동피고인에 대하여 증인적격을 인정하고 그 자신의 범죄사실에 대하여 신문한다 하더라도 피고인으로서의 진술거부권 내지 자기부죄거부특권을 침해한다고 할 수 없으므로 증인신문절차에서 증언거부권이 고지되었음에도 불구하고 피고인이 자기의 범죄사실에 대하여 증언거부권을 행사하지 아니한 채 허위로 진술하였다면 위증죄가 성립된다[대판 2012.10.11, 2012도6848].

(2) 증거보전의 처분

1) 지방법원 판사의 결정과 불복

청구를 받은 판사는 청구가 적법하고 또 증거보전의 필요성이 인정되면 별도의 결정없이 증거보전을 한다. 청구가 부적법하거나 필요없다고 인정되면 청구기각결정을 한다. 청구기각결정에 대하여는 3일 이내에 항고할 수 있다(제184조 제4항). [20 경간부, 20 국가9급, 19 경간부, 19 국가9급, 18 변호사, 18 경찰승진, 18 경찰채용, 17 경찰승진, 17 국가7급, 16 경찰승진]*

2) 판사의 권한

증거보전의 청구를 받은 판사는 법원 또는 재판장과 동일한 권한이 있다(제184조 제2항). [20 경찰승진, 18 경찰승진, 16 경찰승진]* 따라서 판사는 증인신문의 전제가 되는 소환을 할 수 있고, 영장을 발부하여 구인, 압수 · 수색 · 검증 · 감정, 증인신문을 할 수 있으며, 증인신문을 할 때에는 검사 · 피의자 · 피고인 · 변호인의 참여권을 보장해 주어야 한다(제184조 제3항, 제163조 등).

⚖ 판례 | 증거보전절차의 증인신문을 할 때 당사자의 참여권을 보장하지 않은 상태에서 작성한 증인신문 조서의 증거능력 유무

1. **(원칙적으로 증거능력이 없음)** 증거보전절차에서 증인신문을 하면서 증인신문의 일시와 장소를 피의자 및 변호인에게 미리 통지하지 아니하여 증인신문에 참여할 수 있는 기회를 주지 아니하였고 또 변호인이 제1심 공판기일에 증인신문조서의 증거조사에 관하여 이의신청을 하였다면 증인신문조서는 증거능력이 없다 할 것이고, 그 증인이 후에 법정에서 그 조서의 진정성립을 인정한다 하여도 다시 그 증거능력을 취득한다고 볼 수도 없다[대판 1992.2.28, 91도2337]. [17 경찰채용, 16 경간부]*

2. **(예외적으로 증거능력 인정: 피고인 측이 증거로 할 수 있음에 동의하여 별다른 이의없이 적법하게 증거조사를 거친 경우)** 판사가 증거보전절차로 증인신문을 하는 경우에는 검사, 피의자 또는 변호인에게 증인신문의 시일과 장소를 미리 통지하여 증인신문에 참여할 수 있는 기회를 주어야 하나, 참여의 기회를 주지 아니한 경우라도 피고인과 변호인이 증인신문조서를 증거로 할 수 있음에 동의하여 별다른 이의없이 적법하게 증거조사를 거친 경우에는 증인신문조서는 증인신문절차가 위법하였는지의 여부에 관계없이 증거능력이 부여된다[대판 1988.11.8, 86도1646]. [23 변호사, 18 국가9급]*

---

95) 교과서(기본서)의 목차 순서에 따르면 해당 주제는 공판절차에 수록되어 경찰채용과 간부의 시험 범위가 아니다. 그러나 출제기관은 위 판례를 출제하고 있으므로 반드시 숙지해야 한다. 증거파트를 이해하는 출발점이 되는 판례이다.

4. 증거보전 후의 절차

(1) 서류·물건의 보전과 열람·등사권

증거보전에 의하여 압수한 물건 또는 작성한 조서(증인신문조서 등)는 증거보전을 한 판사가 속하는 법원에 보관한다. 검사·피고인·피의자 또는 변호인은 판사의 허가를 얻어서 그 서류와 증거물을 열람 또는 등사할 수 있다(제185조). [19 경찰승진, 19 경간부, 16 경찰채용]*

(2) 조서의 증거능력

증거보전절차에서 작성된 조서는 법관의 면전조서로서 당연히 증거능력이 인정된다(제311조 단서).

Ⅱ 수사상의 증인신문

1. 의의

증인신문청구는 참고인이 출석 또는 진술을 거부하는 경우에 제1회 공판기일 전에 한하여 검사의 청구에 의하여 판사가 그를 증인으로 신문하고 그 증언을 보전하는 대인적 강제처분을 말한다(제221조의2).

2. 증인신문청구의 요건과 청구시기

(1) 증인신문청구의 요건

① 범죄의 수사에 없어서는 아니될 사실을 안다고 명백히 인정되는 자가 출석 또는[96] 진술을 거부하는 경우이다(제221조의2 제1항).[97] [20 경찰승진]*
② 범죄의 수사에 없어서는 아니될 사실에는 범죄 그 자체의 성립 여부에 관한 사실뿐만 아니라 정상, 양형, 기소·불기소처분에 중요한 영향을 미치는 사실도 포함된다.
③ 범죄의 수사에 없어서는 아니될 사실을 안다고 명백히 인정되는 자란 피의자의 소재를 알고 있는 자나 범죄의 증명에 없어서는 아니될 사실을 알고 있는 참고인의 소재를 알고 있는 자도 포함된다. 다만, 피의자는 여기에 해당하지 않는다. 또한 증인신문의 대상은 비대체적 지식이므로 감정인은 여기에 포함되지 않는다.
④ 출석 또는 진술거부가 정당한 이유가 있는 경우에도 증인신문의 청구가 가능하다. 따라서 증언거부권이 있는 자에 대하여도 증인신문을 청구할 수 있다.

(2) 청구시기

제1회 공판기일 전에 한하여 증인신문을 청구할 수 있다. [16 경간부]* 제1회 공판기일 전인 이상 공소제기 전후를 불문한다. 제1회 공판기일 전이란 모두절차가 끝난 때까지를 의미한다.

3. 증인신문의 절차

(1) 증인신문의 청구

증인신문청구는 증거보전과는 달리 '검사만' 할 수 있다(제221조의2 제1항). 증인신문을 청구함에는 판사에게 서면으로 그 사유를 소명하여야 한다(제221조의2 제3항). [20 경찰승진]*

---

96) 따라서 출석한 경우에도 진술을 거부하는 경우 증인신문청구가 가능하다.
97) (주의) 이전의 형사소송법은 제221조의2 제2항에서 '진술번복의 염려가 있는 경우'에도 증인신문을 청구할 수 있도록 규정하고 있었다. 그러나 헌법재판소는 동조항에 대하여 적극적 진실주의만을 강조한 과도한 입법수단이라는 이유로 위헌결정을 하였으며, 2007년 개정 형사소송법은 헌재결정의 취지를 반영하여 동조항을 삭제하였다.

(2) 증인신문

1) 청구의 심사 및 결정

판사는 청구가 적법하고 요건이 구비되었는지를 심사하여 인정되면 별도의 결정 없이 증인신문을 하여야 한다. 심사결과 청구가 부적법하거나 요건이 구비되지 않은 경우 청구기각결정을 한다. 청구기각결정에 대하여는 불복할 수 없다.

2) 판사의 권한

증인신문청구를 받은 판사는 법원 또는 재판장과 동일한 권한이 있다(제221조의2 제4항). [16 경찰승진]* 따라서 판사의 증인신문에는 법원 또는 재판장의 증인신문규정이 그대로 적용된다.

3) 당사자의 참여권

판사는 검사의 청구에 따라 증인신문기일을 정한 때에는 피고인·피의자 또는 변호인에게 이를 통지하여 증인신문에 참여할 수 있도록 하여야 한다(제221조의2 제5항). [20 경찰승진, 18 변호사, 16 경찰승진]*

4. 증인신문 후의 절차

(1) 증인신문조서의 검사에의 송부

증인신문을 한 때에는 판사는 지체없이 이에 관한 서류를 검사에게 송부하여야 한다(제221조의2 제6항). [20 경찰승진, 18 국가7급]* 이 증인신문조서는 피의자 등에게 열람등사권이 인정되지 아니한다.

(2) 증인신문조서의 증거능력

증인신문조서는 법관의 면전조서로서 당연히 증거능력이 인정된다(제311조 단서).

▶ 증거보전 vs 참고인에 대한 증인신문

구분	증거보전	증인신문
공통점	① 제1회 공판기일 전까지 청구 가능 ② 수임판사에 의하여 행하여지며 판사의 권한도 동일함 ③ 청구한 자의 소명을 요함 ④ 작성된 조서는 당연히 증거능력이 인정됨 ⑤ 당사자의 참여권이 인정됨	
요건	미리 증거보전을 하지 않으면 그 증거를 사용하기 곤란한 사정	참고인의 출석 또는 진술의 거부
청구권자	검사, 피고인, 피의자, 변호인	검사
청구내용	압수·수색·검증·감정·증인신문	증인신문
작성된 조서	증거보전을 한 판사소속 법원이 보관	검사에게 송부
열람등사권	인정	부정
판사의 결정에 대한 불복	즉시항고	불복불가

제3장 수사의 종결

제1절 수사기관의 사건처리

I 사법경찰관의 수사사건 처리

1. 검사에게 사건의 송치 또는 불송치(사법경찰관의 1차적 수사종결)

> **제245조의5(사법경찰관의 사건송치 등)** 사법경찰관은 고소 · 고발 사건을 포함하여 범죄를 수사한 때에는 다음 각 호의 구분에 따른다.
> 1. (송치) 범죄의 혐의가 있다고 인정되는 경우에는 지체 없이 검사에게 사건을 송치하고, 관계 서류와 증거물을 검사에게 송부하여야 한다.
> 2. (불송치) 그 밖의 경우(즉 범죄의 혐의가 있다고 인정되는 경우가 아닌 경우)에는 그 이유를 명시한 서면과 함께 관계 서류와 증거물을 지체 없이 검사에게 송부하여야 한다. 이 경우 검사는 송부받은 날부터 90일 이내에 사법경찰관에게 반환하여야 한다.[98]

> ① 송치사건: 검사는 송치사건의 공소제기 여부 결정 또는 공소의 유지에 관하여 필요한 경우 사법경찰관에게 보완수사를 요구할 수 있다(제197조의2 제1항 제1호).
> ② 불송치사건: 불송치사건의 경우 고소인 등의 이의신청이나 검사의 재수사요청이 없으면 수사가 종결된다.

2. 불송치사건의 고소인 등에의 통지와 고소인 등의 이의신청

> **제245조의6(고소인 등에 대한 송부통지)** 사법경찰관은 제245조의5 제2호(불송치)의 경우에는 그 송부한 날부터 7일 이내에 서면으로 고소인 · 고발인 · 피해자 또는 그 법정대리인(피해자가 사망한 경우에는 그 배우자 · 직계친족 · 형제자매를 포함한다)에게 사건을 검사에게 송치하지 아니하는 취지와 그 이유를 통지하여야 한다.
>
> **제245조의7(고소인 등의 이의신청)** ① 제245조의6의 통지를 받은 사람(고발인을 제외한다)은 해당 사법경찰관의 소속 관서의 장에게 이의를 신청할 수 있다. 〈개정 2022.5.9.〉 [23 경간부]*
> ② 사법경찰관은 제1항의 신청이 있는 때에는 지체 없이 검사에게 사건을 송치하고 관계 서류와 증거물을 송부하여야 하며, 처리결과와 그 이유를 제1항의 신청인에게 통지하여야 한다.

3. 불송치사건에 대한 검사의 재수사요청

> **제245조의8(재수사요청 등)** ① 검사는 제245조의5 제2호의 경우에 사법경찰관이 사건을 송치하지 아니한 것이 위법 또는 부당한 때에는 그 이유를 문서로 명시하여 사법경찰관에게 재수사를 요청할 수 있다.
> ② 사법경찰관은 제1항의 요청이 있는 때에는 사건을 재수사하여야 한다(의무적 사항임).

---

98) 사법경찰관은 법 제245조의5 제2호 및 이 영 제51조 제1항 제3호에 따라 불송치 결정을 하는 경우 불송치의 이유를 적은 불송치 결정서와 함께 압수물 총목록, 기록목록 등 관계 서류와 증거물을 검사에게 송부해야 한다(검사와 사법경찰관의 상호협력과 일반적 수사준칙에 관한 규정 제62조 제1항). [23 경간부]*

Ⅱ 검사의 사건처리

1. 수사의 종결

검사가 사법경찰관으로부터 송치받은 사건 또는 직접 수사한 사건에 대하여 검사가 공소제기 여부를 결정할 수 있을 정도로 범죄의 혐의유무가 가려지면 수사과정은 종결할 수 있는 상태가 되며, 검사가 공소를 제기하거나 제기하지 않음으로써 수사는 종결된다. 그러나 공소를 제기한 후에도 검사는 공소유지를 위하여 수사를 할 수 있으며, 불기소처분 후에도 수사를 재개할 수 있다.

2. 검사의 사건처리(검찰사건사무규칙 제98조 등) [20 경찰승진, 19 경간부, 18 경간부, 17 변호사]*

공소제기			검사는 수사결과 범죄의 객관적 혐의가 충분하고 소송조건을 구비하여 유죄판결을 받을 수 있다고 인정되면 공소를 제기한다(제246조).
불기소처분	협의의 불기소처분	혐의없음	범죄 인정안됨 / 피의사실이 범죄를 구성하지 않거나 피의사실이 인정되지 않는 경우
			증거불충분 / 피의사실을 인정할 만한 충분한 증거가 없는 경우
		죄가안됨	피의사실이 범죄구성요건에 해당하나 법률상 범죄의 성립을 조각하는 사유(위법성조각사유나 책임조각사유)가 있어 범죄를 구성하지 아니하는 경우
		공소권없음	친고죄나 반의사불벌죄에서 소추조건이 흠결된 경우 또는 친족상도례에 따라 형면제사유가 있는 경우
		각하	고소·고발 제한규정 위반시(예 子가 父를 고소한 경우)
	기소유예		피의사실이 인정되나 형법 제51조 각 호의 사항을 참작하여 소추할 필요가 없는 경우
기소중지			검사가 피의자의 소재불명 또는 참고인중지의 결정의 사유가 아닌 사유로 수사를 종결할 수 없는 경우 그 사유가 해소될 때까지 내리는 처분
참고인중지			검사가 참고인·고소인·고발인 또는 같은 사건 피의자의 소재불명으로 수사를 종결할 수 없는 경우 그 사유가 해소될 때까지 내리는 처분
이송			검사가 공수처법에 따라 고위공직자범죄수사처에 이첩하는 경우 등
송치			타관송치(관할법원에 대응하는 검찰청검사에게 송치), 소년보호사건 송치, 가정보호사건 송치, 성매매보호사건 송치, 아동보호사건 송치

> ⚖ **판례 | 불기소처분을 한 후 공소제기를 할 수 있는지 여부(=공소시효 완성 전이면 가능)**
>
> 검사의 불기소처분에는 확정재판에 있어서의 확정력과 같은 효력이 없어 일단 불기소처분을 한 후에도 공소시효가 완성되기 전이면 언제라도 공소를 제기할 수 있다[대판 2009.10.29. 2009도6614]. [23 경간부]*

Ⅲ 검사의 처분통지

1. 고소·고발 사건의 처리와 통지

(1) 고소·고발 사건의 처리

검사가 고소·고발에 의하여 범죄를 수사할 때에는 고소·고발을 수리한 날로부터 3월 이내에 수사를 완료하여 공소제기 여부를 결정하여야 한다(제257조). [20 경찰승진]*

(2) 고소인 · 고발인에 대한 처분고지

검사는 고소 · 고발 사건에 관하여 공소를 제기하거나 제기하지 아니하는 처분, 공소의 취소 또는 타관송치를 한 때에는 그 처분을 한 날로부터 7일 이내에 서면으로 고소인 · 고발인에게 그 취지를 통지하여야 한다(제258조 제1항). [19 경간부, 18 경찰승진, 17 국가9급]*

(3) 공소부제기처분의 이유 고지

검사는 고소 · 고발 사건에 관하여 공소를 제기하지 아니하는 처분을 한 경우에 고소인 · 고발인의 청구가 있는 때에는 7일 이내에 고소인 · 고발인에게 그 이유를 서면으로 설명하여야 한다(제259조). [18 경찰승진]*

2. 피의자에 대한 통지

검사는 불기소처분 또는 타관송치를 한 때에는 피의자에게 즉시 그 취지를 통지하여야 한다(제258조 제2항). [19 경간부, 17 국가9급, 16 경찰승진]*

3. 피해자에 대한 통지

검사는 범죄로 인한 피해자 또는 그 법정대리인(피해자가 사망한 경우에는 그 배우자 · 직계친족 · 형제자매를 포함한다)의 신청이 있는 때에는 당해 사건의 공소제기여부, 공판의 일시 · 장소, 재판결과, 피의자 · 피고인의 구속 · 석방 등 구금에 관한 사실 등을 신속하게 통지하여야 한다(제259조의2). [18 경찰승진, 17 국가7급, 17 국가9급, 16 법원9급]*

제2절 불기소처분에 대한 불복

Ⅰ 검찰항고

1. 의의

검사의 불기소처분에 대하여 검찰청법에 근거하여 불복을 신청하는 제도를 말한다.

2. 내용

(1) 항고

검사의 불기소처분에 불복하는 고소인이나 고발인은 그 검사가 속한 지방검찰청 또는 지청을 거쳐 서면으로 관할 고등검찰청 검사장에게 항고할 수 있다(검찰청법 제10조 제1항 본문). [20 경찰승진, 18 국가9급]*

(2) 재항고

고등검찰청이 항고를 기각하는 처분에 불복하거나 항고를 한 날부터 항고에 대한 처분이 이루어지지 아니하고 3개월이 지났을 때에는 항고인(형사소송법상 재정신청을 할 수 있는 자, 즉 고소인과 형법 제123조 내지 제126조의 죄에 대한 고발인은 제외)은 그 검사 소속 고등검찰청을 거쳐 서면으로 대검찰청 검찰총장에게 재항고할 수 있다(제10조 제3항 본문).

Ⅱ 재정신청

1. 의의

재정신청이란 검사가 불기소처분을 한 경우 고소인 또는 고발인이 신청하여 고등법원의 결정으로 검찰에 공소제기를 강제시키는 제도를 말한다(제260조 이하). [19 경찰승진, 18 경간부, 17 경찰승진]*

2. 재정신청 절차

(1) 신청권자와 그 대상

1) 재정신청권자 [19 경찰채용, 18 경찰승진, 16 경찰승진]*

검사로부터 불기소처분의 통지를 받은 고소인, 고발인이다. 고소인은 모든 범죄에 대하여 신청할 수 있으나,[99] 고발인은 형법 제123조(직권남용), 제124조(불법체포, 불법감금), 제125조(폭행, 가혹행위), 제126조(피의사실 공표)의 죄에 대하여만 할 수 있다. 다만, 제126조의 피의사실공표죄 경우에는 피공표자의 명시한 의사에 반하여 재정신청을 할 수 없다(제260조 제1항). 재정신청은 대리인에 의해서도 가능하다(제264조 제1항).

2) 재정신청의 대상

① 재정신청의 대상은 불기소처분이다. 불기소처분의 이유에는 제한이 없으므로 협의의 불기소처분은 물론 기소유예처분에 대해서도 재정신청을 할 수 있다. [20 경간부, 17 법원9급, 16 국가9급]*

② 검사의 공소제기나 공소취소는 불기소처분이 아니므로 재정신청의 대상이 되지 아니한다.

⚖️판례 | 재정신청이 허용되지 않는 경우

1. **(검사가 내사종결처리한 경우)** 검사가 진정사건을 내사 후 내사종결처리한 경우 위 내사종결처리는 <u>고소 또는 고발사건에 대한 불기소처분이라고 볼 수 없어</u> 재정신청의 대상이 되지 아니한다[대결 1991.11.5. 91모68]. [20 경찰승진]*

2. **(불기소처분 당시 공소시효가 완성되어 공소권이 없는 경우)** 검사의 불기소처분 당시의 공소시효가 완성되어 공소권이 없는 경우에는 위 불기소처분에 대한 재정신청은 허용되지 않는다[대결 1990.7.16. 90모34].

---

(2) 재정신청의 방법과 효력

1) 검찰항고전치주의

① 재정신청인이 재정신청을 하려면 검찰청법 제10조에 따른 항고를 거쳐야 한다(제260조 제2항 본문). [20 경간부, 18 경간부, 16 경간부]*

② 예외: ㉠ 검사가 공소시효 만료일 30일 전까지 공소를 제기하지 아니하는 경우, ㉡ (검찰)항고 신청 후 항고에 대한 처분이 행하여지지 아니하고 3개월이 경과한 경우, ㉢ 항고 이후 재기수사가 이루어진 다음에 다시 공소를 제기하지 아니한다는 통지를 받은 경우에는 검찰항고를 거치지 않고 바로 재정신청을 제기할 수 있다(제260조 제2항 단서). [20 경찰승진, 19 경찰승진, 17 변호사]*

2) 재정신청의 기간 및 방법

① 재정신청을 하려는 자는 (검찰)항고의 기각결정을 통지받은 날 또는 검찰항고전치주의의 예외 사유가 발생한 날부터 10일 이내에 지방검찰청 검사장 또는 지청장에게 재정신청서를 제출하여야 한다. 다만, 제260조 제2항 제3호의 경우(검사가 공소시효 만료일 30일 전까지 공소를 제기하지 아니하는 경우)에는 공소시효 만료일 전날까지 재정신청서를 제출할 수 있다(제260조 제3항).

---

99) 구 형사소송법은 고소인의 재정신청 대상 범죄를 고발인과 마찬가지로 제한하고 있었으나 현행 형사소송법은 모든 범죄로 확대하였다.

> **🔨 판례 | 재정신청서 제출(재소자의 특칙이 적용되지 않음, 도달주의 적용)**
>
> 재정신청서에 대하여는 형사소송법에 제344조 제1항과 같은 재소자 특례규정이 없으므로 재정신청서는 같은 법 제260조 제2항[개정법 제3항]이 정하는 기간 안에 불기소처분을 한 검사가 소속한 지방검찰청의 검사장 또는 지청장에게 도달하여야 하고, 설령 구금 중인 고소인이 재정신청서를 재정신청 기간 안에 교도소장 또는 그 직무를 대리하는 사람에게 제출하였다 하더라도 재정신청서가 위의 기간 안에 불기소처분을 한 검사가 소속한 지방검찰청의 검사장 등에게 도달하지 아니한 이상 이를 적법한 재정신청서의 제출이라고 할 수 없다[대결 1998.12.14.]. [23 변호사, 18 경찰채용]*
>
> **관련판례** 재정신청 기각결정에 대한 재항고나 그 재항고 기각결정에 대한 즉시항고로서의 재항고에 대한 법정기간의 준수 여부는 도달주의 원칙에 따라 재항고장이나 즉시항고장이 법원에 도달한 시점을 기준으로 판단하여야 하고, 거기에 재소자 피고인 특칙은 준용되지 아니한다고 해석함이 타당하다[대결(전) 2015.7.16.]. [19 변호사, 19 경찰채용, 19 국가9급, 17 국가9급]*

② 재정신청서에는 재정신청의 대상이 되는 사건의 범죄사실 및 증거 등 재정신청을 이유있게 하는 사유를 기재하여야 한다(제260조 제4항).

> **🔨 판례 | 재정신청 제기기간 경과 후에 재정신청 대상을 추가할 수 있는지의 여부(소극)**
>
> 재정신청 제기기간이 경과된 후에 재정신청보충서를 제출하면서 원래의 재정신청에 재정신청 대상으로 포함되어 있지 않은 고발사실을 재정신청의 대상으로 추가한 경우, 그 재정신청보충서에서 추가한 부분에 관한 재정신청은 법률상 방식에 어긋난 것으로서 부적법하다[대결 1997.4.22.]. [23 변호사]*

3) 재정신청의 효력

재정신청이 있으면 고등법원의 재정결정이 확정될 때까지 공소시효의 진행이 정지된다(제262조의4 제1항). [23 변호사, 18 변호사, 18 경찰승진, 18 경찰채용, 18 국가9급, 17 법원9급]*

재정신청권자가 수인인 경우에 공동신청권자 중 1인의 신청은 그 전원을 위하여 효력이 발생한다(제264조 제1항). [20 경간부, 19 국가9급, 18 경찰승진, 18 경찰채용, 16 경찰승진, 16 국가9급]*

4) 재정신청의 취소

재정신청은 고등법원의 재정결정이 있을 때까지 취소할 수 있다. 취소한 자는 다시 재정신청을 할 수 없다(제264조 제2항). 재정신청의 취소는 다른 공동신청권자에게 효력이 미치지 아니한다(동조 제3항). [20 경찰승진, 20 경간부, 18 경찰승진, 16 경찰승진, 16 국가9급]*

(3) 지방검찰청 검사장 · 지청장의 처리

1) 검찰항고를 거친 경우

재정신청서를 제출받은 지방검찰청 검사장 또는 지청장은 재정신청서를 제출받은 날부터 7일 이내에 재정신청서 · 의견서 · 수사 관계 서류 및 증거물을 관할 고등검찰청을 경유하여 관할 고등법원에 송부하여야 한다(제261조 본문).

2) 검찰항고전치주의의 예외의 경우

신청이 이유 있는 것으로 인정하는 때에는 즉시 공소를 제기하고 그 취지를 관할 고등법원과 재정신청인에게 통지하고, 신청이 이유 없는 것으로 인정하는 때에는 30일 이내에 재정신청서 · 의견서 · 수사 관계 서류 및 증거물을 관할 고등법원에 송부한다(제261조 단서).

3. 고등법원의 심리와 결정[100]

(1) 고등법원의 심리

1) 관할

재정신청사건은 불기소처분을 한 검사 소속의 지방검찰청 소재지를 관할하는 고등법원의 관할에 속한다(제260조 제1항).

2) 심리의 방법

① 관할 고등법원은 재정신청서를 송부받은 때에는 송부받은 날부터 10일 이내에 피의자 및 재정신청인에게 그 사실을 통지하여야 한다(제262조 제1항, 규칙 제120조).

② 법원은 재정신청서를 송부받은 날부터 3개월 이내에 항고의 절차에 준하여 재정결정을 하여야 한다(제262조 제2항 본문). 이 경우 필요한 때에는 증거를 조사할 수 있다(제262조 제2항 단서). [18 경찰승진, 17 국가9급]*

3) 심리의 비공개

재정신청사건의 심리는 특별한 사정이 없는 한 공개하지 아니한다(제262조 제3항).

4) 열람, 등사의 제한

재정신청사건의 심리 중에는 관련 서류 및 증거물을 열람 또는 등사할 수 없다. [19 경간부, 19 국가9급, 17 법원9급]* 다만, 법원은 증거조사과정에서 작성된 서류의 전부 또는 일부의 열람 또는 등사를 허가할 수 있다(제262조의2).

(2) 재정결정

1) 기각결정

① 재정신청이 법률상의 방식에 위배하거나 이유 없는 때에는 신청을 기각한다(제262조 제2항 제1호). [18 경간부]* 법률상의 방식에 위배되는 때란 신청기간의 경과, 신청권자가 아닌 자의 신청 등을 말하고, 재정신청이 이유 없는 때란 검사의 불기소처분이 정당한 경우를 말한다.

> **⚖️ 판례 | 재정신청을 기각할 수 있는 경우**
>
> 검사의 무혐의 불기소처분이 위법하다 하더라도 기록에 나타난 여러 가지 사정을 고려하여 기소유예의 불기소처분을 할 만한 사건이라고 인정되는 경우에는 재정신청을 기각할 수 있다[대결 1997.4.22. 97모30]. [19 경간부, 18 경찰채용, 17 경찰승진]*

---

② 재정신청을 기각하는 결정이 확정된 사건에 대하여는 다른 중요한 증거를 발견한 경우를 제외하고는 검사는 소추하지 못한다(제262조 제4항 단서). [20 변호사, 17 경간부]*

> **⚖️ 판례 | 소추가 제한되는 '재정신청 기각결정이 확정된 사건'의 의미**
>
> 다른 중요한 증거를 발견한 경우를 제외하고는 소추할 수 없도록 규정한 형사소송법 제262조 제4항 후문에서 말하는 '제2항 제1호의 결정(재정신청 기각결정)이 확정된 사건'은 재정신청사건을 담당하는 법원에서 공소제기의 가능성과 필요성 등에 관한 심리와 판단이 현실적으로 이루어져 재정신청 기각결정의 대상이 된 사건만을 의미하므로, 재정신청 기각결정의 대상이 되지 않은 사건은 '제2항 제1호의 결정이 확정된 사건'이라고 할 수 없고, 설령 재정신청 기각결정의 대상이 되지 않은 사건이 고소인의 고소내용에 포함되어 있었다 하더라도 이와 달리 볼 수 없다[대판 2015.9.10. 2012도14755]. [19 법원9급, 18 경찰승진, 17 변호사]*

---

100) 재정신청절차의 법적 구조는 수사절차가 아닌 재판절차이지만 공소제기 전의 절차이며 수사와 유사한 성격을 가지고 있으므로 당사자가 대립하는 소송구조의 절차가 아니라 밀행성의 원칙과 직권주의가 지배하는 소송절차로 보는 것이 일반적이다.

⚖️ 판례 | '다른 중요한 증거를 발견한 경우'의 의미

형사소송법 제262조 제4항 후문은 재정신청 기각결정이 확정된 사건에 대하여는 다른 중요한 증거를 발견한 경우를 제외하고는 소추할 수 없다고 규정하고 있다. 여기에서 '다른 중요한 증거를 발견한 경우'란 재정신청 기각결정 당시에 제출된 증거에 새로 발견된 증거를 추가하면 충분히 유죄의 확신을 가지게 될 정도의 증거가 있는 경우를 말한다. 따라서 단순히 재정신청 기각결정의 정당성에 의문이 제기되거나 범죄피해자의 권리를 보호하기 위하여 형사재판절차를 진행할 필요가 있는 정도의 증거가 있는 경우는 여기에 해당하지 않는다. 그리고 관련 민사판결에서의 사실인정 및 판단은, 그러한 사실인정 및 판단의 근거가 된 증거자료가 새로 발견된 증거에 해당할 수 있음은 별론으로 하고, 그(판단) 자체가 새로 발견된 증거라고 할 수는 없다[대판 2018.12.28. 2014도17182]. [23 변호사]*

2) 공소제기결정

① 재정신청이 이유 있는 때에는 사건에 대한 공소제기를 결정한다(제262조 제2항 제2호). 공소제기결정을 한 때에는 즉시 그 정본과 사건기록을 재정신청인·피의자와 관할 지방검찰청 검사장 또는 지청장에게 송부하여야 한다(제262조 제5항).

② 공소제기결정이 있는 때에는 공소시효에 관하여 그 결정이 있는 날에 공소가 제기된 것으로 본다(제262조의4 제2항). [18 경찰채용, 18 국가9급]*

(3) 재정결정에 대한 불복 [20 경간부, 19 경간부, 18 경간부, 17 경찰채용, 17 법원9급, 17 국가9급]*

고등법원의 재정신청기각결정에 대해서는 즉시항고(재항고의 의미임)할 수 있으나, 공소제기결정에 대하여는 불복할 수 없다(제262조 제4항 본문).

⚖️ 판례 | 공소제기결정의 잘못을 그 본안사건에서 다툴 수 있는지의 여부(원칙적 소극)

1. 법원이 재정신청서에 재정신청을 이유 있게 하는 사유가 기재되어 있지 않음에도 이를 간과한 채 형사소송법 제262조 제2항 제2호 소정의 공소제기결정을 한 관계로 그에 따른 공소가 제기되어 본안사건의 절차가 개시된 후에는, 다른 특별한 사정이 없는 한 이제 그 본안사건에서 위와 같은 잘못을 다툴 수 없다[대판 2010.11.11. 2009도224]. [19 경찰승진, 17 경찰승진]*

2. 재정법원이 형사소송법 제262조 제2항 제2호에 위반하여 재정신청의 대상인 고소사실이 아닌 사실에 대하여 공소제기결정을 한 관계로 그에 따른 공소가 제기되어 본안사건의 절차가 개시된 후에는, 다른 특별한 사정이 없는 한 이제 그 본안사건에서 위와 같은 잘못을 다툴 수는 없다. 그렇지 아니하고 위와 같은 잘못을 본안사건에서 다툴 수 있다고 한다면 이는 재정신청에 대한 인용결정에 불복할 수 없도록 한 법 제262조 제4항의 규정취지에 위배하여 형사소송절차의 안정성을 해칠 우려가 있기 때문이다. 또한 위와 같은 잘못은 본안사건에서 공소사실 자체에 대하여 무죄, 면소, 공소기각 등을 할 사유에 해당하는지를 살펴 무죄 등의 판결을 함으로써 그 잘못을 바로잡을 수 있는 것이다. 뿐만 아니라 본안사건에서 심리한 결과 범죄사실이 유죄로 인정되는 때에는 이를 처벌하는 것이 오히려 형사소송의 이념인 실체적 정의를 구현하는 데 보다 충실하다는 점도 고려하여야 한다[대판 2010.11.25. 2009도3563]. [23 변호사, 19 경찰채용, 19 국가9급, 19 법원9급]*

동지판례 법원이 재정신청서를 송부받았음에도 송부받은 날부터 형사소송법 제262조 제1항에서 정한 기간 안에 피의자에게 그 사실을 통지하지 아니한 채 형사소송법 제262조 제2항 제2호에서 정한 공소제기결정을 하였다고 하더라도, 그에 따른 공소가 제기되어 본안사건의 절차가 개시된 후에는 다른 특별한 사정이 없는 한 본안사건에서 위와 같은 잘못을 다툴 수 없다(본안사건에서 검사는 공소제기가 법률의 규정에 위반되어 무효인 때에 해당한다고 하여 공소를 기각하여야 한다는 주장을 할 수 없다. - 저자 주)[대판 2017.3.9. 2013도16162].

4. 검사의 공소제기

(1) 검사의 공소제기

고등법원으로부터 공소제기를 결정한 재정결정서를 송부받은 관할 지방검찰청 검사장 또는 지청장은 지체 없이 담당 검사를 지정하고 지정받은 검사는 공소를 제기하여야 한다(제262조 제6항).[101]

(2) 공소취소의 제한

검사는 고등법원의 공소제기결정에 따라 공소를 제기한 때에는 이를 취소할 수 없다(제264조의2). [19 경간부, 19 경찰채용, 19 국가7급, 18 경찰채용, 17 변호사, 17 경찰승진, 16 국가9급]* 공소제기결정에 따라 제기한 공소를 검사가 임의로 취소할 수 있도록 한다면 재정신청 제도의 취지가 무의미하게 되기 때문이다.

5. 재정신청의 비용부담

(1) 재정신청 절차에 의하여 생긴 비용

법원은 재정신청 기각결정 또는 재정신청의 취소가 있는 경우에는 결정으로 재정신청인에게 '신청절차에 의하여 생긴 비용'의 전부 또는 일부를 부담하게 할 수 있다(제262조의3 제1항). [19 경찰승진, 19 경간부, 18 경간부, 17 국가9급]* 이 결정에 대하여는 즉시항고를 할 수 있다(동조 제3항). [19 경간부, 18 경찰채용]*

(2) 피의자가 재정신청 절차에서 부담한 비용 등

법원은 직권 또는 피의자의 신청에 따라 재정신청인에게 '피의자가 재정신청절차에서 부담하였거나 부담할 변호인선임료 등 비용'의 전부 또는 일부의 지급을 명할 수 있다(제262조의3 제2항). [18 경찰채용, 16 경찰승진]* 이 결정에 대하여는 즉시항고를 할 수 있다(동조 제3항).

Ⅲ 헌법소원

1. 의의

공권력의 행사 또는 불행사로 인하여 헌법상 기본권을 침해받은 자는 헌법소원을 청구할 수 있는데, 검사의 불기소처분은 '공권력의 행사'에 해당하므로 이에 불복하는 자는 헌법소원을 청구할 수 있다(헌법재판소법 제68조 제1항).

2. 헌법소원의 요건

(1) 자기관련성, 직접성, 현재성

헌법소원은 헌법상 보장된 자기의 기본권이 직접적, 현실적으로 침해된 경우에 청구할 수 있다.

(2) 보충성

다른 법률에 구제절차가 있는 경우 그러한 절차를 모두 거친 후가 아니면 헌법소원을 청구할 수 없다.

(3) 법원의 재판

법원의 재판에 대하여는 헌법소원을 청구할 수 없다(헌법재판소법 제68조 제1항).

---

101) 구 형사소송법상의 준기소절차(準起訴節次)의 경우 법원의 부심판결정에 의하여 공소제기가 의제되었으나, 현행 형사소송법상의 재정신청의 경우 법원의 공소제기결정이 있는 경우에 검사로 하여금 공소제기를 하도록 강제한다는 점에서 차이가 있다.

3. 청구권자

(1) 청구권자에 해당하지 않는 경우

① 고소인은 모든 범죄에 대하여 재정신청이 가능하므로 보충성요건을 구비할 수 없게 되어 헌법소원을 청구할 수 없으며, 재정결정을 받은 고소인은 법원의 재판에 대한 헌법소원은 금지되므로 헌법소원을 청구할 수 없다.

② 고발인은 자기의 기본권이 침해된 경우가 아니므로 헌법소원을 청구할 수 없다.

> **⚖️ 판례 │ 헌법소원심판을 청구할 수 없는 자**
>
> 1. **(재정신청에 의하여 법원의 재판을 받은 경우)** 검사의 불기소처분에 불복하여 재정신청 절차를 거침으로써 그 불기소처분에 대하여 이미 법원의 재판을 받은 경우에는 그 법원의 재판이 위헌으로 결정된 법령을 적용한 것이어서 예외적으로 헌법소원심판의 대상이 되어 그 재판 자체가 취소되는 경우에 한하여 그 불기소처분이 헌법소원의 대상이 될 수 있고, 그 재판이 취소되지 않은 이상 그 불기소처분 자체는 헌법소원심판의 대상이 되지 아니한다[헌재 2009.11.17. 2009헌마603].
> 2. **(범죄의 피해자가 아닌 고발인)** 범죄피해자가 아닌 고발인에게는 개인적 주관적인 권리나 재판절차에서의 진술권 따위의 기본권이 허용될 수 없으므로 검사가 자의적으로 불기소처분을 하였다고 하여 달리 특별한 사정이 없으면 헌법소원심판청구의 요건인 자기관련성이 없다[헌재 1989.12.22. 89헌마145]. [23 경간부]*
> 3. **(불기소처분의 대상이 된 범죄가 공소시효가 완성된 경우)**

> **⚖️ 판례 │ 헌법소원심판을 청구할 수 없는 경우**
>
> 불기소처분의 대상이 된 피의사실에 대한 공소시효가 완성된 경우 그 불기소처분에 대한 헌법소원심판청구는 권리보호의 이익이 없어 부적합하다[헌재 1989.7.28. 89헌마65]. [23 경간부]*

(2) 청구권자에 해당하는 경우

> **⚖️ 판례 │ 헌법소원심판을 청구할 수 있는 자**
>
> 1. **(고소하지 않은 피해자)** 범죄피해자는 그가 고소를 제기한 바 없었어도 검사의 불기소처분에 대하여 헌법소원심판을 청구할 자격이 있는 한편, 그는 고소인이 아니므로 불기소처분에 대하여 검찰청법에 정한 항고, 재항고의 제기에 의한 구제를 받을 방법이 없고 '고소권자로서 고소한 자'에 해당하지 않아 형사소송법 제260조 제1항 소정의 재정신청 절차를 취할 수도 없으므로 곧바로 헌법소원심판을 청구할 수 있다[헌재 2008.11.27. 2008헌마399]. [23 경간부, 17 국가9급]*
> 2. **(무죄가 가능함에도 기소유예처분을 받은 피의자)** 수사미진의 잘못은 기소유예처분의 결정에 영향을 미침으로써 피의자인 청구인의 평등권과 행복추구권을 침해하였다 할 것이다[헌재 2012.7.26. 2010헌마642]. [23 경간부, 16 변호사]*

Ⅳ 행정소송

> **⚖️ 판례 │ 검사의 불기소처분 또는 공소제기 등에 대하여 행정소송을 제기할 수 있는지의 여부(소극)**
>
> 1. 검사의 불기소처분이나 그에 대한 항고 또는 재항고결정에 대하여는 행정소송을 제기할 수 없다[대판 1989.10.10. 89누2271].
> 2. 검사의 공소에 대하여는 형사소송절차에 의하여서만 이를 다툴 수 있고 행정소송의 방법으로 공소의 취소를 구할 수는 없다[대판 2000.3.28. 99두11264].

제3절 공소제기 후의 수사

1. 의의

공소제기 후의 수사는 법원의 심리에 지장을 줄 수 있고 피고인의 당사자적 지위를 위협할 수 있으므로 그 허용범위가 문제된다.

2. 공소제기 후의 강제수사

> **⚖ 판례 | 공소제기 후 피고사건에 대한 강제처분 등의 권한(= 수소법원의 권한에 속함) – 공소제기 후 수소법원 이외의 지법판사로부터 발부받은 영장에 의한 압수수색은 위법**
>
> 1. [1] 공소가 제기된 후에는 그 피고사건에 관한 형사절차의 모든 권한이 사건을 주재하는 수소법원의 권한에 속하게 되며, 수사의 대상이던 피의자는 검사와 대등한 당사자인 피고인으로서의 지위에서 방어권을 행사하게 되므로, 공소제기 후 구속·압수·수색 등 피고인의 기본적 인권에 직접 영향을 미치는 강제처분은 원칙적으로 수소법원의 판단에 의하여 이루어지지 않으면 안된다. [19 경간부, 17 국가7급]*
>   [2] 형사소송법은 제215조에서 검사가 압수·수색 영장을 청구할 수 있는 시기를 공소제기 전으로 명시적으로 한정하고 있지는 아니하나, 헌법상 보장된 적법절차의 원칙과 재판받을 권리, 공판중심주의·당사자주의·직접주의를 지향하는 현행 형사소송법의 소송구조, 관련 법규의 체계, 문언 형식, 내용 등을 종합하여 보면, 일단 공소가 제기된 후에는 피고사건에 관하여 검사로서는 형사소송법 제215조에 의하여 압수·수색을 할 수 없다고 보아야 하며, 그럼에도 검사가 공소제기 후 형사소송법 제215조에 따라 수소법원 이외의 지방법원 판사에게 청구하여 발부받은 영장에 의하여 압수·수색을 하였다면, 그와 같이 수집된 증거는 기본적 인권 보장을 위해 마련된 적법한 절차에 따르지 않은 것으로서 원칙적으로 유죄의 증거로 삼을 수 없다[대판 2011.4.28. 2009도10412]. [23 변호사, 20 경찰승진, 19 경간부, 18 경간부, 18 경찰채용, 18 법원9급, 17 경찰승진, 17 경간부, 17 국가9급, 16 변호사, 16 국가7급, 16 경찰승진, 16 경찰채용]*
> 2. 공소제기된 피고인의 구속상태를 계속 유지할 것인지 여부에 관한 판단은 전적으로 당해 수소법원의 전권에 속하는 것이다 [대결 1997.11.27. 97모88]. [19 경찰승진, 17 경찰승진]*

3. 공소제기 후의 임의수사

(1) 원칙적 허용

공소제기 후에도 공소유지를 위하여 또는 공소유지여부를 결정하기 위하여 수사가 필요한 이상 임의수사는 원칙적으로 허용된다. 따라서 참고인 조사, 감정·통역·번역의 위촉과 공무소등에 조회는 1회 공판기일 전후를 불문하고 허용된다. 다만, 다음과 같은 경우 허용성이 문제된다.

(2) 피고인 신문

> **⚖ 판례 | 공소제기 후 검사가 작성한 피고인에 대한 진술조서의 증거능력**
>
> 검사 작성의 피고인에 대한 진술조서가 공소제기 후에 작성된 것이라는 이유만으로는 곧 그 증거능력이 없다고 할 수 없다. [대판 1984.9.25. 84도1646]. [19 경찰승진, 18 변호사, 17 경찰승진, 16 경찰승진, 16 경간부]*

(3) 공판정에서 증언한 증인에 대한 참고인 조사

> **⚖️판례 | 증언을 마친 증인을 검사가 소환한 후 피고인에게 유리한 증언내용을 추궁하여 일방적으로 번복시키는 방식으로 작성한 참고인진술조서 등의 증거능력 유무(= 증거로 할 수 있음에 동의하지 않는 한 증거능력이 없음), 소환한 증인을 상대로 위증혐의를 조사한 내용을 담은 피신조서도 동일함**
>
> 공판준비 또는 공판기일에서 이미 증언을 마친 증인을 검사가 소환한 후 피고인에게 유리한 증언 내용을 추궁하여 이를 일방적으로 번복시키는 방식으로 작성한 진술조서를 유죄의 증거로 삼는 것은 당사자주의·공판중심주의·직접주의를 지향하는 현행 형사소송법의 소송구조에 어긋나는 것일 뿐만 아니라, 헌법 제27조가 보장하는 기본권, 즉 법관의 면전에서 모든 증거자료가 조사·진술되고 이에 대하여 피고인이 공격·방어할 수 있는 기회가 실질적으로 부여되는 재판을 받을 권리를 침해하는 것이므로, 이러한 진술조서는 피고인이 증거로 할 수 있음에 동의하지 아니하는 한 증거능력이 없고, 그 후 원진술자인 종전 증인이 다시 법정에 출석하여 증언을 하면서 그 진술조서의 성립의 진정함을 인정하고 피고인 측에 반대신문의 기회가 부여되었다고 하더라도 그 증언 자체를 유죄의 증거로 할 수 있음은 별론으로 하고 위와 같은 진술조서의 증거능력이 없다는 결론은 달리할 것이 아니다. 이는 검사가 공판준비 또는 공판기일에서 이미 증언을 마친 증인에게 수사기관에 출석할 것을 요구하여 그 증인을 상대로 위증의 혐의를 조사한 내용을 담은 피의자신문조서의 경우도 마찬가지이다[대판 2013.8.14. 2012도13665]. [23 변호사, 20 변호사, 20 경찰승진, 19 경찰승진, 19 국가9급, 18 국가9급, 17 변호사, 17 국가7급, 17 경찰승진, 17 경간부, 16 국가7급, 16 경찰승진]*
>
> **동지판례** [1] 검사가 공판준비기일 또는 공판기일에서 이미 증언을 마친 증인을 소환하여 피고인에게 유리한 증언 내용을 추궁한 다음 진술조서를 작성하는 대신 그로 하여금 본인의 증언 내용을 번복하는 내용의 진술서를 작성하도록 하여 법원에 제출한 경우에도 마찬가지로 적용된다[대판 2012.6.14. 2012도534]. [17 변호사]*
>
> [2] 제1심에서 피고인에 대하여 무죄판결이 선고되어 검사가 항소한 후, 수사기관이 항소심 공판기일에 증인으로 신청하여 신문할 수 있는 사람을 특별한 사정 없이 미리 수사기관에 소환하여 작성한 진술조서는 피고인이 증거로 할 수 있음에 동의하지 않는 한 증거능력이 없다. 검사가 공소를 제기한 후 참고인을 소환하여 피고인에게 불리한 진술을 기재한 진술조서를 작성하여 이를 공판절차에 증거로 제출할 수 있게 한다면, 피고인과 대등한 당사자의 지위에 있는 검사가 수사기관으로서의 권한을 이용하여 일방적으로 법정 밖에서 유리한 증거를 만들 수 있게 하는 것이므로 당사자주의·공판중심주의·직접심리주의에 반하고 피고인의 공정한 재판을 받을 권리를 침해하기 때문이다.
> 위 참고인이 나중에 법정에 증인으로 출석하여 위 진술조서의 성립의 진정을 인정하고 피고인 측에 반대신문의 기회가 부여된다 하더라도 위 진술조서의 증거능력을 인정할 수 없음은 마찬가지이다.
> 위 참고인이 법정에서 위와 같이 증거능력이 없는 진술조서와 같은 취지로 피고인에게 불리한 내용의 진술을 한 경우, 그 진술에 신빙성을 인정하여 유죄의 증거로 삼을 것인지는 증인신문 전 수사기관에서 진술조서가 작성된 경위와 그것이 법정진술에 영향을 미쳤을 가능성 등을 종합적으로 고려하여 신중하게 판단하여야 한다[대판 2019.11.28. 2013도6825]. [23 변호사]*
>
> **기출지문** 검사가 공판기일에서 이미 증언을 마친 증인을 소환하여 피고인에게 유리한 증언 내용을 추궁한 다음 그로 하여금 본인의 증언 내용을 번복하는 내용의 진술서를 작성하도록 하여 법원에 제출한 경우, 이러한 진술서는 피고인이 증거로 할 수 있음에 동의하여도 증거능력이 없다. (×)